中等职业教育电子商务专业创新型系列教材

电子商务基础

主　编　王秀芬　朱东勇
副主编　刘明月　何丽丽

科学出版社
北　京

内 容 简 介

“电子商务基础”是中等职业学校电子商务专业的一门专业必修课。为满足中等职业学校人才培养和技能要求，结合现代电子商务专业企业人才需求，本书采用了“项目任务化”设计，包括走进电子商务、了解计算机网络技术基础、电子商务分类与应用、掌握电子商务的业务流程与主要环节、认知电子商务支付、认知电子商务物流管理、重视电子商务信息安全、开展网络营销与传播、熟悉电子商务法律与法规、搭建网上商店10个项目，系统地讲述了电子商务的基本理论、基本知识和应用常识。

本书突破了传统教材的编写模式，采用适合中职生认知特点的新颖形式，遵循以“就业为导向，注重实践能力培养”的原则，理实一体、内容全面、案例丰富，并配有相应的练习与实训题，既便于教师教学使用，又便于学生自学。

本书可作为中等职业学校市场营销、商品经营、电子商务、国际商务、物流、连锁经营与管理等专业的教学用书，也可作为对口升学的参考用书，还可供职场人士充电、企业培训使用。

图书在版编目(CIP)数据

电子商务基础/王秀芬，朱东勇主编. —北京：科学出版社，2016
（中等职业教育电子商务专业创新型系列教材）

ISBN 978-7-03-048914-2

Ⅰ.①电… Ⅱ.①王… ②朱… Ⅲ.①电子商务—中等专业学校—教材 Ⅳ.①F713.36

中国版本图书馆CIP数据核字（2016）第136448号

责任编辑：谢晓绚 李娜 / 责任校对：马英菊
责任印制：吕春珉 / 封面设计：艺和天下

科学出版社 出版
北京东黄城根北街16号
邮政编码：100717
http://www.sciencep.com

三河市骏杰印刷有限公司 印刷
科学出版社发行 各地新华书店经销
*
2016年6月第 一 版 开本：787×1092 1/16
2021年6月第七次印刷 印张：15 1/2
字数：368 000

定价：36.00元

（如有印装质量问题，我社负责调换〈骏杰〉）
销售部电话 010-62136230 编辑部电话 010-62135120-2039

前　言

随着电子商务的迅猛发展，越来越多的企业认识到大力推动企业电子商务建设的紧迫性。企业的发展策略和经营模式面临新的挑战，企业对能熟练运用电子商务平台的实战型人才的需求日益迫切。为满足中等职业学校电子商务专业教学的需要，同时又能为从事相关专业的职场人士提供相应的理论知识和技能指导，我们组织编写了本书。

本书采用“项目任务化”设计，包括走进电子商务、了解计算机网络技术基础、电子商务分类与应用、掌握电子商务的业务流程与主要环节、认知电子商务支付、认知电子商务物流管理、重视电子商务信息安全、开展网络营销与传播、熟悉电子商务法律与法规、搭建网上商店 10 个项目，系统地讲述了电子商务的基本理论、基本知识和应用常识。每个项目结束后均附有项目小结，各项目下又包括若干任务，任务的设计均围绕与电子商务岗位能力匹配的工作展开，注重实用性和可操作性。在编写方法上遵循理论知识与实际案例相结合的指导思想和由浅入深、循序渐进的原则，通过易看懂、易操作的方式呈现给广大读者，使读者能较好地了解并掌握电子商务知识，为进一步学习电子商务其他专业知识奠定理论基础。

本书建议总学时为 124 课时，可根据所修专业性质适当增减。以电子商务专业为例，各项目建议学时分配见下表：

教学课时安排建议

课程内容		建议学时安排			
		合计	讲授	实训	机动
项目 1	走进电子商务	10	8	2	
项目 2	了解计算机网络技术基础	14	8	6	
项目 3	电子商务分类与应用	8	6	2	
项目 4	掌握电子商务的业务流程与主要环节	10	8	2	
项目 5	认知电子商务支付	16	12	4	
项目 6	认知电子商务物流管理	10（2）	8	2	2
项目 7	重视电子商务信息安全	16（2）	12	4	2
项目 8	开展网络营销与传播	12	10	2	
项目 9	熟悉电子商务法律与法规	12	10	2	
项目 10	搭建网上商店	16（4）	10	6	4
合计		124（8）	92	32	8

本书编写分工如下：王秀芬编写项目 8、项目 10，刘明月编写项目 1，何丽丽编写项目 2、项目 5，梁希红编写项目 3、项目 4，付荣新编写项目 6，杨敏编写项目 7，朱东勇编

写项目 9，全书由王秀芬、刘明月、朱东勇总纂。

由于编者经验、水平有限，虽然我们在编写过程中力求尽善尽美，但书中难免仍存在错误和不妥之处，恳请读者予以指正。

编　者

2016 年 5 月

目　录

项目 1
走进电子商务

电子商务（electronic commerce，EC）是以信息网络技术为手段，以商品交换为中心的商务活动；也可理解为在互联网（Internet）、企业内部网（Intranet）和增值网（value added network，VAN）上以电子交易方式进行交易活动和相关服务的活动，是传统商业活动各环节的电子化、网络化、信息化。随着网络、通信和信息技术的突破性发展，电子商务应运而生并迅速发展起来，其对社会经济发展与人们的生活影响巨大，引起了社会各界的广泛关注。电子商务正以不可阻挡的势头进入我们的生活，给我们的工作和生活带来了许多便利。

学习目标

【知识目标】

- 埋解电子商务的概念及特征；
- 了解电子商务的产生和发展；
- 了解电子商务的影响；
- 了解电子商务发展中存在的问题；
- 掌握传统商务与电子商务的区别；
- 了解电子商务的总体构架。

【能力目标】

- 对电子商务基本概念和理论有初步的认识；
- 培养正确认识电子商务的能力。

【情感目标】

- 具备自主探究学习的意识，培养创新精神；
- 具备良好的职业道德，培养学生科学严谨的作风。

任务1 认识电子商务

案例导入

中国电子商务发展现状及市场规模情况

伴随着社会信息化进程的加快，特别是互联网的高速发展，电子商务作为较先进的商业模式在中国快速兴起并呈蓬勃发展之势。近几年，中国电子商务交易规模一直保持较快增速，年增速平均为GDP(7%～9%)的2～3倍。自2010年突破4万亿元以来，中国电子商务交易额每年以人民币2万亿元左右的幅度增长，日益成为拉动国民经济增长的重要动力和引擎。

2014年中国电子商务市场交易整体规模达到12.3万亿元，同比增长21.3%。其中，网络购物所占份额为23%，交易规模为2.8万亿元，同比增长48.7%，在社会零售总额中的渗透率首次突破10%。中国已成为交易额超过美国的全球最大网络零售市场，网络购物也成为推动中国电子商务市场发展的重要力量。

伴随着电子商务的迅猛发展，中国的电商企业，如阿里巴巴、京东、苏宁等也迅速崛起，在带来社会生活方式和思维方式变革的同时也给传统零售企业造成了巨大的冲击。这使得越来越多的企业，包括一些传统企业也开始关注这个虚拟交易王国中潜在的巨大市场份额，纷纷开展“互联网+”行动或直接转型进军电商市场。

在经济转型与鼓励创新的时代背景下，电子商务模式以其自身的先进性，借国家政策的东风，必然会进一步爆发其潜力。

讨论：除案例中提到的网络购物外，你认为我们日常生活中还有哪些活动属于电子商务的范畴？

一、探究电子商务

知识准备

1. 电子商务的概念

电子商务，是指利用计算机和网络通信技术进行的商务活动。从宏观上说，电子商务是计算机网络的又一次革命，是在通过电子手段建立一种新的经济秩序，它不仅涉及电子技术和商业交易本身，而且涉及诸如金融、税务、教育等社会其他领域；从微观角度说，电子商务是指各种具有商业活动能力的实体，利用网络和先进的数字化传媒技术进行的各项商业贸易活动。其内容包括两个方面：一是电子方式，二是商贸活动。

知识窗

电子数据交换（electronic data interchange，EDI）：是将业务文件按一个公认的标准从一台计算机传输到另一台计算机上的电子传输方法。由于使用 EDI 能有效地减少直到最终消除贸易过程中的纸面单证，因此，人们也形象地称之为“无纸贸易”或“无纸交易”。

EDI 在 20 世纪 60 年代末期产生于美国，当时的贸易商们在使用计算机处理各类商务文件的时候发现，由人工输入到一台计算机中的数据 70% 来源于另一台计算机输出的文件，由于过多的人为因素，影响了数据的准确性和工作效率的提高，人们开始尝试在贸易伙伴之间的计算机上进行数据自动交换，EDI 应运而生。

电子商务可以通过多种电子通信方式来完成。简单的，比如通过打电话或发传真的方式与客户进行商贸活动，似乎也可以称作为电子商务。但是，现在人们所探讨的电子商务主要是通过电子数据交换和因特网（Internet）来完成的。尤其是随着 Internet 技术的日益成熟，电子商务真正的发展将是建立在 Internet 技术上的。

2. 电子商务的活动流程

从贸易活动的角度分析，实现电子商务需要多方面的支持，如图 1-1 所示。

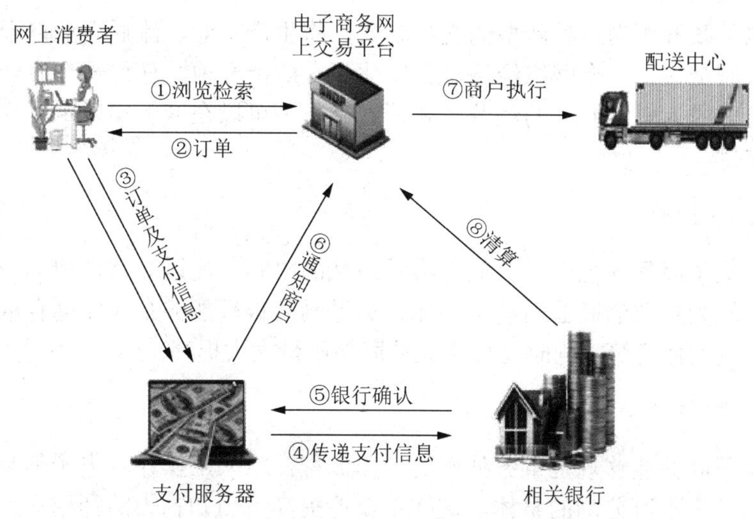

图 1-1 一次完整的电子商务活动流程

发展迅速的电子时代已经深深地影响了人们的生活方式，人们坐在电脑前可以足不出户地浏览种类丰富的商品，轻点鼠标就可以轻松完成购物，这已经开始成为一种司空见惯的生活方式。从图 1-1 可以看出，要实现一次完整的电子商务（网上购物）活动会涉及很多方面，除了买家、卖家外，还要有银行或金融机构、政府机构、认证机构、配送中心等机构的加入。由于参与电子商务中的各方在物理上是互不谋面的，因此网上银行、在线电子支付等条件和数据加密、电子签名等技术在电子商务中发挥着重要的、不可或缺的作用。

思　考

（1）结合自己的网购经历，指出一次完整的网购需要哪些机构的参与。

（2）如果在电子商务活动中省去数据加密、电子签名环节，是否活动效率更高呢？

二、探究电子商务的特征

知识准备

电子商务在互联网的基础上，突破传统的时空观念，缩小了生产、流通、分配、消费之间的距离，大大提高了物流、资金流和信息流的有效传输和处理。电子商务作为现代经济活动中一种重要的手段，其本身具有以下特征：

1. 普遍性

电子商务作为一种新型的交易方式，将生产企业、流通企业以及消费者和政府带入了一个网络经济、数字化生存的新天地。任何一个企业和个人都可以成为电子商务的经营者和消费者，都可以在网上实现电子交易和网上支付。

2. 便捷性

在电子商务环境中，人们不再受地域的限制，能以非常便捷的方式完成过去较为繁杂的商业活动。例如，通过网络银行能够全天候地存取账户资金、查询信息等，同时促使企业的服务质量大大提高。

3. 整体性

电子商务能够规范事务处理的工作流程，将人工操作和电子信息处理集成为一个不可分割的整体，这样不仅能提高人力和物力的利用率，也可以提高系统运行的严密性。

4. 安全性

在电子商务中，安全性是必须考虑的核心问题。欺骗、窃听、病毒和非法入侵都在威胁着电子商务的安全开展，因此要求网络能提供一种端到端的安全解决方案，包括加密机制、签名机制、分布式安全管理、存取控制、防火墙、安全万维网服务器、防病毒保护等。

小案例

淘宝“错价门”引发争议

互联网上从来不乏标价1元的商品。近日，淘宝网上大量商品标价1元，引发网民哄抢，但是之后许多订单被淘宝网取消。随后，淘宝网发布公告称，此次事件为第三方软件“团购宝”交易异常所致。部分网民和商户询问“团购宝”客服，得到自动回复称:“服务器可能被攻击，已联系技术部门紧急处理。”这起“错价门”事件发生至今已有两周，导致“错价门”的真实原因依然是个谜，但与此同时，这一事件暴露出的我国电子商务安全问题不容小觑。在此次“错价门”事件中，消费者成功下单并付款，买卖双方之间形成了合同关系。作为第三方交易平台的淘宝网关闭交易，这种行为是否合法？蒋苏华认为，按照我国现行法律法规，淘宝网的行为涉嫌侵犯了消费者的自由交易权，损害了消费者的合法权益，应赔礼道歉并赔偿消费者的相应损失。

（资料来源：https://club.1688.com/threadview/30965611.html）

5. 协调性

商务活动是一种协调过程，它要求客户与公司内部、生产商、批发商、零售商间进行协调。在电子商务环境中，它更要求银行、配送中心、通信部门、技术服务等多个部门通力协作。

思 考

谈一谈你所知道的网上购物受骗的事例。

练习与实践

一、选择题

1. EDI的含义是（ A ）。

A. 电子数据交换　　B. 认证

C．专用增值网　　D．无纸贸易

2．EDI 在 20 世纪（　　）产生于美国，这也就是电子商务的雏形。

A．50 年代　　B．60 年代

C．70 年代　　D．90 年代

参考答案

3．EDI 是将业务文件按一个公认的标准从一台计算机传输到另一台计算机的（　　）。

A．电子传输协议　　B．电子传输方法

C．电子传输标准　　D．电子传输数据

4．现在的电子商务环境要求银行、配送中心、通信部门、技术服务等多个部门通力合作，这体现了电子商务的（　　）。

A．普遍性　　B．便捷性

C．整体性　　D．协调性

5．电子商务至关重要的核心问题是（　　）。

A．普遍性　　B．便捷性

C．整体性　　D．安全性

6．电子商务能够规范事务处理的工作流程，将人工操作和电子信息处理集成为一个不可分割的整体，这体现电子商务的（　　）。

A．普遍性　　B．方便性

C．整体性　　D．协调性

二、简答题

1．什么是电子商务？

2．简述电子商务的特征。

三、实践活动

（1）活动内容

通过探究电子商务训练活动，使学生进一步正确认识电子商务。

（2）活动要求

1）教师将学生分成若干组，每组 4～6 人，并选出组长。

2）要求每名学生熟悉任务 1 的导入案例，并对案例进行深入分析，对问题做出解答。

3）学生要端正态度，严肃认真，积极参与。讨论发言要从容、自信，口齿清晰、声音洪亮。

（3）活动评价

根据考核标准对探究电子商务训练活动考核评价，填写评价表（见下表）。

考核标准及分数 / 评价方式	遵守纪律（2分）	态度端正、严肃认真（2分）	积极参与、大胆发言（2分）	分析透彻、观点正确（4分）	分数汇总（10分）
自我评价					
小组评价					
教师评价					

拓展提升

感受电子商务——零距离接触网购

在教师指导下，学生通过网络购买一次学习用品。回到课堂后再总结网上购物的步骤、经验和教训。

任务2 了解电子商务的产生和发展

案例导入

联想电脑公司互联网发展战略

联想电脑公司是联想集团的子公司，它的产品主要有服务器、商用电脑、家庭电脑。目前联想电脑的PC产量在亚太地区的销售量第一，在全球排在前列。作为电脑公司中的后起之秀，联想是如何在激烈的竞争时代站稳脚跟，迎接网络世界挑战的呢？联想作为中国IT业的先锋，在面对互联网的冲击时，采取了积极拥抱互联网的营销策略。

第一，实施互联网战略转移。1999年是联想电脑公司战略全面转向互联网的第一年，联想电脑公司总经理杨元庆表示，电子商务的开通是“联想历史上一件有重大意义的事，将对联想互联网战略实施起带动作用”。

第二，建立互联网时代的经销渠道。联想公司拥有近两千家分销商、经销商和代理商，这个被业界誉为拥有金牌渠道的公司，如今也正致力于互联网时代分销体系的建设，以加固其“大联想”体系，保持其渠道优势。

第三，开发设计具有互联网特色的Conet产品。1999年11月16日，联想在美国拉斯维加斯99’Comdex展上，举行了联想因特网电脑的隆重发布会，这是中国大陆信息产品第一次在海内外同时举行大型产品发布会，这标志着联想作为中国信息产业的代表已经为其在国际同行中树立自己的品牌形象迈出了第一步。

讨论：①联想电脑公司的互联网发展战略是什么？②联想电脑公司是如何发展和应用电子商务的？

一、电子商务的产生和发展历程

知识准备

1. 电子商务的产生

电子商务最早产生于20世纪60年代，发展于90年代。

早在1844年美国人莫尔斯发明了电报之后，人们就开始用电报传递信息。随着科技的发展，人们还通过电话、传真来互通商务交易中的信息、传递交易中的凭证，这些都是电子商务的开端。但当时人们没有认识到这就是电子商务。20世纪80年代，计算机和网络技术飞速发展，构建了电子商务赖以存在的环境，并预示着未来商务活动的发展方向，人们才提出电子商务这个概念。1991年，互联网向社会公众开放之后，电子商务开始迅速发展，如图1-2所示。

图1-2　电子商务的发展

电子商务的产生是以下几个条件共同作用的结果：

（1）计算机的广泛应用

计算机的运算速度越来越快，处理能力越来越强，价格越来越低，应用范围越来越广泛，这为电子商务的应用提供了基础。

（2）网络的普及和成熟

由于Internet逐渐成为全球通信与交易的媒体，全球上网用户呈级数增长趋势，快捷、安全、低成本的特点为电子商务的发展提供了应用的条件。

（3）信用卡的普及应用

信用卡以其方便、快捷、安全等优点而成为人们消费支付的重要手段，并由此形成了完善的全球性信用卡计算机网络支付与结算系统，使“一卡在手，走遍全球”成为可能，同时也为电子商务中的网上支付提供了一个重要的手段。

（4）政府的支持与推动

自 1997 年欧盟发布了欧洲电子商务协议，美国随后发布“全球电子商务纲要”，此后电子商务受到世界各国政府的重视，许多国家的政府开始尝试推行“网上采购”，这为电子商务的发展提供了有力的支持。

2. 电子商务的发展历程

一般研究认为，电子商务的发展经历了以下两个阶段：20 世纪 60 年代至 90 年代的基于 EDI 的电子商务阶段和 20 世纪 90 年代以后的基于 Internet 的电子商务阶段。

（1）20 世纪 60～90 年代：基于 EDI 的电子商务

早在 20 世纪 60 年代，人们就开始用电报报文发送商务文件。70 年代人们又普遍采用方便、快捷的传真机来替代电报，但是由于传真文件是通过纸面打印来传递和管理信息的，不能将信息直接转入到信息系统中，因此人们开始采用电子数据交换作为企业间电子商务的应用技术，这也就是电子商务的雏形。

从技术上讲，DEI 包括硬件与软件两大部分。硬件主要是计算机网络，软件包括计算机软件和 EDI 标准。从硬件方面讲，考虑到安全问题，20 世纪 90 年代之前的大多数 EDI 都不通过 Internet，而是通过租用的电脑线缆在专用网络上实现，这类专用的网络被称为 VAN。使用 VAN 的高额费用及 EDI 复杂的标准问题大大限制了基于 EDI 的电子商务应用范围的扩大。随着 Internet 安全性的日益提高，Internet 已经表现出替代 VAN 而成为 EDI 硬件载体的趋势，有人将通过 Internet 实现的 EDI 直接叫做 Internet EDI。从软件方面看，EDI 所需要的软件主要是将用户数据库系统中的信息翻译成 EDI 的标准格式，以供传输交换。

（2）90 年代以来：基于 Internet 的电子商务

由于使用 VAN 的成本很高，仅大型企业才有可能使用，限制了基于 EDI 的电子商务应用范围的扩大，而促使电子商务快速发展的关键因素是 Internet 的飞速发展。20 世纪 90 年代中期后，国际互联网迅速普及，逐步地从大学、科研机构走向企业和普通百姓家庭，其功能也从信息共享演变为一种大众化的信息传播工具。

基于 Internet 的电子商务活动发展非常迅速完，完全摆脱了传统商务活动的时空限制，使商务的运行和发展更加趋于灵活、实时和全球化。相比于基于 EDI 的电子商务，具成本低、覆盖广、功能全和更灵活等优势。

思 考

电子商务作为一种新型的商务模式，它是怎样产生与发展起来的？其发展趋势如何？中国电子商务与世界电子商务还存在着什么差距？

二、电子商务的影响

知识准备

电子商务对经济和社会的影响表现为以下六个方面：

第一，电子商务改变了市场商务活动的方式。传统的商务活动最典型的情景就是一边“推销员满天飞”，“采购员遍地跑”，“说破了嘴、跑断了腿”；一边消费者在商场中筋疲力尽地寻找自己所需要的商品。现在，所有的一切，通过互联网就可以实现了。人们可以进入网上商场浏览、采购各类产品，而且还能得到在线服务；商家可以在网上与客户联系，利用网络进行货款结算。

第二，电子商务改变着人们的消费方式。网上购物的最大特征是消费者的主导性，购物意愿掌握在消费者手中；同时消费者还能以一种轻松自由的自我服务的方式完成变易，消费者权益可以在网络购物中充分体现出来。

第三，电子商务给新行业的出现带来了机会。近年来，随着经济的快速增长，快递行业发展迅速，市场规模不断扩大，快递已成为人们工作和生活中不可或缺的服务，成为异军突起的新兴现代服务业，尤其是在网络购物井喷式发展的带动下迅速崛起，我国电子商务的持续扩大和网络购物的兴起带动了快递业的高速发展。

第四，电子商务改变了企业的生产方式。由于电子商务是一种快捷、方便的购物手段，消费者的个性电子商务及其社会影响化、特殊化需要可以完全通过网络展示给生产厂商。为了取悦顾客，突出产品的设计风格，制造业中的许多企业纷纷普及和发展电子商务。例如，客户通过电脑和互联网进入网上服装公司，输入自己体形的基本尺寸，即可在屏幕上“试穿”选定的服装，直到满意为止。

第五，电子商务带来了一个全新的金融业。电子商务的迅速发展对金融业产生了深远的影响，传统的业务模式已不能适应需要。网上银行的发展给商业银行传统业务模式和服务方式带来了巨大的变革。

第六，电子商务转变政府的行为。电子商务提高了政府在行政、服务和管理方面的效率。政府从被动地服务于经济转变为主动服务，企业、公民可以不受地点、时间限制，了解政府方针政策，接受政府的管理。

总而言之，作为一种新形式的商务活动，电子商务除了在经济领域内产生了巨大而深刻的影响外，它还将对就业、法律制度以及文化教育等方面带来巨大的影响。电子商务会将人类真正带入信息社会。

思 考

社会在不断地发展，人类在不断地进步。伴随着信息化时代的到来，电子商务这个新的行业逐渐渗入我们的生活，渐渐地改变我们的生活。结合自身体会，谈一谈电子商务是如何改变我们的生活的。

三、电子商务发展中存在的问题

知识准备

1. 电子商务对买卖双方利益及隐私权保护的问题

电子商务的迅速发展，在给人们带来便利的同时也带来了烦恼，近些年，网民的隐私权频频受到侵犯，使得网民甚至全社会对电子商务中的隐私问题倍加关注。隐私权的保护也成了电子商务发展的一大瓶颈，现有理论仅仅停留在研究阶段，相对立法保护比较欠缺，对消费者隐私权不够重视，消费者的防范意识相对缺乏，因此解决消费者隐私保护问题迫在眉睫。

2. 电子商务安全问题

基于Internet开展的电子商务已逐渐成为人们进行商务活动的新模式，电子商务前景十分诱人。但安全问题是制约其发展的重要因素，是关系电子商务系统能否成功运行的最为重要的问题。如何建立一个安全、便捷的电子商务环境，保证整个商务活动中信息的安全性，使基于Internet的电子商务交易方式与传统交易方式一样安全可靠，已经成为大家十分关心的问题。

3. 电子商务的支付结算问题

要在网络上直接进行交易，就需要通过银行卡等各种方式来完成，以及在国际贸易中通过与金融网络的连接来支付和收费。而目前我国各个国有专业银行网络选用的通信平台不统一，不利于各银行间跨行业务的互联、互通和中央银行的金融监管以及宏观调控政策的实施。

4. 电子商务商家信誉问题

电子商务是在虚拟的环境中，交易双方互不见面，通过互联网进行的交易，正是由于电子商务的这种虚拟性，为电子商务交易的不诚信行为创造了条件。电子商务的基石就是诚信、信誉。有信誉就有顾客，这是电子商务得以长久发展的前提。

思　考

谈一谈，应如何应对电子商务在发展中存在的问题？

练习与实践

参考答案

一、选择题

1．电子商务产生和发展的主要条件是（　　）。

A．计算机的广泛应用，网络的成熟

B．信用卡的普及应用，安全电子交易协议的制定

C．政府的支持与推动

D．以上都是

2．电子商务最早产生于（　　）。

A．20 世纪 60 年代

B．20 世纪 70 年代

C．20 世纪 80 年代

D．20 世纪 90 年代

3．20 世纪 90 年代之前，EDI 主要的传输线是（　　）。

A．Internet　　B．Intranet

C．Extranet　　D．VNA

4．从技术上讲，EDI 的硬件是指（　　）。

A．EDI 标准　　B．计算机软件

C．计算机网络　　D．支付网关

二、简答题

1．电子商务的产生须具备哪些条件？

2．简述电子商务的产生和发展历程。

3．电子商务发展中存在哪些问题？

三、实践活动

（1）活动内容

通过探究电子商务训练活动，使学生进一步正确认识电子商务。

（2）活动要求

1）教师将学生分成若干组，每组4～6人，并选出组长。

2）要求每名学生熟悉任务2的导入案例，并对案例进行深入分析，对问题做出解答。

3）学生要端正态度，严肃认真，积极参与。讨论发言要从容、自信，口齿清晰，声音洪亮。

（3）活动评价

根据考核标准对探究电子商务训练活动考核评价，填写评价表（见下表）。

考核标准及分数 / 评价方式	遵守纪律（2分）	态度端正、严肃认真（2分）	积极参与、大胆发言（2分）	分析透彻、观点正确（4分）	分数汇总（10分）
自我评价					
小组评价					
教师评价					

拓展提升

2000年3月10日，海尔投资成立电子商务有限公司。4月18日海尔电子商务平台开始试运行，6月正式运营。截止到12月31日，B2B的采购额已达到77.8亿，B2C的销售额已达到608万。海尔的电子商务为什么魅力四射？用户为什么会有如此大的热情？可以看以下几个例子。

例一：我要一台自己的冰箱

青岛用户徐先生是一位艺术家，家里的摆设都非常富有艺术气息，徐先生一直想买一台冰箱，他想，要是有一台表面看起来像一件艺术品但又实用的冰箱就好了。徐先生从网上看到“用户定制”模块，随即自己设计了一款冰箱。他的杰作很快得到了海尔的回应：一周内把货送到。

例二：从网上给亲人送台冰箱

北京消费者吴先生的弟弟下个月结婚，吴先生打算买一台冰箱表达情意和祝贺。可是弟弟住在市郊，要买大件送上门，还真不太方便。了解到海尔成为国内同行业中第一家做电子商务的家电企业，吴先生兴冲冲地上网下了一张订单，弟弟在当天就收到了冰箱。弟弟高兴地打来电话说，他们家住6楼，没有电梯，但送货人员却把这么大的冰箱送到了家里，太方便了，今后他买家电也不用跑商场了，就在海尔网站上买!

分析：从以上两个案例中，你得到了什么启示？

任务3 比较传统交易方式与电子商务

案例导入

成功的电子商务运营模式——淘宝网

1. 简介

淘宝网是亚太地区最大的网络零售商圈，由阿里巴巴集团在2003年5月10日投资创立，是中国深受欢迎的网购零售平台，目前拥有近5亿的注册用户，每天有超过6000万的固定访客，同时每天的在线商品数已经超过了8亿件，平均每分钟售出4.8万件商品。截至2015年年底，淘宝网单日交易额峰值超过700亿元，创造近千万直接且充分的就业机会。随着淘宝网规模的扩大和用户数量的增加，淘宝网也从单一的C2C网络集市变成了包括C2C、团购、分销、拍卖等多种电子商务模式在内的综合性零售商圈。目前已经成为世界范围的电子商务交易平台之一。

2. 交易平台

淘宝网属于C2C模式，为了解决C2C网站支付的难题，淘宝网打造了“支付宝服务”技术平台。它是由浙江支付宝网络科技有限公司与公安部门联合推出的一项身份识别服务。支付宝的推出，解决了买家对于先付钱而收不到所购买的产品或得到的是与卖家在网上的声明不一致的劣质产品的担忧；同时也解决了卖家对于先发货而收不到钱的担忧。

3. 安全制度

淘宝网也注重诚信安全方面的建设，引入了实名认证制，并区分了个人用户与商家用户认证，两种认证需要提交的资料不一样，个人用户认证只需提供身份证明，商家认证还需提供营业执照，一个人不能同时申请两种认证。

4. 物流

淘宝网的卖家自己选择物流，申通、圆通、韵达、顺丰、天天、汇通、EMS等快递都是淘宝网上常见的物流。

讨论：淘宝网的电子商务运营模式为什么会成功？

一、传统交易方式的特点

知识准备

1）交易过程的传统性。传统的市场经济活动中，交易双方一般借助于传统的手段来实现，即以金属货币和纸币为媒介，以实物交易和现场交易为特征，同时借助单据交易。

2）交易范围的地域性。交易活动和交易市场的地域性反映了在传统交易过程中，由于交易手段的限制，市场交易活动主要在不同地区内部展开，各种跨地区的市场交易尽管大量存在，但由于手段的局限性，限制了其进一步扩展的可能。

3）交易的多环节性。制造企业生产出来的商品大部分需经过一系列的中间商，才能到达最终用户手中。只有中间商才能弥补企业与客户之间的空间距离。

思　考

试分析传统的交易方式的优劣。

二、传统商务与电子商务运作方式的区别

知识准备

1）从交易活动过程看，传统交易方式下交易活动的过程中要投入一定的人力、物力，消耗一定的时间和资金，才能实现交易目标。而电子商务形式下交易双方通过网络可以实现询价、产品信息发布、交易磋商等一系列活动，这些活动在传统方式下可能会经过相当一段时间才能完成，通过网络，这些活动只需“一瞬间”。

2）从交易环节看，传统交易方式下商品流转是一种“间接”的流转机制。商品交易大多必须通过中间商参与才能将商品送到客户手中。而电子商务方式下商品到达客户手中不需要任何中间环节，只是货物送达环节要借助配送方完成。

3）从交易费用看，传统交易过程中会产生各种费用，如人员费用、广告费用、各种文件处理费用、库存成本、店铺成本等。电子商务能使买卖交易双方的交易成本大大降低。

4）从交易环境看，传统交易过程中买卖双方将面对面地进行磋商、讨价还价、拟定交易条款等，而电子商务中这些活动都是通过网络完成的。

传统交易方式与电子商务方式的比较见表1-1。

表 1-1 传统交易方式与电子商务方式的比较

项目＼交易方式	传统交易方式	电子商务
交易活动过程	要消耗一定的人力、时间、资金	通过网站可以实现多个卖家的查询，省时、省力、省钱
交易环节	环节多	环节少
交易费用	费用高	费用低
交易环境	面对面实际环境的商务谈判	不谋面的网上虚拟环境谈判

思　考

电子商务是如何改变企业运作方式的？

练习与实践

一、选择题

1．传统模式下的市场交易由于交易手段、交易形式的限制，交易过程中必须借助中间商的环节将商品送到最终客户手中，只有中间商才能弥补企业与客户之间的空间距离，这体现了传统交易方式特点的（　　）。

参考答案

A．交易过程的传统性　　B．交易范围的地域性

C．交易的多环节性　　D．交易环境的复杂性

2．下列有关电子商务特点的说法，错误的是（　　）。

A．交易过程的传统性　　B．交易范围的地域性

C．交易的多环节性　　D．交易的可流动性

3．有关传统交易方式与电子商务方式，下列说法错误的是（　　）。

A．从交易活动过程看，传统交易方式下交易过程中，要投入一定的人力、物力

B．从交易环节看，电子商务需要中间环节

C．从交易费用看，传统交易费用高

D．从交易环境看，电子商务下大多数活动是通过网络完成的

4．下列对传统交易方式特点描述错误的是（　　）。

A．交易过程的传统性　　B．交易范围的地域性

C．交易的多环节性　　D．交易的互不谋面性

二、简答题

1．传统交易方式的特点有哪些？

2．传统交易方式与电子商务交易方式的区别有哪些？

三、实践活动

（1）活动内容

通过探究电子商务训练活动，使学生进一步正确认识电子商务。

（2）活动要求

1）教师将学生分成若干组，每组4～6人，并选出组长。

2）要求每名学生熟悉任务3的导入案例，并对案例进行深入分析，对问题做出解答。

3）学生要端正态度，严肃认真，积极参与。讨论发言要从容、自信，口齿清晰，声音洪亮。

（3）活动评价

根据考核标准对探究电子商务训练活动考核评价，填写评价表（见下表）。

考核标准及分数 评价方式	遵守纪律（2分）	态度端正、严肃认真（2分）	积极参与、大胆发言（2分）	分析透彻、观点正确（4分）	分数汇总（10分）
自我评价					
小组评价					
教师评价					

拓展提升

电子商务交易（B2B）流程如图1-3所示。

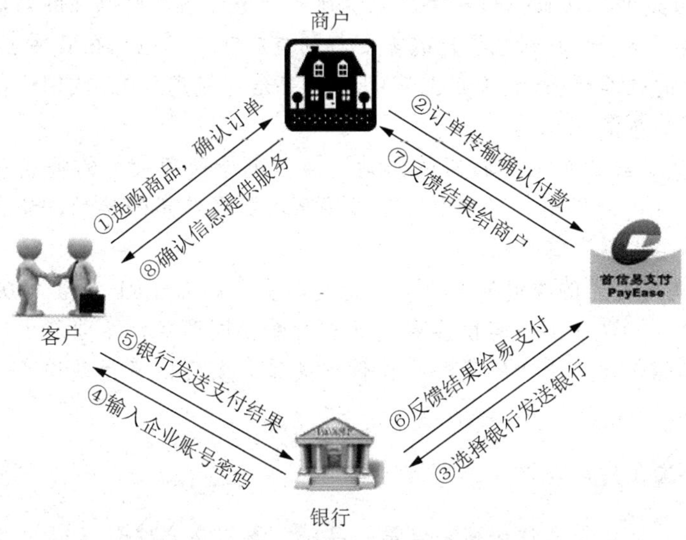

图1-3 电子商务交易（B2B）流程

任务 4　熟悉电子商务的总体构架

案例导入

海尔的电子商务模式

一、海尔发展电子商务的背景

随着电子商务在全球的推广及应用，目前国际化的跨国企业为了更多地节约成本、增加效益，纷纷把目光投向全球。作为世界第四大白色家电制造商，也是中国电子信息百强企业之首的海尔集团，必须发展自己的电子商务模式。其后海尔在 2000 年 3 月 10 日投资成立电子商务有限公司，4 月 18 日海尔电子商务平台开始试运行，6 月正式运营。

二、海尔电子商务的运营模式

海尔开展电子商务的主要模式：一是 B2C 的电子商务，实现了企业与消费者的零距离交流，这种交流全方位提升了企业的品牌价值；二是 B2B 的电子商务，完成了和经销商的高效合作，同时实现了销售商定制服务。

三、海尔电子商务的运营特点

1）开发专门页面。海尔集团以优质的服务闻名，所以在网站建设上也突出了这一点——时刻把客户的需要与利益放在第一位。在其网上商店中，除了常规的推荐产品，还有产品定制，“只要是您能想到的，我们都能做到”，这是海尔的承诺。

2）做有鲜明个性和特点的网站。海尔电子商务最大的特点就是个性化。海尔在内部提出与客户之间是零距离，除了信息的接触，还允许用户可以根据个性化定制产品。

3）搭建自己的物流采购平台。通过与企业内部 ERP 紧密集成的 B2B 采购平台，实现了海尔与供应商之间进行的协同商务，企业与供应商之间形成以采购订单为中心的战略合作伙伴关系，实现信息互动沟通，达到双赢的目标。

四、海尔发展现状

目前，海尔是全球大型家电第一品牌。海尔在全球有 5 大研发中心、21 个工业园、66 个贸易公司、143330 个销售网点，用户遍布全球 100 多个国家和地区。2015年，海尔集团全球营业额实现1887亿元。这些成绩的取得与当初海尔决定大力发展电子商务模式是分不开的。

讨论：随着电子商务的飞速发展，海尔已经跻身世界品牌行列。请分别从物流、网络营销、信息管理、运营管理等方面分析海尔的电子商务战略。

一、电子商务的框架

知识准备

1．电子商务发展框架

电子商务的基本框架结构是指实现电子商务从技术到一般服务层所应具备的完整的运作基础。它包括网络技术设施的3个层次和电子商务应用的2个支柱（图1-4）。

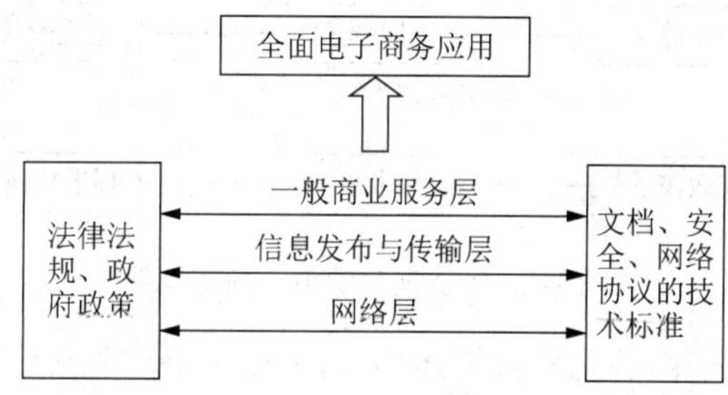

图1-4　宏观视角的电子商务框架

电子商务技术设施的3个层次自上而下，从最基础的技术层到电子商务的应用层，依次为：

1）网络层。网络层是指网络基础设施，即所谓的“信息高速公路”，是实现电子商务的最底层的硬件技术设施，如电信、有线网络、无线电话和因特网等。

2）信息发布与传输层。在网络层提供的信息传输线路上，根据一系列的传输协议发布传输文本、数据、声音、图像、动画、电影等信息。多媒体和网络出版的基础设施如HTML、E-mail和http等。

3）一般商业服务层。实现标准的网上商务活动服务。商业活动的基础设施如安全、认证、电子付款和目录服务等。

电子商务应用的2个支柱分别如下：

1）法律法规、政府政策。它是指与电子商务相关的公共政策和法律等内容，电子商务的法律规范涵盖了知识产权保护、电子合同、数字签名、网络犯罪等诸多方面，政府制定的促进电子商务发展的宏观政策。

2）文档、安全、网络协议的技术标准。为了保证网络的兼容性，在发展各项基础设施和各项电子商务应用时，对各种应用工具、信息出版、用户界面与传输协议等技术制度标准。主要包括 EDI 标准、TCP/IP 协议、http 协议、SSL 协议和 SET 协议等。

2. 经济视角的电子商务框架

经济活动发展离不开信息流、资金流、物流，三者形成了商流。而电子商务的发展也是围绕这几部分展开的。因此，我们可以得出一个大的电子商务框架，如图 1-5 所示。

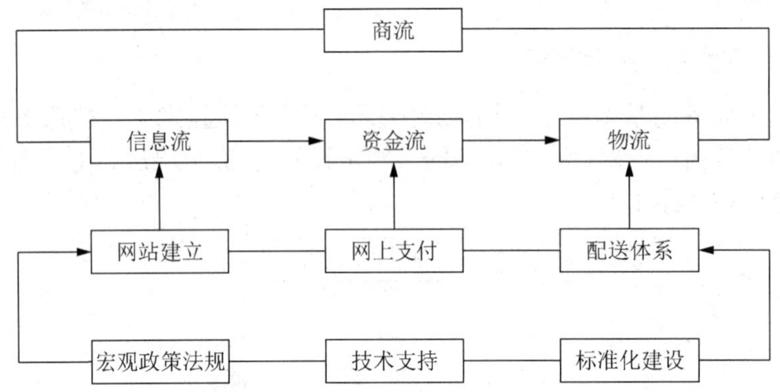

图 1-5 经济视角的电子商务框架

我们可将电子商务总框架表述为 3F＋2S＋P。也就是说，电子商务为了顺利实现三个流（3F），即信息流（information flow）、资金流（capital flow）和物流（goods flow）。2S 表示安全（security）和标准化（standardization）建设，一个 P（policy）表示政策法规。后两者主要为前面几流的顺利实现提供基础和支持。

思 考

商务活动中的基本流有哪些？

二、电子商务的环境

知识准备

电子商务环境是以企业为中心的电子商务的一种基本形式。从系统角度看电子商务是一个庞大、复杂的社会经济、技术系统。一个系统的运行必然受到环境的影响和制约。电子商务环境是影响企业电子商务运行的重要力量和因素。电子商务环境包括外部环境和内部环境。

1. 内部环境

内部环境是指企业内部的物质、文化环境的总和，包括企业资源、企业能力、企业文化等因素，也称企业内部条件。即组织内部的一种共享价值体系，包括企业的指导思想、经营理念和工作作风等。

小案例

京东内部环境

中国的电子商务经过十几年的发展和多方的探索，突破了种种模式的约束，获得了飞速的发展，各种各样的电子商务不断崛起，群雄逐鹿。

1. 京东现状分析

自2004年京东商城创立，连续九年保持每年200%的高速增长。京东2015财年第一季度业绩报告数据显示，其第一季度交易总额达到878亿元人民币，同比增长99%，净收入为366亿元人民币，同比增长62%。

2. 京东资金状况

京东商城自2004年组建以来，先后于2006年、2007年组速上海、广州全资子公司，创立九年来，一共获得了四次融资。2014年5月22日，京东集团（纳斯达克股票代码：JD）正式在纳斯达克挂牌，京东董事局主席刘强东敲响上市钟，发行价19美元，按此计算，京东市值为260亿美元，成为仅次于腾讯、百度的中国第三大互联网上市公司。

3. 京东商城的核心竞争能力

京东商城始终坚持纯电子商务模式经营，缩减中间环节，随着六大物流基地的完善以及现代化的“亚洲一号”的投入使用，形成基本覆盖全国的高效物流体系。

（资料来源：http://www.docin.com/p-836638759.html）

2. 外部环境

（1）社会环境

电子商务的迅速发展，必须要有良好社会环境支撑。电子商务的社会环境有利与否应考察整个社会中企业和个人对电子商务形式的认同程度和使用程度。有关统计资料表明，从全球范围看，中国的电子商务的社会环境发展是最快的。

（2）电子商务的法规、政策环境

从电子商务产生第一天起，这种新的交易活动方式就一直在建立和完善法规和政策的道路上努力着。

[资料一]

1996年12月16日，联合国国际贸易法委员会第85次全体大会通过了《电子商务示范法》，该法是世界上第一个电子商务领域的统一法规，其目的是向各国提供一套国际公认的法律规则，以供各国法律部门在制定本国电子商务法律法规时参考，促进使用现代通信和信息存储手段。

[资料二]

电子商务最发达的美国，早在1991年9月1日便通过了《高性能计算机法规网络案》，其宗旨是建设信息高速公路。而这条“公路”为美国的电子商务发展奠定了关键基础。1997年7月，时任美国总统克林顿发表了《全球电子商务纲要》，其中重要内容之一，就是表示要制定相关的电子商务法。

[资料三]

1998年 6月29日新加坡议会通过《1998电子交易法令》，成为世界上第一个颁布立法实施联合国贸易法委员会《电子商业示范法》的国家。

[资料四]

2000年12月，中共中央全国人大常委会审议通过了《关于维护互联网安全的决定》；2004年8月通过了《中华人民共和国电子签名法》，并于2005年4月1日开始实施；《电子签名法》是我国第一部真正意义的电子商务领域的法律，是我国电子商务发展的里程碑，其颁布和实施对于改善我国电子商务的法制环境，促进安全可信的电子商务环境的建立，推动我国电子商务的发展具有积极的作用。

（3）技术条件环境

随着网络的普及，硬件技术和软件技术不断推陈出新，给企业、个人的电子商务活动带来了空前的便利。

思　考

试分析外部环境对电子商务的推动作用。

练习与实践

一、选择题

1. 下列各项，不是宏观视角电子商务发展框架的三个层次的是（　　）。

A．网络层　　B．网站建立层

C．多媒体信息发布层　　D．一般业务服务层

参考答案

2. 下列不是经济视角电子商务发展框架上层活动顺利实现的基础和支持条件的是（　　）。

A．技术支持　　B．标准化建设

C．宏观政策和法规　　D．一般业务服务层

3. 从全球范围看，电子商务的社会环境发展最快的是（　　）。

A．中国　　B．英国

C．加拿大　　D．美国

4．1998 年，颁布了《1998 电子交易法令》的国家是（　　）。

A．中国　　B．加拿大

C．新加坡　　D．欧盟

5．1997 年 7 月公布《全球电子商务纲要》的国家是（　　）。

A．英国　　B．加拿大

C．美国　　D．日本

6．经济视角的电子商务框架中，电子商务活动的核心是（　　）。

A．信息流　　B．资金流

C．物流　　D．商流

7．《中华人民共和国电子签名法》颁布于（　　）年。

A．1998　　B．2003

C．2004　　D．1991

二、简答题

1．宏观视角的电子商务框架包括哪些方面？

2．简述经济视角电子商务框架及其各部分关系。

3．什么是电子商务环境？内容包括哪些方面？

三、实践活动

（1）活动内容

通过探究电子商务训练活动，使学生进一步正确认识电子商务。

（2）活动要求

1）教师将学生分成若干组，每组 4～6 人，并选出组长。

2）要求每名学生熟悉任务 4 的导入案例，并对案例进行深入分析，对问题做出解答。

3）学生要端正态度，严肃认真，积极参与。讨论发言要从容、自信，口齿清晰，声音洪亮。

（3）活动评价

根据考核标准对探究电子商务训练活动考核评价，填写评价表（见下表）。

考核标准及分数 / 评价方式	遵守纪律（2 分）	态度端正、严肃认真（2 分）	积极参与、大胆发言（2 分）	分析透彻、观点正确（4 分）	分数汇总（10 分）
自我评价					
小组评价					
教师评价					

拓展提升

电商监管将日趋完善

近年来，电商税制不完善、假冒伪劣商品充斥市场、刷单、退换货执行难等问题频频被消费者诟病，而今年，这些问题或将得到很大程度的改善。

据商务部部长助理王炳南在今年全国两会期间透露，目前商务部正在积极推动《电子商务法》的制定，预计2017年推出，从而进一步完善对电子商务的监管。

此外，国家工商总局局长张茅公开表示，针对网络售假问题，国家工商总局目前已制定了一系列监管办法，如监管抽查、界定7天无理由退货范围和标准等。但最根本的还是要建立企业的信用系统，真正达到建立企业信用制度、规范企业行为的目的。丰趣海淘首席运营官崔婉倩则对《中国商报》记者表示，跨境电商热潮的出现代表了中国消费者对品质商品和精致生活的追求，国家工商总局的监管方案也是在此基础上更严格地保证了消费者的权益。

要净化电商市场，除了需要政府层面进行严格监管，更离不开行业的自律。随着我国电子商务市场的逐步成熟和消费者维权意识的提高，电商企业也开始更加积极地解决自身问题。

3月15日，中国消费者协会在“新消费·我做主”——3.15国际消费者权益日主题宣传会上启动电商消费维权绿色通道（直通车）平台。京东、淘宝、唯品会等17家电商企业（平台）承诺加入绿色通道（直通车）。当当网有关负责人则向《中国商报》记者表示，一旦发现商家有侵权或者出售假冒伪劣商品的情况，将从重从严处罚商家。如是售卖假货，将关停店铺、记录在黑名单中永久不得入驻当当网，并移送国家相关管理部门。

分析：应采取哪些对策净化网购环境？

项目小结

“走进电子商务”是整本教材的先导，在学习过程中要正确理解和把握相应的概念和知识点。重点掌握电子商务的概念和特征以及电子商务与传统商务的区别，同时了解电子商务的发展过程和电子商务的总体构架。通过对案例的分析加强对电子商务概念和电子商务发展中存在问题的理解。

项目 2
了解计算机网络技术基础

计算机网络是计算机技术和通信技术紧密结合的产物。它涉及计算机和通信两个领域，是电子商务的支持平台和基础。在电子商务的应用中，计算机网络作为一个基础设施，把分散在不同位置的计算机系统连接起来，保证了电子商务活动的顺利进行。计算机网络技术是电子商务活动中处于最底层、最基础的技术。

学习目标

【知识目标】

- 理解计算机网络的概念及功能；
- 熟悉互联网相关技术与服务；
- 理解移动电子商务概念、应用和发展；
- 理解 EDI 概念、构成与分类；
- 掌握网络工具的应用。

【能力目标】

- 初步认识计算机网络概念；
- 会应用互联网技术；
- 能阐述移动电子商务的应用；
- 能确定并阐述 EDI 的构成及分类；
- 培养正确使用计算机网络工具的能力。

【情感目标】

- 具备自主探究学习的意识，培养创新精神；
- 具备良好的职业道德，培养学生科学严谨的作风。

任务 1 初识计算机网络

案例导入

实施“互联网＋”拓展网络经济新空间

在“十三五”规划纲要草案中有一个篇章为“拓展网络经济空间”，这是中国的五年规划首次以如此高规格筹划互联网发展。基于大数据、云计算、“互联网＋”等概念的网络经济方兴未艾，在新的国家战略规划支持下，可窥见中国未来互联网经济巨大商机的端倪。

“互联网＋”深入实施，能够拓展信息消费空间。全球经验数据表明，信息消费每增加 100 亿元，可以带动国民经济增长 300 亿元。

实施“互联网＋”，也能给传统行业以提质增效的空间。比如在传统教育领域，利用互联网面向中小学、大学、职业教育等多层次人群开放课程，人们足不出户就可以享受到在线教育的便利。更何况当前包括餐饮、购物、旅游在内的很多传统服务行业已经在互联网影响下开始转型，诸如“互联网金融”“互联网医疗”“互联网旅游”等层出不穷。可见“互联网＋”必能给传统行业以提质增效空间，给中国经济注入新的活力。

李克强总理多次表示：“在‘互联网＋’的风口上顺势而为，会使中国经济飞起来。”根据中国互联网信息中心数据，“十二五”期间互联网经济在中国 GDP 中的占比持续攀升，2014 年已经达到 7%。而今在“一带一路”战略实施之际，我们就应加快实施“互联网+”行动计划，通过深化改革消除制约“互联网+”发展的体制机制障碍，形成网络化、智能化、服务化、协同化的产业发展新形态，拓展网络经济新空间。

实施“互联网＋”，还能催生新经济。比如，云计算、物联网、大数据技术和相关产业迅速崛起，就让人们看到了互联网催生新经济的魔力。在未来，“互联网＋”还会涉足 12 个风口行业，包括移动医疗垂直化发展、工业生产制造更智能、催化中国农业品牌道路、在线教育大爆发、全民理财与微小企业发展等。移动互联网结合“大众创业、万众创新”，更会把潜在的巨大生产力释放出来，拉动中国经济爬坡过坎。

讨论：“互联网＋”让我们改变了消费习惯，说一说，你所知道的还有哪些是“互联网＋”模式？

一、网络的概念

知识准备

1. 计算机网络的概念

计算机网络是将分布在不同地理位置上的具有独立功能的计算机、终端及其附属设备，通过通信设备和传输介质相互连接，以功能完善的网络软件（网络协议、网络操作系统等）实现相互通信、资源共享和协同工作的系统。计算机网络是根据实际应用的需求发展起来的，它是计算机技术和通信技术紧密结合的产物，是电子商务技术中最根本、最基础的技术，是电子商务的支持平台和基础。电子商务必须依赖于计算机网络技术的发展，基于网络的数据传输和资源共享是实施电子商务的基础，如图 2-1 所示。

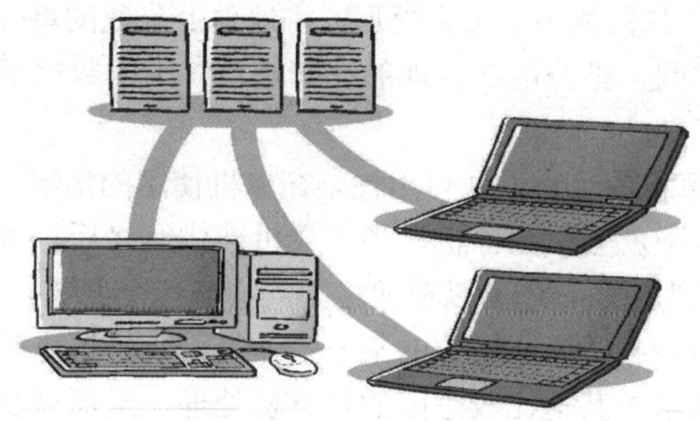

图 2-1 计算机网络

2. 计算机网络组成

计算机网络从逻辑结构上可以分为通信子网和资源子网两部分。

通信子网主要负责计算机之间的通信，常常是专用的网络通信线路或公共通信网络。由网络通信控制处理机、通信线路和其他通信设备组成，完成网络数据交换和传输等通信处理功能。通信子网为资源子网提供信息传送服务，是支持资源子网上用户之间相互通信的基本环境。它由网络通信控制处理机、通信线路和其他通信设备组成，完成网络数据交换和传输等通信处理功能。

通信控制处理机，是一种在数据通信系统与计算机网络中具有处理控制功能的专用计算机，一般由配置了通信控制功能的硬件和软件的小型机或微机构成。按照它们的功能和用途，可以分为存储转发处理机、集中器、网络协议变换器、报文分组组装拆卸设备等。通信控制处理机在网络拓扑中被称为网络结点。它一方面作为与资源子网的主机、终端的接口结点，将主机和终端编入网内，另一方面，它又作为通信子网中的报文分组存储转发结点，完成报文分组的接收、检验、存储、转发等功能，实现将源主机报文准确发送到目的地主机的作用。

资源子网主要由用户的主机等硬件资源和用户提供的各种程序库、数据库等软件和信息资源组成。资源子网由拥有资源的主计算机系统、请求资源的用户终端、终端控制器、联网外设、各种软件资源与数据资源组成。资源子网负责全网的数据处理功能，向用户提供各种网络与网络服务。

3. 计算机网络的功能

建立计算机网络主要是实现在计算机通信基础上进行资源共享。计算机网络的功能如下：

1）实现资源共享。所有网内的用户都能享受网上计算机系统提供的资源，这些资源包括硬件、软件、数据和服务等。

2）对数据信息的集中、综合处理。将地理上分散的单位或部门通过计算机网络实现联网，把分散在各地的计算机系统中的数据资料适时集中起来综合处理。

3）提高计算机的可靠性及可用性。在单机使用的情况下，计算机或某一部件一旦有故障就会引起停机，当计算机连成网络后，每台计算机之间可以通过网络互为后备，还可以在网络的一些节点上设置一定的备用设备，作为全网的公用后备。当网络中的某一台计算机负担过重时，还可以将新的作业转发给网络中其他比较空闲的计算机处理，从而减少了用户的等待时间，均衡了网络中各计算机的负担。

4）进行分布处理。在计算机网络中，用户可以根据问题的性质和要求选择网络中最合适的资源进行处理，以便能够快速经济地处理问题。对于综合性的大型问题可以采用适当的算法，将大型任务分解成许多小任务，再将这些小任务分散到不同的计算机上进行分布处理。

5）节省开销。在计算机网络中，每一个用户都可以共享网络中任意位置的资源，所以网络设计者可以全面统一地考虑各个工作站上的具体配置，从而达到用最低的开销获得最佳的效果。

思　考

形成计算机网络系统有哪些组成部分？

二、网络的产生与发展

知识准备

随着计算机应用的不断发展，出现了多台计算机互联的需求，即将分布在不同地点的计算机通过通信线路互联成为计算机网络。计算机互联主要应用在军事、科学研究、地区与国家经济信息分析决策、大型企业经营管理等。网络最早起源于美国国防部高级研究计划署的ARPANET。1969年ARPA提出将多所大学、公司和研究所的多台计算机互联的课题。1969年ARPANET只有4个节点，1973年发展到40个节点，1983年已经达到100多个节点。ARPANET通过有线、无线与卫星通信线路使网络覆盖了从美国本土到欧洲与夏威夷的广阔地域。ARPA网是计算机网络技术发展的一个重要里程碑，它对发展计算机网络技术的贡献表现在以下几个方面：

1）完成了对计算机网络的定义、分类与子课题研究内容的描述。

2）提出了资源子网、通信子网的两级网络结构的概念。

3）研究了报文分组交换的数据交换方法。

4）采用了层次结构的网络体系结构模型与协议体系。

计算机网络的发展分为四个阶段：第一阶段，计算机技术与通信技术的结合，形成了网络的雏形；第二阶段，在计算机通信网络的基础上，完成网络体系结构与协议的研究，形成了计算机网络；第三阶段，提出了开放系统互联参考模型与协议，促进了符合国际标准的计算机网络技术的发展，国际标准化组织（ISO）正式制定、颁布了开放系统互联参考模型（open system interconnection reference model，OSIRM），即ISO/IEC7498国际标准，OSI标准成为了我国网络建设的标准；第四阶段，计算机网络向互联、高速、智能化方向发展，并获得了广泛的应用。

小案例

用网络技术实现智慧农业

赤峰启天网络的智慧农业解决方案，就是充分应用现代信息技术，集成应用计算机与网络技术、物联网技术、音视频技术、3S技术、无线通信技术及专家智慧与知识，实现农业产业链各关键环节的信息化、标准化的典范，是云计算、物联网、3S等多种信息技术在农业中综合、全面的应用，实现更完备的信息化基础支撑、更透彻的农业信息感知、更集中的数据资源、更广泛的互联互通、更深入的智能控制、更贴心的公众服务。启天网络的智慧农业主要有三个方面：电子商务（互联网＋）网站、微信平台，可进行农副产品、种子等买卖的信息查看，进行农副产品的网上信息发布、推广销售；农业智能监控，主要应用于温室大棚，可24小时视频监控农作物的生长情况，可24小时观察棚室内的温度、湿度情况并进行自动通风、卷扬软席进行保温，可随时随地对出现问题的大棚信息通过电脑、手机报警提醒处理；数据综合分析，可根据当前的作物生长情况进行实时数据分析，对病虫害防治、作物施肥等及时提出指导意见，并可通过互联网连接农业专家对作物的生长情况进行在线分析及病虫害治疗提出指导意见。

（资料来源：乌海网）

思　考

谈一谈电子商务中的网络技术应用。

三、网络的分类

知识准备

1）按网络覆盖范围划分，可以分为局域网（LAN）、城域网（MAN）和广域网（WAN）三种。

① 局域网。是小范围内的计算机网络，可以是一个企业、工厂、单位、学校等内部的网络，作用范围通常只有几米到几千米。

② 城域网。是介于局域网与广域网之间的一种高速网络，可以用于一个城市内企业、机关、单位、公司之间的多个局域网的互联。

③ 广域网。也称为远程网，可以覆盖一个地区、国家或横跨几个洲，形成国际化远程网络，作用范围从几十千米到几千千米。

2）按网络传输技术划分，可以分为点对点传播方式和广播式传播方式两种。

① 点对点传播方式。是以点到点的连接方式把各个计算机连接起来，一条通信线路只能连接一对节点，主要应用于广域网中。

② 广播式传播方式。所有的联网计算机都共享一个公共通信信道，当一台计算机利用共享信道发送数据时，网络中的其他计算机就都能收到发送的数据，这种方式主要用于局域网中。

3）按通信介质划分，可以分为有线网、光纤网和无线网三种。

① 有线网。采用同轴电缆和双绞线连接的计算机网络。双绞线网是目前最常见的联网方式，它价格便宜、安装方便，但容易受到干扰，传输率较低；同轴电缆网也是一种常见的联网方式，它比较经济，安装也比较便利，但传输率和抗干扰能力一般。

② 光纤网。采用光导纤维作为传输介质，是有线网的一种，但由于其特殊性而单独将它列出。光纤传输距离长，传输率高，可达数千兆比例每秒，抗干扰性强，不会受到电子监听设备的监听，是目前高安全性网络的理想选择。但其价格较高，而且要求有高水平的安装技术。

③ 无线网。是无线通信技术与网络技术相结合的产物。它通过无线信道实现网络设备之间的通信，并实现通信的移动化、个性化和宽带化。无

线网具有灵活性和移动性、安装便捷、易于规划和调整、易于扩展等优点，发展十分迅猛。但其性能、传输率及安全性方面还有待进一步提高。

4）按照网络的拓扑结构可分为星型、环型、总线型、树型和网型结构网络。

① 星型网络。各站点通过点到点的链路与中心站连接。特点是很容易在网络中增加新的站点，数据的安全性和优先级容易控制，容易实现网络监控，但中心节点的故障会引起整个网络瘫痪。

② 环型网络。各站点通过通信介质连成一个封闭的环形。环形网络容易安装和监控，但容量有限，网络建成后，很难再增加新的站点。

③ 总线型网络。网络中所有的站点共享一条数据通道。总线型网络安装简单、方便，所需要铺设的电缆最短，成本低，即使某个站点出现故障一般也不会影响整个网络，但传输介质出现故障则会导致网络瘫痪。总线型网络的安全性较低，监控比较困难，增加新站点也不如星型网络容易。

④ 树型网络和网型网络以及其他类型拓扑结构，这些网络结构的网络大多是以上面三种拓扑结构为基础发展而来的。

思　考

怎样设置无线网络连接？

练习与实践

一、选择题

1．计算机网络从逻辑结构上分为（　　）。

A．通信子网和资源子网　　B．星型、环型和总线型

C．点对点和广播式传播　　D．有线网和无线网

2．从网络的覆盖范围划分，计算机网络分为局域网、城域网和（　　）。

A．互联网　　B．以太网

C．广域网　　D．万维网

3．计算机网络按照通信介质划分，可分为有线网、光纤网和（　　）。

A．局域网　　B．无线网

C．互联网　　D．城域网

参考答案

二、简答题

1．什么是计算机网络？

2．简述计算机网络的发展。

3．从不同角度对计算机网络进行分类。

三、实践活动

（1）活动内容

通过探究训练活动，使学生进一步正确认识计算机网络。

（2）活动要求

1）教师将学生分成若干组，每组 4～6 人，并选出组长，由组长确定小组成员的分工。

2）要求每名学生熟悉任务 1 中“实施“互联网+拓展网络经济新空间”导入案例，并对案例进行深入分析，对问题做出解答。

3）学生要端正态度，严肃认真，积极参与。讨论发言要从容、自信，口齿清晰，声音洪亮。

（3）活动评价

根据考核标准对探究电子商务训练活动考核评价，填写评价表（见下表）。

考核标准及分数 评价方式	遵守纪律 （2 分）	态度端正、严肃认真 （2 分）	积极参与、大胆发言 （2 分）	分析透彻、观点正确 （4 分）	分数汇总 （10 分）
自我评价					
小组评价					
教师评价					

拓展提升

从计算机在科研、家庭生活、工作学习等多领域探讨它的应用，并将探讨结果以书面形式提交。

任务 2 互联网技术应用

案例导入

互联网技术应用

互联网技术的应用可以分为传统行业技术应用、虚拟社会技术应用和智慧应用三方面。

1）传统商业应用系统也可以称之为 IT 系统。此类系统的应用主要是为了提高工作效率、减少失误、降低成本，比如办公 OA 系统、电子邮箱，支付方面的银联、支付宝、网银，ERP 仓储管理等系统。

2）虚拟社会应用。互联网中比较成功的电商公司全都是将线下搬到线上，通过互联网传播速度快、影响面广、成本低的特性把影响最大化，从而吸引大量网民，按照人们的需求，进行数据收集分析，通过互联网技术可以给用户良好的购物体验，达成交易。

3）互联网技术的智慧应用，比如现在所说的物联网、互联网、移动互联网，最终要发展成智慧应用，用网络技术识别人们的想法，替人们做需要做的事情。例如物联网中，用户在车上就可以把家里的空调打开、烧一壶开水、关闭电灯等这些智慧应用。

讨论：互联网技术对电子商务的影响。

一、TCP/IP 协议

知识准备

1. 网络协议

网络协议就是一种用于网络之间相互通信的技术标准，计算机之间的相互通信需要遵守一定的规则。网络协议要解决很多的问题，例如，不同设备、不同链路、不同信息、不同网络、不同应用系统之间按照什么方式传递信息等。

2. TCP/IP 协议

它是互联网的通信协议，目的在于实现网络之间的互相通信。TCP 和 IP 是多个协议中最基本也是最主要的两个协议。TCP/IP 协议是美国政府资助的高级研究计划署（在 20 世纪 70 年代的一个研究成果，用来使全球的研究网络联在一起形成一个虚拟网络，也就是国际互联网。最原始的 Internet 通过将已有的网络，例如，ARPANET 转换到 TCP/IP 上来形成，而 Internet 最终成了现在的国际互联网的最主要的网络。

TCP/IP 是一个四层协议体系结构：数据链路层、网络层、传输层和应用层，其中 TCP 协议是传输控制协议，负责数据传输的可靠性；IP 协议是网络互联协议，负责数据的传输。还有应用层的简单邮件传输协议（SMTP）、域名服务器（DNS）、文件传输协议（FTP）、远程终端访问（TELNET）等。

TCP/IP 协议所采用的通信方式是分组交换方式，即数据在传输时要分成若干段，每个数据段称为一个数据包。

知识窗

TCP/IP 就像是信封和地址，要传递的数据被分成若干段，每一段塞入一个TCP信封，并在该信封表面上记录有分段号的信息，然后给TCP信封标记IP地址、发送上网。在接收端，一个TCP软件包收集信封，抽出数据，按发送前的顺序还原信息，再通过校验，若发现有差错，TCP将要求重发。所以，TCP/IP在Internet中几乎可以无差错地进行数据传送。

思　考

说一说，你所知道的网络协议有哪些？

二、IP地址和域名

知识准备

1. IP地址

在Internet中，每一台连接网络的计算机都要有一个唯一的IP地址，用来识别计算机。IP地址是由32个二进制位组成的，分为四段，也就是说一个IP地址由4个字节组成，写成四个十进制数字字段，中间用点号隔开，形式为“×××.×××.×××.×××”。其中每个段的数值都在0～255之间。在Internet中，一个主机可以有一个或多个IP地址，但两个或多个计算机却不能共用一个IP地址。如果两台计算机的IP地址相同，则会导致两台计算机都无法正常工作。

2. IP地址分类

IP地址可分为A、B、C、D、E五种类别。我们常用的是A、B、C三类，D、E类用于保留和多播使用。每个IP地址由网络地址和主机地址两部分构成，例如192.168.10.1，其网络地址是192，168.10.1则是该网络中的一台主机地址。

（1）A类IP：0-126.×××.×××.×××

A类地址的网络地址由第一组8位二进制数表示，网络中的主机地址由后三组8位二进制数表示。A类地址的特点是网络标识的第一位二进制数取值必须为“0”。

不难算出，A类地址第一个地址为00000001，最后一个地址是01111111，换算成十进制就是127，其中127留作保留地址。A类地址的第一段范围是1～126，A类地址允许有126个网段（0不用，127留作他用），网络中的主机标识占3组8位二进制数，每个网络允许有16 777 214台主机。通常分配给拥有大量主机的网络。

A类地址主要用于拥有大量主机的网络，它的特点是网络数少，而主机数多。

（2）B 类 IP：128-191.×××.×××.×××

B 类地址的网络地址由前两组 8 位二进制数表示，网络中的主机地址由后两组 8 位二进制数表示，B 类地址的特点是网络标识的前两位二进制数取值必须为“10”。

B 类地址第一个地址为 10000000，最后一个地址是 10111111，换算成十进制 B 类地址第一段范围就是 128～191，B 类地址允许有 2^{14}=16 384 个网段，网络中的主机地址占 2 组 8 位二进制数，每个网络允许有 $2^{16}-2$=65 534 台主机。

B 类地址主要用于中等规模的网络，它的特点是网络数和主机数大致相同。

（3）C 类 IP：192-223.×××.×××.×××

C 类地址第一个地址为 11000000，最后一个地址是 11011111，换算成十进制 C 类地址第一段范围就是 192～223，C 类地址允许有 2^{21}=2 097 152 个网段，网络中的主机地址占最后一组 8 位二进制数，每个网络允许有 $2^{8}-2$=254 台主机，见表 2-1。

C 类地址主要用于小型局域网络，它的特点是网络数多，而主机数少。

表 2-1 IP 地址的分类

类别	第一字节范围	网络地址长度	连接主机数	适用规模
A 类	1～126	1 个字节	16 777 214	大型网络
B 类	128～191	2 个字节	65 534	中型网络
C 类	192～223	3 个字节	254	小型网络

注：第一字节 223 范围后的 IP 留作特殊用途。

3. 域名

IP 地址都由数字表示，难于记忆，在实际使用时，人们用与 IP 地址相对应的“域名”代替。域名是由一组数字、字母或连接符组成的，命名规则与 IP 地址相反，自右向左越来越小。最右边是最高层次的域名，右边数第二个是下一层次的域名，右数第三个是最低层次的域名，最左边的是主机名。

由域名向 IP 地址转换的工作，是由域名解析服务器（DNS）完成的。例如，IP 地址是 220.181.90.20，其主机域名是 www.sohu.com.cn。

顶级域名可采用组织模式和地理模式定义，地理模式按国家划分，例如 cn 代表中国，uk 代表英国，jp 代表日本；组织模式按表 2-2 所示规定缩写。

表 2-2　组织模式缩写

缩写	全称	缩写	全称	缩写	全称
com	商业组织	edu	教育机构	gov	政府部门
mil	军事部门	int	国际组织	org	其他组织

思　考

如何申请域名？国内域名和国际域名的区别是什么？

三、微博和微信

知识准备

1. 微博

微博是微型博客（microblog）的简称，也是博客的一种，是一种通过关注来分享简短实时信息的广播式社交网络平台。它以 140 字（包括标点符号）以内的文字更新信息，来实现即时分享。常见的微博有新浪微博、腾讯微博、网易微博、搜狐微博等，logo 如图 2-2（a）、（b）所示。

（a）新浪微博 logo

（b）腾讯微博 logo

图 2-2　微博 logo

2. 微博的特点

1）内容短小精悍。微博的内容限定为 140 字，内容简短，不需长篇大论，门槛较低。

2）信息获取具有很强的自主性、选择性，用户可以根据自己的兴趣爱好，依据对方发布内容的类别与质量，选择是否“关注”某用户，并可以对所有“关注”的用户群进行分类。

3）微博宣传的影响力具有很大弹性，与内容质量高度相关。其影响力基于用户现有的被“关注”的数量。用户发布信息的吸引力、新闻性越强，对该用户感兴趣、“关注”该用户的人也越多，影响力越大。只有拥有更多高质量的粉丝，才能让你的微博被更多人“关注”。

4）信息共享便捷迅速。可以通过各种连接网络的平台，在任何时间、任何地点即时发布信息，其信息发布速度超过传统纸制媒体及网络媒体。

3. 微信

微信（WeChat）是通过网络快速发送语音短信、视频、图片和文字的移动即时通信软件，是腾讯公司于 2011 年推出的为智能终端提供即时通信服务的应用程序。从 2014 年 9 月起，腾讯公司为用户提供了微信支付电商平台，由于信息传播的便捷性和支付技术的门槛大大降低，现在全民正在进入一个“微电商”时代。

4. 微电商

微电商是电商企业利用社交化、移动化两大趋势进行的电商服务链延伸，它的业务重心并不在于拉新、促成订单成交等 PC 互联网的核心诉求，而在于实现电商业务向移动互联网、社交网络的迁移，从而占领未来的竞争高地。

知识窗

2014 年 3 月 27 日晚间，在中国微博领域一枝独秀的新浪微博宣布改名为“微博”，并推出了新的 Logo 标识，新浪色彩逐步淡化。

思 考

你使用过微信支付吗？说一说微信支付的操作流程。

练习与实践

一、选择题

1．TCP 协议是（　　）协议，IP 协议是（　　）协议。

A．网络互联　　B．远程终端访问

C．传输控制　　D．文件传输

2．125.181.17.20 是（　　）地址。

A．A 类　　B．B 类

C．C 类　　D．D 类

参考答案

3．域名解析服务器的缩写是（　　）。

A．EDI　　B．EC

C．ARPA　　D．DNS

4．微博也是博客的一种，内容限定为（　　）。

A．200 字　　B．500 字

C．140 字　　D．100 字

二、简答题

1. 简述 TCP/IP 协议。
2. 简述 IP 地址与域名。
3. 微博有什么特点？

拓展提升

微 信 应 用

微信的主要价值在于让企业的服务意识提升，在微信公众平台上，企业可以更好地为用户提供服务。微信公众账号被分成订阅号和服务号，运营主体是组织（比如企业、媒体、公益组织）的，可以申请服务号，运营主体是组织和个人的，可以申请订阅号，但是个人不能申请服务号。可以登录微信公众平台，进行注册公众微信账号，确认成为公共账号用户，微信号是唯一的，且不可以修改。在确认了公共账号后，就会进入微信公众平台的后台进行管理，主要有实时交流、消息发送和素材管理。用户对自己的粉丝进行分组管理，实时交流都可以在这个界面完成。

任务 3　移动电子商务技术应用

案例导入

电子商务迈入“移动电子商务”时代

今年的“双 11”和“双 12”你是守在电脑边抢购，还是拿着手机随时随地下单？随着无线网络的普及，人们网购的习惯也在变化，以电脑为终端的电子商务正在迈向更加灵活的“移动电子商务”时代。“移动电子商务”指通过手机和平板电脑等无线接入设备完成商品和服务买卖的流程。移动商务被看做下一代的电子商务，用户上网购物时不再需要专门找台电脑联网完成购物。由于通过无线设备的交易活动更快捷，更安全，也更易扩展，普遍预测“移动电子商务”将取代有线电子商务，成为数字商务交易平台的主要方式。“移动电子商务”将影响到的行业包括金融服务、手机银行（客户可以用掌中设备登录银行账户，支付各类账单）和各类经纪服务，通过掌中设备就可以浏览股指并完成交易；通信行业，服务类型变更，缴纳话费，账户总览等所有业务均可通过移动设备完成；服务业和零售业，顾客可以瞬间完成下单和支付；信息服务，财经新闻、体育比赛分数、实时交通路况等信息都可在移动设备上收到。

（资料来源：http://edu.qq.com/a/20151218/041362.htm）

讨论：如何进行移动电子商务？说一说你身边的移动电子商务案例。

一、移动电子商务概念

知识准备

电子商务发展的数十年间，移动电子商务慢慢走进了人们的视野。随着无线通信技术的快速发展，手持设备用户倍增，无线技术与电子商务结合的产物——移动电子商务现在发展势头迅猛，在 2016 年进入了全面爆发期，2016 年 1 月份，国内移动电商用户规模为 4.12 亿，相比 2015 年的 3.27 亿增长了 25%，2015 年 11 月份，受促销活动的拉动，中国移动电商用户规模一度突破 5 亿，达到了 5.05 亿。过去的 PC 时代及其所带来的各种电商模式已经开始发生非常快速的转移，进入了移动电商时代，由于 O2O 与移动互联网的天然契合，使得以前固定的电商模式发生行业格局的改变。

移动电子商务是基于无线网络，运用移动通信终端和设备进行商品交易或服务交易的电子商务类型。目前，常见的移动设备有手机、手持设备、手提电脑和个人数据助手。

移动电子商务最大的特点是商业信息流可以随着移动设备的移动而移动，可以随时随地获得和传递商业信息，进行商务交易活动。

小案例

移动电商成为新主角

2015 年“双 11”，国美在线截至 11 日中午 12 时的数据显示，全站流量暴增 3 倍，交易额（GMV）同比劲增 418%，移动端订单量占比高达 70%，平均客单价超过 2300 元，再次蝉联移动端客单价之冠。

阿里巴巴集团中国零售事业群总裁张建锋在谈到 2015 年“双 11”的趋势变化时表示，移动电商的兴起极大地推动了交易额的提升，更多人可以随时随地下单，也让支付流程更加简化便利。这充分说明，移动购物已经成为主流，移动电商已经成为新的主角，而这也预示着中国电商格局将发生新的变化，电商未来的发展将会朝着新的方向迈进。

移动电商的崛起必然催生更多的移动电商平台和应用，而随着天猫和京东这样的电商平台之间的竞争日趋激烈，对商家的争夺和条款也越来越多地影响商家在大平台上的自由度，选择自建独立的电商平台谋求更大的发展空间逐渐成为各个商家未来发展的新思路。移动端应用平台的建立将成为商家的必争之地。

（资料来源：新民网）

思　考

说一说移动电子商务的优点。

二、移动电子商务应用

知识准备

移动电子商务的主要应用领域有银行、贸易 、订购票、购物、娱乐业、无线医疗和移动应用服务。

1）银行：在移动电子商务中，银行服务是 Internet 银行的扩展，它允许用户使用数字签名和认证来完成以下操作：管理个人账户信息、银行账户或资金转移、接收有关银行信息和支付到期报警、处理电子发票支付等。

2）贸易：贸易和中介应用一般都传递一些实时变化的动态信息，如股票指数、事件通知、有价证券管理以及使用数字签名验证过的贸易订单等。

3）订购票：订购票业务主要包括订票、购票、支付和开收据等。这些应用可以用在多个领域，如航空、铁路、公路、收费站、影剧院、体育比赛、公园等。

4）购物：在移动电子商务中，购物主要指通过移动终端完成 Internet 电子商务，也就是说，通过移动终端完成电子商场（即虚拟商场）的订货、支付、购买商品和服务等业务。另一个可能的购物业务是在真正的商场里对商品的支付进行确认，如在商场里用户直接与收银员或销售机交互操作。

5）娱乐业：移动电子商务的另一个很有吸引力的应用是娱乐业。网络服务提供商要求用户必须提供一种电子支付或签订合同的方法，这会影响使用电子支付网络的娱乐行业，如预付费游戏等。有了移动电子商务，费用可以直接从话费中扣除，为客户提供了更多的方便。

6）无线医疗：这种服务是在时间紧迫的情形下，向专业医务人员提供关键的医疗信息。医疗产业十分适合移动电子商务的开展。在紧急情况下，救护车可以作为治疗的场所，而借助无线技术，救护车可以在行驶中同医疗中心和病人家属建立快速、实时的数据交换，这对每一秒钟都很宝贵的紧急情况来说至关重要。无线医疗使病人、医生、保险公司都可以获益，各方也愿意为这项服务付费。

7）移动应用服务：一些行业需要经常派遣工程师或工人到现场作业。在这些行业中，移动应用服务提供商将有开展业务的巨大空间。移动应用服务提供商结合定位服务技术、短消息服务、无线应用协议技术以及呼叫中心技术，为用户提供及时的服务，提高用户的工作效率。过去，现场工作人员在完成一项任务后，需要回到总部等待下一项任务。现在，现场工作人员直接用他们的手持通信设备接受工作任务，并根据所在的位置、交通的状况以及任务的紧急程度，自主安排各项工作，使用户得到更加满意的服务。

思　考

说一说，你还知道哪些移动电子商务应用。

三、移动电子商务发展

知识准备

移动电子商务产业链主要由七部分构成，即基础设施提供商、平台软件提供商、网络运营商、移动应用服务提供商、应用开发商、终端设备提供商和最终用户。目前该产业链中，用户对移动商务的需求并不清晰，起主导作用的电信运营商也没有为企业服务的能力和经验。在这种情况下，平台软件提供商、移动应用服务提供商、应用开发商等软件厂商只好努力完善自己的产品，以求迅速打开市场。

1. 移动电子商务的产业链

以个性需求和定位为核心的移动电子商务，虽然理论上能克服配送、支付、信用问题，但这必须依靠通信技术和设施以及整个产业链的合作才能真正实现。移动电子商务产业链包括终端设备制造商、系统平台提供商、技术平台提供商、网络运营商、无线互联网络服务提供商、应用软件开发商、系统集成商及最终用户。

面向个人用户，手机上网可以免去电脑上网的束缚，随时随地可获取所需的信息，能够满足个人对信息等方面的自由选择。无线设备的移动性、个性化的特征，结合互联网在信息传播、商务应用和海量信息等方面的优势，对个人经济生活的方方面面必将产生巨大的影响。

面向企业用户，企业移动电子商务应用所需的技术平台、终端设备、网络设施都已经基本具备，应用软件开发商面临的挑战是根据企业的不同需求，选择适当的技术平台和连接方式，寻求相应的移动应用解决方案。无线交易可大大降低交易成本，突破时空的限制，加强交易的适用性；还可以直接面向客户，了解客户信息、市场信息，提高服务质量。企业通过移动电子商务平台，可以充分实现企业的管理流程和工作流程，加快信息的搜集处理，大大缩短产品开发生产周期，提高生产效率，开拓更多新的商业机会。

2. 基于定位服务的移动商业新模式

移动电子商务的主要应用领域之一就是基于位置的服务和手机定位技术为基于移动的商业新模式的创立奠定了技术基础，移动用户身份资料提供了商务活动的信用基础。基于定位的服务应用范围极为广阔，可以与诸多应用结合起来，使移动商务不仅具备普通电子商务的各项功能，更为重要的是提供个性化、移动性、普及性的服务空间。移动因特网业务可以从个性化、实效性和位置这三方面为终端用户提供信息增值服务，这样就突出了位置信息的价值，因为诸如当地新闻、天气预报、旅馆饭店预订、旅游业、零售业和餐饮业等的各项服务都可以通过上述三个“价值增值器”增值。基于定位的一系列服务包括紧急救援、车辆救援、交通远程信息处理、自动收费站、票务、财产追踪、物流储运、特定位置广告、基于位置的收费等。

移动电子商务使得商家、用户在移动中进行商务、交易活动和提供服务，这种动态的商务应用是基于定位技术的应用。移动电子商务的全部核心不在于动态商务本身，而是在定位服务。在移动电子商务时代，用户要求的是即时随地的服务，那么服务提供者必须具有第一时间、第一地点的反应能力。以移动服务中的旅游业为例，为了避免临时上网查找信息，我们一般出发前在传统的互联网上查天气预报、旅游信息、路线地图等，但如果我们自助旅游，身处陌生的环境，临时需求决不仅限于前面几项，还有旅馆、饭店信息查询，甚至包括意外紧急救援，这时，移动电子商务的定位服务便显得尤为重要。

思 考

谈一谈移动电子商务的产业链由哪几部分构成。

练习与实践

一、填空题

参考答案

1. ________是利用各种移动设备和移动通信技术，随时随地存储、传输和交流各种商业信息，进行商业活动的创新业务模式。

2. 移动电子商务最大的特点是________可以随着移动设备的移动而移动，可以及时地随时随地地获得和传递商业信息，进行________。

二、简答题

1. 简述移动电子商务的概念。

2．概述移动电子商务的主要应用领域。

3．简述移动电子商务的发展。

任务 4　电子数据交换技术应用

案例导入

EDI 业务应用领域

商业贸易领域：在商业贸易领域，通过采用 EDI 技术，可以将不同制造商、供应商、批发商和零售商等商业贸易之间各自的生产管理、物料需求、销售管理、仓库管理、商业 POS 系统有机地结合起来，从而使这些企业大幅提高其经营效率，并创造出更高的利润。商贸 EDI 业务特别适用于那些具有一定规模、具有良好计算机管理基础的制造商、采用商业 POS 系统的批发商和零售商，以及为国际著名厂商提供产品的供应商。

运输业领域：在运输行业，通过采用集装箱运输电子数据交换业务，可以将船运、空运、陆路运输、外轮代理公司、港口码头、仓库、保险公司等企业之间各自的应用系统联系在一起，从而解决传统单证传输过程中的处理时间长、效率低等问题。可以有效提高货物的运输能力，实现物流控制电子化。从而实现国际集装箱多式联运，进一步促进港口集装箱运输事业的发展。

通关自动化：在外贸领域，通过采用 EDI 技术，可以将海关、商检、卫检等口岸监管部门与外贸公司、来料加工企业、报关公司等相关部门和企业紧密地联系起来，从而可以避免企业多次往返多个外贸管理部门进行申报、审批等。大大简化进出口贸易程序，提高货物通关的速度。最终起到改善经营投资环境，加强企业在国际贸易中的竞争力的目的。

其他领域：税务、银行、保险等多个贸易环节之中，EDI 技术同样也具有广泛的应用前景。通过 EDI 和电子商务技术（ECS），可以实现电子报税、电子资金划拨（EFT）等多种应用。

一、EDI 的概念

知识准备

EDI 是电子数据交换的英文缩写。目前，不同的国际组织对 EDI 的定义说法不一，主要有如下几种。

联合国国际贸易法律委员会对 EDI 的定义：EDI 是利用符合标准的结构化的信息从计算机到计算机之间的电子传输。

国际标准化组织（ISO）对 EDI 的定义：为商业或行政事务处理，按照一个公认的标准，形成结构化的事务处理或消息报文格式，从计算机到计算机的结构化传输方法。

国际标准化组织电工委员会对 EDI 的定义：电子数据交换是在两个或两个以上的组织的信息系统之间，为实现业务目的而进行的预定义和结构化的数据的自动交换。

EDI 是一种在公司之间传输订单、发票等商业文件的电子化手段，它通过计算机通信网络将贸易、运输、保险、银行和海关等行业信息，用一种国际公认的标准格式，实现公司或企业之间的数据交换和处理，并完成贸易活动为中心的全部过程。电子商务的最早应用是从 EDI 开始的，EDI 电子数据交换技术在国际电子商务中得到广泛应用，并已经从传统的 EDI 模式发展成了基于 Internet 的 EDI 模式。

使用 EDI 可以减少甚至消除贸易过程中的纸质文件，所以也称为“无纸化贸易”，EDI 技术实际上是一种电子传输方法，信息直接在计算机之间进行交换，整个处理过程不需要人工干预。从技术与应用的角度来看，电子数据交换不仅局限于贸易活动中，很多行业也采用了 EDI 的思想和方法，并开始进入广泛应用阶段。无纸化贸易只是 EDI 在贸易过程中的应用，而 EDI 本身的概念应该更广泛一些。

知识窗

电子商务的最早应用是从 EDI 电子商务系统开始的。EDI 包含了三方面的内容：计算机应用、通信网络和数据标准化。其中计算机应用是 EDI 的条件，通信网络是 EDI 应用的基础，数据标准化是 EDI 的特征。这三个方面相互衔接、相互依存，构成了 EDI 的基础框架。

思　考

说一说，EDI 标准的重要性。

二、EDI 的构成

知识准备

EDI 主要由以下几个部分组成：接口模块、报文生成处理模块、格式转换模块和通信模块。

1. 接口模块

接口模块是 EDI 系统和本单位的其他信息系统或数据库的接口，一方面可向 EDI 系统提供数据元、报文和各类资料；另一方面可将 EDI 系统的有关结果通知信息系统。同时通过接口模块为用户提供友好的接口和良好的人机界面。

2. 报文生成处理模块

该模块的作用有两点：一是接收用户和其他信息系统的命令和信息，按照 EDI 标准方式，产生订单、发票、合同等各种 EDI 报文，经格式转换模块处理后，递交给通信模块 EDI 网络发给其他 EDI 用户；二是将其他 EDI 系统发来的 EDI 报文，按其不同类型的要求进行处理，以适应本单位内其他信息处理的要求。

3. 格式转换模块

由于 EDI 要在不同国家和地区、不同行业内开展，EDI 通信双方所使用的通信手段、操作系统、文件格式、信息系统等都有可能不同。因而，统一的国际标准和行业标准是必不可少的。该模块将各种 EDI 报文按照 EDI 结构化要求进行结构化处理，根据 EDI 语法规则进行压缩、嵌套、代码的替换等处理后，提交通信模块发给其他 EDI 用户。同样，对于经过通信模块接收到的来自其他 EDI 系统的数据也要经过相反过程的处理才能交给其他模块。

4. 通信模块

该模块是 EDI 系统与通信网络的接口，它使得 EDI 系统能够在一个安全、可靠、方便的通信平台上顺利运行。其作用一般包括执行呼叫、自动重发、合法性和完整性检查、出错报警、自动应答、通信记录、报文审核和确认等。

思　考

说一说，你对 EDI 电子数据交换的认识。

三、EDI 的分类

知识准备

按照 EDI 的功能，可分为四类：

1. 订货信息系统

这类系统是最基本的，也是最知名的 EDI 系统，它用电子数据文件传输订单、发货票据和各类通知，它又被称为贸易数据交换系统。

2. 电子金融系统

这类系统的简称是 EFT，即在银行和其他组织之间实行电子费用汇总操作，EFT 已经使用多年，但它仍在不断地改进，最大的改进就是同订货系统联系起来，形成一个自动化处理系统。

3. 交互式系统

这类系统是常见的 EDI 系统，是交互式应答系统。它可应用在旅行社或航空公司作为机票预订系统。这种 EDI 在应用时要询问到达某一目的地的航班，要求显示航班的时间、票价或其他信息，然后根据旅客的要求确定所要的航班，打印机票。

4. 图形资料自动传输

这类系统是带有图形资料自动进行传输的 EDI。最常见的是计算机辅助设计（CAD）图形的自动传输。

知识窗

传统 EDI 模式得不到广泛的普及和发展，主要是因为传统的 EDI 是通过增值网络进行的，技术比较复杂、费用高。而实现传统的 EDI 需要对 EDI 概念有深入的了解，同商业伙伴达成一致意见，再改造现有的系统，购买或开发相应的转换软件，这些对于中小企业来说又难以实现。EDI 是通过各种专业、行业、国家和国际标准进行数据交换的，但现实世界中的标准、每个国家的特殊要求都会使标准变得非常复杂，难以统一。

思　考

谈一谈，实现 EDI 的关键是什么。

练习与实践

一、填空题

1．EDI 包含了三个方面的内容，分别为_______、_______和_______。

2．按照 EDI 的功能进行分类，可分为________、________、________

和________。

二、简答题

1．EDI 应用领域有哪些？

2．为什么传统 EDI 模式得不到广泛的普及和发展？

参考答案

三、实践活动

（1）活动内容

通过探究训练活动，使学生进一步正确认识 EDI 电子数据交换技术。

（2）活动要求

1）教师将学生分成若干组，每组 4～6 人，并选出组长，由组长确定小组成员的分工。

2）要求每名学生熟悉任务 4 中“EDI 业务应用领域”导入案例，并对案例进行深入分析，对问题做出解答。

3）学生要端正态度，严肃认真，积极参与。讨论发言要从容、自信，口齿清晰，声音洪亮。

（3）活动评价

根据考核标准对探究电子商务训练活动考核评价，填写评价表（见下表）。

考核标准及分数 / 评价方式	遵守纪律（2 分）	态度端正、严肃认真（2 分）	积极参与、大胆发言（2 分）	分析透彻、观点正确（4 分）	分数汇总（10 分）
自我评价					
小组评价					
教师评价					

任务 5　计算机网络工具应用

案例导入

第一封电子邮件的诞生

1971 年，美国国防部资助的阿帕网正在如火如荼地进行当中，一个非常尖锐的问题出现了：参加此项目的科学家们在不同的地方做着不同的工作，但是却不能很好地分享各自的研究成果。原因很简单，因为大家使用的是不同的计算机，每个人的工作对于别人来说都是没有用的。他们迫切需要一种能够借助于网络在不同的计算机之间传送数据的方法。为阿帕网工作的麻省理工学院博士 Ray Tomlinson 把一个可以在不同的电脑网络之间进行复制的软件和一个仅用于单机的通信软件进行了功能合并，名之为 SNDMSG（即 send message）。为了测试，他使用这个软件在阿帕网上发送了第一封电子邮件，收件人是另外一台电脑上的自己。尽管这封邮件的内容连 Tomlinson 本人也记不起来了，但那一刻仍然具备十足的历史意义：电子邮件诞生了。Tomlinson 选择“@”符号作为用户名与地址的间隔，因为这个符号比较生僻，不会出现在任何一个人的名字当中，而且这个符号的读音也有“在”的含义。阿帕网的科学家们以极大的热情欢迎了这个石破天惊般的创举。他们天才的想法及研究成果，现在可以用最快的——快得难以觉察的速度来与同事共享了。现在他们中的许多人回想起来，都觉得阿帕网所获得的巨大成功，电子邮件功不可没。

讨论：电子邮件给我们带来了哪些便利？

一、万维网服务

知识准备

1. 万维网

万维网（WWW）是 Internet 上最重要、最常用的服务，WWW 是 word wide web 的英文缩写。万维网是互联网中一个最具吸引力的新型工具，是最受用户欢迎的信息查询手段。万维网上有互联网的精华，展示着互联网最绚丽的一面，上面载有各种互动性极强、精美丰富的多媒体信息。用超链接方式，迅速带你从一个网站跳跃到另一个网站，借助强大的浏览器软件，在万维网中能进行几乎所有的互联网活动。

2. Web 通信的基本原理

由浏览器向 WWW 服务器发出 http 请求，WWW 服务器接到请求后进行相应的处理，将处理结果以 HTML 文件的形式返回给浏览器，客户浏览器对其进行解释并显示给用户。WWW 服务器要与数据库服务器进行交互，则必须通过中间软件才能实现。目前，主流的 Web 浏览器有很多种，分别是 IE、Navigator、Firefox 等。

3. 统一资源定位器（URL）

在地址栏中输入需要资源的地址，即 URL（uniform resource locator）。Web 浏览器用 URL 指出其他服务器的网络信息资源，从而达到超媒体的链接。URL 一般包括网络信息资源类型/协议、服务器地址、端口号、路径、文件名，其格式为“协议：//主机.域名.（端口号）/（路径/文件名）”，例如，http://192.168.0.165:8081/cas/index.html.

思 考

说一说，你常用的浏览器有哪些？它的优点是什么？

二、电子邮件服务

知识准备

电子邮件服务（E-mail），是用户或用户组之间通过计算机网络收发信息的服务。电子邮件使网络用户能够发送或接收文字 、图像和音乐等多种形式的信息。电子邮件已成为世界各地的用户之间快速、简便、可靠、成本低廉的通信手段。

电子邮件地址格式为“用户名@主机名”，其中“@”符号读作“at”，用户名是用户在申请注册电子邮箱时自己命名的，主机名是拥有独立 IP 地址的计算机的名字。例如，abc@163.com，“abc”为用户名，“163.com”为主机名。

电子邮件发送协议 SMTP 是 Internet 上基于 TCP/IP 的应用层协议，SMTP 定义了邮件发送和接收之间的连接传输。其作用是当发送方计算机与支持 SMTP 协议的电子邮件服务器连接时，将电子邮件从发送方的计算机中准确无误地传送到接收方的电子邮箱中。

电子邮件接收协议 POP3，也是邮件系统中的基本协议之一。它的作用是当用户计算机与支持 POP3 协议的电子邮件服务器连接时，把存储在该服务器电子邮箱中的邮件准确无误地接收到用户的计算机中，现在 ISP 的邮件服务器都安装了这两项协议，即用 SMTP 服务器作为邮件发送服务器，POP3 服务器作为邮件接收服务器。目前，大多数电子邮件客户端软件都支持 SMTP 协议和 POP3 协议。用户在首次使用这些软件发送和接收电子邮件之前，需要对其 ISP 的电子邮件服务器进行设置。

思 考

试申请个人电子邮箱。

三、文件传输

知识准备

在 Internet 实现文件传输是文件传输协议，简称 FTP（file transfer protocol），它是 Internet 中最重要的服务之一。使用 FTP 服务，用户可以进行相互的文件传输，实现信息共享。它通过网络可以将文件从一台计算机传送到另一台计算机，不管这两台计算机距离多远，使用什么操作系统，采用哪种技术与网络连接，文件传输都能在网络上两个站点之间传输文件。

FTP 服务器系统是典型的客户机/服务器工作模式。只要在网络中的两台计算机上分别安装 FTP 服务器和客户端软件，就可以在这两台计算机之间进行文件传输。如果用户有足够的权限，还可以在客户端对服务器上的文件进行管理，如文件重命名、文件删除以及目录的建立、删除等。利用 FTP 传输的文件可以是数据、图形或文本文件。把文件从远程服务器上复制到本地主机的过程称为“下载”，把本地主机上的文件复制到远程服务器上称为“上传”。

用户在使用 FTP 命令行或浏览器下载文件时，如果在下载过程中网络连接意外中断，那么已经下载的那部分文件也会丢失，一切前功尽弃。而专用 FTP 工具具有断点续传功能，可以在网络重新连接后继续进行剩余部分文件的传输。目前常用的 FTP 工具有 CuteFTP、LeapFTP、FlashFTP 等。

思　考

教师试开通学校机房的 FTP 服务器，将本节课的上机作业上传至名称为“班级”的文件夹中，学生们下载“班级”文件夹，将作业做在名称为“姓名”的 Word 文档中，再将完成的作业上传至 FTP 服务器。

四、远程登录

知识准备

远程登录是指用户使用 Telnet 命令，使自己的计算机暂时成为远程主机的一个仿真终端的过程。仿真终端等于一个非智能的机器，它只负责将用户输入的每个字符传递给主机，再将主机输出的信息回显在用户的显示器上。Telnet 服务属于客户机/服务器工作模式，其意义在于实现了基于 Telnet 协议的远程登录。

Telnet 协议进行远程登录时需要满足以下条件：本地计算机上必须有包含 Telnet 协议的客户程序，必须知道远程主机的 IP 地址或域名，必须知道登录标识与口令。在 Telnet 运行过程中，实际上启动的是两个程序，一个是 Telnet 客户程序，运行在本地计算机上；另一个叫 Telnet 服务器程序，运行在需要登录的远程计算机上。执行 Telnet 命令的计算机是客户机，连接到上面的那台计算机是远程主机。

连接主机成功后，就是登录主机。要成为合法用户，必须输入可以通过主机验证的用户名称和密码。成功登录后，本地机就相当于一台与服务器连接的终端。可以使用各种主机操作系统支持的指令。

思　考

开启 Telnet 服务。

1）在“控制面板”中点击“程序”下的“打开或关闭 Windows 功能”，在打开的“Windows 功能”对话框中，勾选“Telnet 服务器”“Telnet 客户端”命令。

2）右击“计算机”选择“管理”命令，在展开的“服务和应用程序”中单击“服务”命令下的“Telnet 服务”，将在其菜单栏中的“启动类型”属性设置为“自动”，单击“确定”后，完成启动类型设置。

3）再次右击 Telnet 服务，在其菜单栏中单击“启动”完成开启 Telnet 服务操作。

五、公告板

知识准备

公告板服务（bulletin board service，BBS），是互联网上的一种电子信息服务系统。它提供一块公共电子白板，每个用户都可以在上面书写、发布信息或提出看法。大部分 BBS 由教育机构、研究机构或商业机构管理，像日常生活中的黑板报一样，电子公告板按不同的主题，分成很多个布告栏。布告栏设立的依据是大多数 BBS 使用者的要求和喜好，使用者可以阅读他人关于某个主题的看法，也可以将自己的想法贴到公告栏中。

目前 BBS 已经十分普遍，大致可以分为 5 类：

1）校园 BBS。例如清华大学、北京大学等高校都建立了自己的 BBS 系统，清华大学的“水木清华”很受大家的喜爱。大多数 BBS 是由各校的网络中心建立的，也有私人性质的 BBS。

2）商业 BBS 站。这里主要是进行有关商业宣传、产品推荐，如手机的商业站、电脑的商业站、房地产的商业站。

3）专业 BBS 站。这里所说的专业 BBS 是指部委和公司的 BBS，它主要用于建立地域性的文件传输和信息发布系统。

4）情感 BBS。主要用于交流情感，是许多娱乐网站的首选。

5）个人 BBS。有些个人主页的制作者们在自己的个人主页上建设了 BBS，用于接受别人的想法，更有利于与好友进行沟通。

思　考

登录 http://www.tradebbs.cn/，查看中国电商论坛中的电商活动、移动电商、微商版块中的帖子，观察版块之间的区别，思考其中的共性。

练习与实践

一、填空题

1. 万维网的英文缩写是________。
2. 统一资源定位器的英文缩写是________。
3. 用户或用户组之间通过计算机网络收发信息的服务为________。

参考答案

二、简答题

简述远程登录协议。

三、实践活动

1. 尝试利用 FTP 进行文件上传和下载操作。
2. 利用申请的个人邮箱进行发送、接收邮件。

项目小结

本项目主要讲述了电子商务技术平台中所用到的计算机网络、互联网技术应用、移动电子商务技术、EDI 技术和计算机网络工具的应用。主要内容有网络的概念、网络的产生与发展、网络的分类、TCP/IP 协议、IP 地址和域名、微博和微信、移动电子商务概念、移动电子商务的应用和发展、EDI 的概念、EDI 的构成、EDI 的分类、万维网服务、电子邮件服务、文件传输、远程登录和公告板等。

项目 3
电子商务分类与应用

你在“当当网”上买过书吗？你知道这是电子商务的什么交易模式吗？你工作忙的时候，或在家不愿做饭的时候，叫过外卖吗？你知道电子商务在各行各业的应用和发展吗？本项目就带领大家来了解讨论这些问题，相信大家会感兴趣，对大家的学习会有帮助。

学习目标

【知识目标】

- 掌握电子商务的不同分类；
- 了解电子商务在各领域的应用情况。

【能力目标】

- 能辨别各商务网站的类型；
- 能举例说出电子商务在你身边的应用。

【情感目标】

- 通过比较分析电子商务的不同类型，培养学生分析解决问题的能力；
- 培养学生团队合作和专业实践的技能。

任务1　了解电子商务的分类

案例导入

当当网，综合性网上购物中心。致力于为消费者提供更多选择、更低价格、更为便捷的一站式购物体验。包括服装、鞋包、图书、家居、孕婴等众多品类，支持全网比价、货到付款、上门退换货。

2010年12月当当网在美国纽约证券交易所成功上市，成为中国第一家完全基于线上业务、在美国上市的B2C网上商城。2011年12月，当当网上线电子书平台，目前拥有最多的中文数字图书资源，数字商品超过20万种。

2010年7月29日，根据艾瑞咨询发布的《iResearch-B2C电子商务网站市场影响力评估研究报告（2010）》的数据显示，当当网凭借其更早的市场进入时间、积极有效的市场营销活动以及网站服务良好的口碑，以398.4的综合评分位居各个B2C电子商务网站的第一位。

在图书品类中，当当网占据了线上市场份额的50%以上，同时图书不但领先市场占有率43.5%，图书订单转化率更是高达25%，远远高于行业平均的7%，这意味着每四个人浏览当当网，就会产生一个订单。能做到图书零售第一，当当网的撒手锏有许多，比如全品种上架，退货率最低、给出版社回款最快，也正是依靠这些优势，出版社给当当网的进货折扣也最低，当当也因此有价格竞争优势。数据显示，包括平台图书的销售业务在内，当当网图书库存量总数达到400万种，其中100万～200万种为外文书，自营图书库存量也有100万种之多。

为了进一步吸引新顾客，当当图书还推行“走出去”的开发战略，在天猫开设当当图书旗舰店，并在2012年11月上线试运营，仅仅几天后日销售额便破千万。

2014年3月5日，当当网、1号店宣布达成战略合作，双方各自具有优势的商品品类将进驻对方平台——当当网的图书将进入1号店，1号店的食品将进入当当网。

在追求规模效益的同时，当当网也在不断优化品类，提升图书业务整体毛利率，虽然图书价格战对行业整体毛利率都有所影响，但当当网的图书毛利率始终位列第一，为19%左右。此外当当网还在不断向出版社上游渗透，发展了自有品牌定制图书。

15年间，当当网专注图书电商取得雄踞首位的成绩，形成了一种卓尔不凡的能力与特质。而将这些要素提炼成模型，逐步复制到服装——孕、婴、童、家居家纺等细分市场，其价值将不可估量。当当网提出，引领诚信经营与个性消费并行不二的电商新风潮。

讨论：你知道 B2C 吗？和同学们分享你所知道的电子商务的交易模式。

一、按照商业活动的运作方式分类

知识准备

按照商业活动的运作方式分类，电子商务可分为完全电子商务和非完全电子商务。

1. 完全电子商务

完全电子商务又称直接电子商务（direct electronic commerce），是指所交换的产品和服务是虚拟的，也就是电子化的，即可以通过信息网络来传播完成的。例如电子报刊、电子书，还有各种付费电子版论文、计算机软件、音乐作品、视听作品、商业广告、各类市场信息和各类咨询服务等。从一定程度上讲，完全电子商务是电子商务发展的理想模式，极大地节省了交易成本，提高了交易效率，促进了商业贸易的发展。作为第三方的 C2C 平台的淘宝网基本实现了完全电子商务，另外天猫、易趣网、百度、当当网、亚马逊、京东商城也基本实现了完全电子商务。

2. 非完全电子商务

非完全电子商务是指基于网络，解决好信息流的问题，使交易双方在互联网上结识、洽谈，然后通过传统渠道，实现资金流和物流。非完全电子商务只是实现了信息流的电子化和网络化，并在一定程度上减少了商流，但未实现资金流和物流的电子化和网络化。作为第三方 B2B 平台的中华商埠网是这种模式的典型代表。除此之外，阿里巴巴、58 同城、赶集网采用的也是这种模式。

思　考

比较完全电子商务和非完全电子商务的不同。

二、按照开展电子交易的范围分类

按照开展电子交易的范围分类，电子商务分为本地电子商务、远程国内电子商务和全球电子商务。

1. 本地电子商务

本地电子商务通常是指利用本地区或本城市的信息网络实现的电子商务活动。它的交易范围较小，交易的系统是利用 Internet、企业内部网或专用网络将交易各方的电子商务信息系统、银行等金融机构的信息系统、保险公司的信息系统、商品检验部门的信息系统、本地区的 EDI 中心系统联系在一起的网络。

本地电子商务的优势是很明显的，比如本地送本地，时间短、成本低；本地品牌，更有亲和力；本地电子商务可以做很多线下活动，来促进线上的销售。

本地电子商务的地位很重要，可以说，没有它，就无法开展国内电子商务和全球电子商务，因此，它是基础系统，它的建立和完善是实现全球电子商务的关键。

2. 远程国内电子商务

远程国内电子商务是指在本国范围内进行的网上电子交易活动。

它与本地电子商务最大的不同是地域范围较广，参与商务活动的各方可能分布在国内不同的省市或地区，于是对参与商务活动各方的信息基础设施和技术条件要求比较高，要求有覆盖全国范围的信息网络的支持，当然也可以借助 Internet、Intranet 或专用网络等，并且要求能够在全国范围内将参与交易各方的电子商务信息系统、银行金融机构的信息系统、保险公司的信息系统、商品检验的信息系统、税务管理的信息系统、出口报关的信息系统及货物运输信息系统等连接起来，共同完成电子商务活动。因此要求交易各方要具备一定的电子商务知识、经济能力和技术能力，并具有一定的管理水平和能力等。

3. 全球电子商务

随着经济全球化的发展，各国的经济联系越来越密切，传统的商务活动已经不能满足经济的发展，全球电子商务适应了这一形式的发展。

全球电子商务是指在全世界范围内进行的电子交易活动，参加电子交易各方通过网络进行贸易。涉及有关交易各方的相关系统，如买方国家进出口公司系统、海关系统、银行金融系统、税务系统、运输系统、保险系统等。全球电子商务业务内容繁杂，数据来往频繁，要求电子商务系统严格、准确、安全、可靠，因此应制定出世界统一的电子商务标准和电子商务（贸易）协议。

在全球贸易活动中，交易行为一般涉及政府的行政管理部门、贸易伙伴和相关的结算、运输、商检等商业部门，全球贸易的交易行为和过程本身并不直接针对市场上的消费者。因此，全球电子商务只是包括了商业机构对商业机构和商业机构对行政机构的电子商务活动。

全球电子商务往往涉及交易从前期准备到合同履行的方方面面。要受到不同国家的对外贸易政策与措施的制约，同时又要遵循国际规范。

全球电子商务的具体运作涉及的部门和范围要远远多于国内电子商务，其相关的协调工作和法律惯例规范都是全球性的。因此全球电子商务活动仍然有它的特殊性。

思　考

比较本地电子商务、远程国内电子商务和全球电子商务。

三、按照使用网络的类型分类

按照网络类型分类，电子商务目前主要分为：基于 EDI 的电子商务、基于 Internet 的电子商务和基于 Intranet 的电子商务。

1. 基于 EDI 的电子商务

基于 EDI 的电了商务就是利用专用网或增值网进行 EDI 方式的电子交易。EDI 是按照商定的协议，将商业文件标准化和格式化，并通过计算机网络在贸易伙伴的计算机网络系统之间进行数据交换和自动处理。纵览当今市场，全球化已成为趋势，在这种全球经济相互依存与竞争日益加强的形势下，在国际贸易等领域中采用 EDI，开创了在世界范围内实现商业文件计算机自动处理与交换的新型贸易方式。由于这种贸易方式无须纸张单据，亦称“无纸贸易”。EDI 模拟传统的贸易过程，并对整个贸易过程进行简化，但传输的内容仍是贸易信息。

2. 基于 Internet 的电子商务

基于 Internet 的电子商务就是利用 Internet 进行电子交易。Internet 是一种采用 TCP/ IP 协议组织起来的松散的、独立合作的国际互联网。近年来，基于 Internet 的电子商务发展非常迅速，主要因为它比基于 EDI 的电子商务具有以下一些明显的优势：费用更低廉、覆盖面更广、功能更全面、使用更灵活、参与企业更多等。

3. 基于 Intranet 的电子商务

基于 Intranet 的电子商务就是利用企业内部网络进行的电子交易。Intranet 是在 Internet 基础上发展起来的企业内部网，是在原有局域网上附加一些特定的软件，将局域网与 Internet 连接起来，从而形成的企业内部网络。Intranet 与 Internet 之间最主要的区别在于：Intranet 内的敏感的信息或享有产权的信息可以受到企业防火墙的保护，只有授权者才会被允许进入内部 Intranet。

知识窗

Internet、Extranet 与 Intranet 三者的关系

Extranet 是一个使用 Internet/Intranet 技术使企业与其客户和其他企业相连来完成其共同目标的合作网络。Extranet 可以作为公用的 Internet 和专用的 Intranet 之间的桥梁，也可以被看作一个能被企业成员访问或与其他企业合作的企业 Intranet 的一部分。

Extranet 通常与 Intranet 一样位于防火墙之后，但不像 Internet 为大众提供公共的通信服务和 Intranet 只为企业内部服务和不对公众公开，而是对一些有选择的合作者开放或向公众提供有选择的服务。Extranet 访问是半私有的，用户是由关系紧密的企业结成的小组，信息在信任的圈内共享。Extranet 非常适合具有时效性的信息共享和企业间完成共有利益目的的活动。图 3-1 所示为三者的关系。

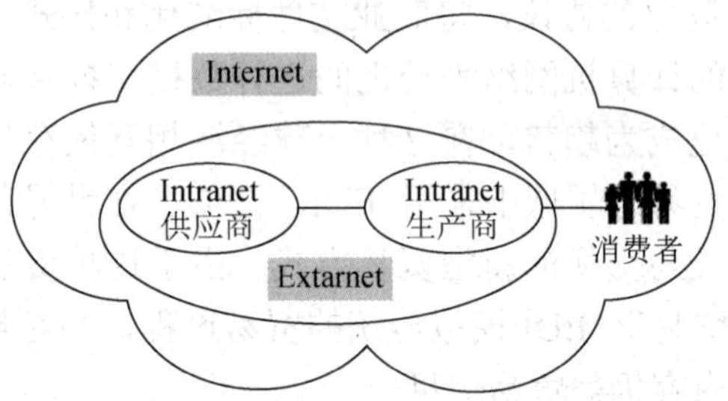

图 3-1 Internet、Extranet 与 Intranet 的关系

思 考

比较 EDI 的电子商务、Internet 的电子商务和 Intranet 的电子商务。

四、按照交易对象分类

按照交易对象的不同，电子商务可以分为企业对企业的电子商务（business to business，BtoB 或 B2B 电子商务），企业对消费者的电子商务（business to consumer，BtoC 或 B2C 的电子商务），企业对政府的电子商务

（business to government，BtoG 或 B2G 电子商务），消费者对政府的电子商务（consumer to government，CtoG 或 C2G），以及政府与政府之间或政府内部的电子商务（government to government，GtoG 或 G2G 电子商务）C2C（customer to customer）消费者对消费者的电子商务，C2B 电子商务（customer to business）（消费者对企业），O2O =（online to offline）线上对线下等方式。

1. B2B 电子商务

B2B 是指商家（泛指企业）对商家的电子商务，即企业与企业之间通过互联网进行产品、服务及信息的交换。通俗的说法是指进行电子商务交易的供需双方都是商家（或企业、公司），他们使用了 Internet 的技术或各种商务网络平台，完成商务交易的过程。这些过程包括发布供求信息，订货及确认订货，支付过程及票据的签发、传送和接收，确定配送方案并监控配送过程等。

B2B 电子商务以企业通过专用网或增值网采用 EDI 方式进行的商务活动最为典型。这是电子商务的主流，也是企业在激烈的市场竞争中改善自身竞争条件的主要方法。

B2B 的典型是阿里巴巴、百纳网、中国网库、中国制造网、敦煌网、慧聪网等。

2. B2C 电子商务

B2C 模式是我国最早产生的电子商务模式，以 8848 网上商城正式运营为标志。较大型的有天猫商城、京东商城、一号店、亚马逊、苏宁易购、国美在线等。

B2C 电子商务是指商家与消费者之间进行的电子商务。也就是通常说的商业零售，直接面向消费者销售产品和服务。这种形式的电子商务一般以网络零售业为主，主要借助于互联网开展在线销售活动。B2C 即企业通过互联网为消费者提供一个新型的购物环境——网上商店，消费者通过网络在网上购物、在网上支付。由于这种模式节省了消费者和商家的时间和精力，大大提高了交易效率，特别对于工作忙碌的上班族，这种模式可以为其节省很多宝贵的时间。

3. B2G 电子商务

B2G 电子商务是在企业与政府机构之间进行的。如政府采购、海关报税的平台，国税局和地税局报税的平台等。

我国的金关工程就是通过电子商务系统发放进出口许可证，办理出口退税、电子报送等手续，并以此建立我国以外贸为龙头的电子商务框架，促进我国各类电子商务活动的开展。

4. C2G 电子商务

C2G 电子商务是在政府与公民之间进行的。例如，社会福利基金的发放以及个人报税等。

5. G2G 电子商务

G2G 是一种政府对政府的电子政务应用模式，是电子政务的基础性应用。具体的实现方式可分为政府内部网络办公系统、电子法规、政策系统、电子公文系统、电子司法档案系统、电子财政管理系统、电子培训系统、垂直网络化管理系统、横向网络协调管理系统、网络业绩评价系统、城市网络管理系统等十个方面，亦即传统的政府与政府间的大部分政务活动都可以通过网络技术的应用高速度、高效率、低成本地实现。

6. C2C 电子商务

C2C 也可以解释为消费者对消费者通过互联网达成交易的电子商务形式。阿里巴巴的淘宝、腾讯的拍拍、百度的有啊、邵亦波的易趣，以及苏启强投资的雅宝、美国的 EBAY 均属于此类。

7. C2B 电子商务

C2B 是一种以消费者需求为主导，生产企业按需求组织生产的电子商务模式。通过互联网平台在较短时间内快速聚集单个分散的消费需求，集合成较大的订单，卖家预先拿到订单后，可从供应链的后端、中端或前端进行优化，从而大大降低商品成本，给消费者优质低价的同时，也最大程度保障了卖家的利润。如阿里巴巴的聚划算等，当然还有小米手机的销售模式也取得了巨大的成功。

8. O2O 电子商务

O2O（online to offline）是新兴起的一种电子商务模式，即将线下商务的机会与互联网结合在一起，让互联网成为线下交易的前台。这样线下服务就可以用线上揽客，消费者可以用线上筛选服务，还有成交可以在线结算，很快达到规模。该模式最重要的特点是：推广效果可查，每笔交易可跟踪。以美乐乐的 O2O 模式为例，其通过搜索引擎和社交平台建立海量网站入口，将在网络的一批家居网购消费者吸引到美乐乐家居网，进而引流到当地的美乐乐体验馆。线下体验馆则承担产品展示与体验以及部分售后服务功能。

知识窗

除上述几种模式外，新兴的电子商务模式也是层出不穷。

ABC = agent　business　consumer

ABC 模式是新型电子商务模式的一种，被誉为继阿里巴巴 B2B 模式、京东商城 B2C 模式以及淘宝 C2C 模式之后电子商务界的第四大模式。它由代理商、商家和消费者共同搭建的集生产、经营、消费为一体的电子商务平台。三者之间可以转化。大家相互服务，相互支持，你中有我，我中有你，真正形成一个利益共同体。

B2M = business to manager

B2M 是相对于 B2B、B2C、C2C 的电子商务模式而言的，是一种全新的电子商务模式。而这种电子商务相对于以上三种有着本质的不同，其根本的区别在于目标客户群的性质不同，前三者的目标客户群都是作为消费者的身份出现的，而 B2M 所针对的客户群是该企业或者该产品的销售者或者为其工作者，而不是最终消费者。

在 B2M 模式下，企业通过网络平台发布自己的产品或服务，职业经理人依靠网络获取企业的产品或服务信息，并且也为该企业销售产品或提供企业服务。企业通过经理人的服务销售产品或提供服务是 B2M 的最大特色，而职业经理人通过为企业提供服务从中获取利润或佣金。

思　考

你还知道哪些类型的电子商务？和同学们分享一下。

五、按照商贸业务过程中的不同阶段分类

商贸业务一般可以分成交易前、交易中和交易后三个阶段，电子商务系统在这三个阶段的处理上有着较大的差别，所起作用也不一样，由此可以把电子商务分成三类，如图 3-2 所示。

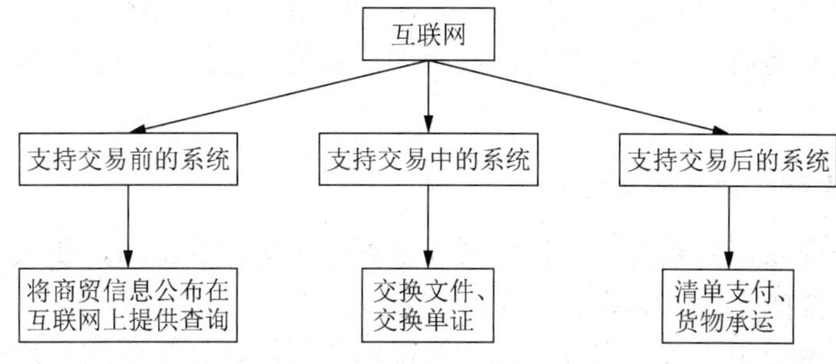

图 3-2　电子商务系统的商贸业务阶段分类

1. 支持交易前的系统

支持交易前的系统，主要是将商贸信息分类上网和组织查询，实际上就是通过网络和应用系统，提供商务信息资源的一个信息发布和查询系统，这类系统对供应方来说，就是要建立自己的网页，并加入到同行业一些著名的网站上去，然后积极组织本企业的产品信息动态上网；对于需求方来说，则需要到一些相关行业著名网站中去查询所需要的商品信息。

由于这类系统只是向供需双方提供沟通信息的机会，并不参与后续的交易过程，因此不存在安全性、保密性、单证或者文件交换、法律地位等问题。所以，从某种意义上说，这是整个电子商务中最简单、最常见的一种系统，其建立成本非常低，中小企业和寻常百姓均可以使用。因而这类系统是所有电子商务系统中发展最快、效益最好的一类。目前 Internet 上的各类电子商务系统大部分都属于这一类。

2. 支持交易中的系统

支持交易中的系统，主要是在买卖双方之间交换商贸活动中的各种业务文件及单证。例如，直接索要报价单，洽谈商品价格等业务细节，填送订购单，支付购货费用，出具发货通知单等一系列单证和票据交换。

如果从商务业务和技术发展的角度来看，这类系统大大提前了一步，但随之而来的问题和系统的复杂程度也大大增加。这类系统一般对数据交换的可靠性会有很高的要求。在这里，可靠性具体包括两方面的内容：一方面是数据交换的准确性，这一点一般可以通过各种网络协议或者标准来保证；另一方面是单证报文记录的不可更改性，即一旦发生交易纠纷，电子商务系统必须提供可以作为法庭证据的记录文件。

具体来说，可以从以下几个方面注意安全问题：首先，系统必须从技术上确认用户的订货要求有无欺诈和恶作剧行为；其次，确认供应方是合法的单位，并且保证他人不会盗取用户的银行卡信息从事非法活动。

这类系统往往在运作机制上较为复杂，通常要求交易各方当事人先在指定的网络认证中心进行有效的、合法的注册。只有已经注册的用户才能从事网上交易活动，并且在交易过程中，系统将会提供动态联机认证和保密措施。

3. 支持交易后的系统

对于交易后的系统来说，主要涉及银行、运输等部门，要求该系统能够完成资金的支付、清算及货物的承运等功能。

这类系统由于涉及银行、运输等部门，所以运行机制的复杂程度和系统开发的难度都会大大增加，对数据交换的可靠性和安全保密性的要求也就更高了，不但要求资金绝对安全，而且要求账号、数字化签名、开户银行等严格保密。但是对于加入这类应用系统或者希望利用它的网络用户来说，操作运行的难度并不会增加，而且投入的成本也不会太高。

表3-1是对电子商务的分类做的小结。

表3-1　电子商务分类总结

按照商业活动的运作方式分类	按照开展电子交易的范围分类	按照使用网络的类型分类	按照交易对象分类	按照商贸业务过程中的不同阶段分类
完全电子商务	本地电子商务	基于EDI网络的电子商务	B2B电子商务	支持交易前的系统
非完全电子商务	远程国内电子商务	基于Internet的电子商务	B2C电子商务	支持交易中的系统
	全球电子商务	基于Intranet的电子商务	B2G电子商务	支持交易后的系统
			C2G电子商务	
			G2G电子商务	
			C2C电子商务	
			C2B电子商务	
			O2O电子商务	

思　考

1．结合自己的网购经历，说出你所上的网站的类型。

2．你还能举例说出电子商务分类的其他类型吗？说出来跟同学们分享一下。

练习与实践

一、选择题

1．下列选项中，属于非完全电子商务的是（　　）。

A．小云从网上订阅电子杂志

B．张大爷在中国相声网上付费收听名家名段

C．王红从网上购买并直接下载安装了一款软件

D．金星电器商行通过网络从格力集团订购了一批空调

参考答案

2．下列选项中，属于支持交易中的系统的是（　　）。

A．佳能在其官网上发布新款相机的相关信息

B．韩都衣舍的工作人员通过圆通物流给客户发送服装

C．小刚通过阿里旺旺与淘宝卖家讨价还价

D．上海大众在某网站上为其新款汽车做广告宣传

3．从买卖双方办完与交易有关的各种手续之后开始，电子商务活动便进入执行交易阶段。下列不属于该阶段的是（　　）。

A．买卖双方通过 Internet 交流产品信息

B．交易各方通过网络通信

C．公司为客户提供软件更新等信息

D．通过维护共享数据库加强伙伴联系

4．某地方政府通过 Internet 发布办公用品采购清单，甲公司遂以电子方式回应，这属于（　　）。

A．B2G 电子商务　　B．B2C 电子商务

C．G2G 电子商务　　D．C2G 电子商务

5．诚信家电商城在海尔网站上直接索要报价单，该业务属于电子商务系统中的（　　）。

A．支持交易前的系统　　B．支持交易中的系统

C．支持交易后的系统　　D．完整的交易系统

6．在电子商务的不同阶段，电子商务系统在业务处理上也有较大的区别。下列选项中，属于支持交易中的电子商务系统的是（　　）。

A．小刘从网上查询企业招聘信息

B．利民公司通过网络与客户洽谈业务

C．苹果公司在其官方网站上介绍新推出的一款手机

D．瑞星公司将其销售的杀毒软件通过电子邮件发给用户

7．很多用户新开网店时，喜欢提供手机话费充值业务为网店积累信用度，按商业活动的运作方式分类，手机话费充值业务属于（　　）。

A．完全电子商务　　B．非完全电子商务

C．本地电子商务　　D．间接电子商务

二、简答题

1．简述电子商务的不同类型。

2．按照商贸业务过程中的不同阶段分类，电子商务分为哪几种类型？每种类型的功能是什么？

三、实践活动

（1）活动内容

通过网上订购活动（网上预订蛋糕、叫外卖、网上购买学习用品等），使学生深刻体验电子商务给我们的生活和学习带来的影响。

（2）活动要求

1）教师将学生分成若干组，每组 4～6 人，并选出组长。

2）要求每组选出一名组员对自己的购物过程进行详细叙述，对遇到的问题及时提出来，大家一起解决。对购物的经验和教训进行总结。

3）学生要端正态度，严肃认真，积极参与。讨论发言要从容、自信，口齿清晰，声音洪亮。

（3）活动评价

根据考核标准进行考核，填写评价表（见下表）。

考核标准及分数 / 评价方式	遵守纪律（2 分）	态度端正、严肃认真（2 分）	积极参与、大胆发言（4 分）	分析问题、解决问题的能力（2 分）	分数汇总（10 分）
自我评价					
小组评价					
教师评价					

任务 2　体验电子商务的应用

案例导入

天猫（英文：Tmall，亦称淘宝商城、天猫商城），是中国最大的电子商务企业打造的购物网站，由淘宝网分离而成，多为知名品牌的直营旗舰店和授权专卖店，现为阿里巴巴集团的子公司之一。

2014 年 2 月 19 日，阿里集团宣布天猫国际正式上线，为国内消费者直供海外原装进口商品。迄今为止，天猫已经拥有 4 亿多买家，5 万多家商户，7 万多个品牌。2015 年天猫“双 11”全球狂欢节交易额为 912.17 亿元。

2012 年 1 月 11 日，淘宝商城在北京举行战略发布会，宣布更换中文品牌“淘宝商城”为“天猫”。“天猫”将提供一个定位和风格更加清晰的消费平台。猫是性感而有品位的，天猫网购，代表的就是时尚、性感、潮流和品质；猫天生挑剔，挑剔品质，挑剔品牌，挑剔环境，这恰好就是天猫网购要全力打造的品质之城。

淘宝商城比普通店铺更有吸引力的是它的服务，它不光是大卖家和大品牌的集合，同时也提供比普通店铺更加周到的服务:

1. 七天无理由退换货

淘宝商城卖家接受买家七天内无理由退换货，买家无须担心买到的商品不合适，或者买到的东西和实际相差太大。

2. 正品保障

淘宝商城卖家所卖物品都是正品行货，接受买家的监督和淘宝的监督。

3. 标准物流

淘宝商城承诺年内将为9家快递公司提供超过50亿元的物流服务贸易交易额，即每天增量100万张订单，而快递企业则将为天猫提供专属定制的多类标准化及增值服务。标准化的限时送达服务成为合作的首推项目。

天猫具有普通店铺和旺铺都不具有的功能：

1）信用评价无负值，从0开始，最高为5，全面评价交易行为。

2）店铺页面自定义装修，部分页面装修功能领先于普通店铺和旺铺。

3）产品展示功能采用Flash技术，全方位展示卖家的产品。

4）全部采用商城认证，保证交易的信用。

讨论：你在天猫购物过吗？你知道它是什么网站类型吗？这样的网站类型你还知道多少？

一、电子商务在商品流通业中的应用

知识准备

电子商务在各行业的应用可谓异彩纷呈、千姿百态，下面仅就典型行业的电子商务的应用做一介绍。

电子商务技术的应用不仅带来了流通业内部作业流程和经营管理的一系列深度变革，而且在流通领域引发了一场“新流通革命”。

流通观念革命主要体现在处理流通与生产的关系上。在市场经济高度发达、整个社会的生产能力已经远远大于社会需求的今天，企业的生产已经完全听命于市场，按照需求组织生产。从生产与流通的关系上看，就是流通引导生产。Internet与电子商务构建了一个公平、开放的体系，在这个体系中，消费者已不仅仅是企业产品的购买者，或者服务的接受者，同时还是产品（服务）和营销方案的设计者，企业生产经营活动的直接参与者和决策者。从产品的被动选择者向企业营销行为主体的角色转换，极大地提升了消费者的地位，彻底改变了消费者与企业的关系。

流通经营革命主要表现为业态革命。零售业态像超市、折扣店、仓储店、购物中心等，其本身已经不能脱离对POS/MIS的运用，也不能脱离对各种支付卡的运用。至于在线零售、网上拍卖、虚拟市场等，其本身就建立在网络基础之上。

流通组织革命主要体现为流通企业的组织结构变化、产销一体化关系变化、流通领域的连锁制度发展等。连锁组织、产销一体化方式的有效实现则建立在计算机与网络技术的基础之上。组织结构的网络化大大提高了流通企业的组织化、集约化程度，加速了流通资本的集中过程，同时也为流通企业突破地域限制，实行国际化经营创造了条件。

2015 年 6 月零售企业数据盘点，调查结果显示，移动互联网改变了中国零售商与消费者之间的互动模式。58%的中国消费者表示会通过数字化渠道购买产品，高于 47%的全球平均比例。91%的中国消费者认为线上购物更实惠，高于 85%的全球平均水平。

思　考

举例说明电子商务在商品流通业中的应用。

二、电子商务在金融业中的应用

知识准备

（1）信用卡

银行卡、信用卡的普及，给人们带来了许多方便，人们不需要带着大把大把的钞票去买大件的物品了。信用卡是目前应用最为广泛的电子货币，它要求在线连接使用。信用卡、银行卡支付是金融服务的常见方式，可在商场、饭店及其他场所使用。

（2）电子现金

电子现金是一种数字化形式的现金货币，其发行方式包括存储性的预付和纯电子系统性的用户号码数据文件等形式。电子现金的好处就是它可以提高效率，方便用户。

（3）电子钱包

电子钱包（E-wallet）是一个可以由持卡人用来进行安全电子交易和储存交易记录的软件，就像生活中随身携带的钱包一样。电子钱包是顾客在电子商务购物活动中常用的一种支付工具，是在小额购物或购买小商品时常用的新式支付方式。使用电子钱包购物，通常需要在电子钱包服务系统中进行。

（4）电子支票

电子支票系统通过自动化银行系统剔除纸面支票，进行资金传输，例如，通过银行专用网络系统进行一定范围内普通费用的支付；通过跨省市的电子汇兑与清算，实现全国范围的资金传输；世界各地银行之间的资金传输。电子支票方式的付款可以脱离现金与纸张进行。

（5）电子银行

电子银行一般是由银行在网络上开办的服务项目，其功能包括转账、支付等服务，是线上交易和从事金融业务活动的基础。在电子银行，客户只需访问相应金融机构的网站，就可以办理所需的各种业务：如进行支付、转账、存款、取款、修改密码。挂失存单、支票并购买支票；可以查询账户信息、交易明细、结账单；电子银行还将提供各种各样有价值的金融信息。

阿里巴巴集团创办的支付宝是国内领先的独立第三方支付平台。支付宝（www.alipay.com）致力于为中国电子商务提供“简单、安全、快速”的在线支付解决方案。目前国内工商银行、农业银行、建设银行、招商银行、上海浦发银行等各大商业银行以及中国邮政、VISA 国际组织等各大机构均和支付宝建立了深入的战略合作关系，不断根据客户需求推出创新产品，成为金融机构在电子支付领域最为信任的合作伙伴。支付宝是在金融业上应用电子商务的一个很成功的例子。

（6）手机银行

手机银行（mobile banking service）是利用移动通信网络及终端办理相关银行业务的简称。作为一种结合了货币电子化与移动通信的崭新服务，移动银行业务不仅可以供人们在任何时间、任何地点处理多种金融业务，而且极大地丰富了银行服务的内涵，使银行能以便利、高效而又较为安全的方式为客户提供传统和创新的服务。

而随着多年业务的推广，尤其社会上近来流行的炒股热、转存热，手机银行、手机支付或者手机证券已经为广大用户熟悉并接受。无论对通信业还是银行业，这种“贴身金融管家”的方式为用户提供了“随时随地”“各种方式”满足“各种需求”的移动电子商务业务。

思　考

你能说一说在金融方面，电子商务对你的影响吗？

三、电子商务与服务业

随着人们生活水平的提高，生活节奏的加快，外出旅游越来越成为人们休闲放松的第一选择。一方面，人们希望能全面了解与旅游有关的各种信息。比如，旅游路线的选择，票价、景点、住宿饭店的情况等。另一方面，旅游业也需要了解国际国内的客源情况并根据游客的需求及时提供各种丰富的旅游信息。

电子商务的发展为旅游业注入了新的活力。例如，途牛旅游网，是南京途牛科技有限公司旗下的 B2C 型旅游电子商务网站，主要通过采集筛选整合旅游业资源（旅行社、航空、酒店、门票、签证等），为旅游者提供一站式预订，一对一管家式服务。途牛旅游网目前提供北京、上海、杭州、南京、苏州、天津、深圳、成都、武汉等21个城市出发的旅游产品的预订，包括周边游、国内旅游、出境旅游、自助游、度假酒店、景区门票、邮轮及公司旅游等。

一个完善的旅游电子商务系统至少具备如下功能。

1）旅游信息查询服务。其中包括旅游服务机构相关信息、旅游景点信息、旅游线路信息以及旅游常识。

2）在线预订服务。主要提供酒店预订、门票预订、线路包车预订等方面的实时、动态在线预订业务。

3）客户服务。提供可实施在线旅游产品预订的客户端应用程序。利用这种预订系统，客户可以与代理（指酒店、民航、旅行社等相关旅游服务机构）在网上实时洽谈业务，管理自己的预订记录。

4）代理人服务。提供给酒店、民航、旅行社等多种旅游产品的代理端应用程序。在此，代理人可以与客户实时洽谈网上业务，管理其旅游产品的预订记录、查询它的账目。

旅客足不出户，轻点鼠标就可以根据自己的需要选择相关服务，整个过程快捷、方便且节省费用。

目前，世界旅游业都在借助Internet扩大网上营销渠道，发展旅游信息传播系统。Internet已成为世界旅游业市场竞争的取胜之道。

思　考

总体说一下电子商务的发展对你的影响，如学习方面、生活方面。

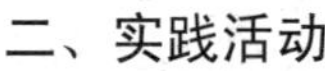

练习与实践

一、简答题

参考答案

1．简述电子商务对流通业的影响。

2．一个完善的旅游电子商务系统至少具备哪些功能？

3．举例说明电子商务在金融业中的应用。

二、实践活动

到银行办一张信用卡，试着购物时使用；开通手机银行可以在手机上交话费，真正体验电子商务给你带来的便利。

拓展提升

阿里巴巴是全球企业间电子商务最好的品牌之一，是目前全球最大网上交易市场和商务交流社区之一。阿里巴巴成立于1998年年末，总部设在杭州市区，并在海外设立美国硅谷、伦敦等分公司。良好的定位、稳固的构成、优秀的服务使阿里巴巴成为全球首家拥有 220 万商人的电子商务网站，成为全球商人网络推广的第一网站，被商人们评为最受欢迎的“企业间电子商务网站”。

阿里巴巴创始人、首席执行官马云被著名的“世界经济论坛”选为“未来领袖”，被美国亚洲商业协会选为“商业领袖”，是近50年来第一位成为《福布斯》封面人物的中国企业家，并曾多次应邀为全球著名高等学府麻省理工学院、沃顿商学院、哈佛大学讲学。

全球著名的检测权威网站 Alexa.com 针对全球商务及贸易类网站进行排名调查，阿里巴巴网站位列第一。“倾听客户声音，满足客户需求”是阿里巴巴生存与发展的根基，调查显示：阿里巴巴的网上会员近五成是通过口口相传得知阿里巴巴并使用阿里巴巴的；各行业会员通过阿里巴巴商务平台双方达成合作者占总会员比例的近五成。

来自世界精英的梦幻组合团队是阿里巴巴大厦的基石，完美坚固的团队组合，坚定不移的目标信念，使这家要走102年（20世纪末算一年，22世纪初一年，可以说阿里巴巴要走过三个世纪）的企业实现了自己的使命：“让天下没有难做的生意！”

阿里巴巴的企业文化

阿里巴巴自成立以来，基于阿里巴巴价值观体系的强大的企业文化已成为阿里巴巴集团及其子公司的基石。阿里巴巴在商业上的成功和快速增长以企业家精神和创新精神为基础，并且始终关注于满足客户的需求。

阿里巴巴集团有六个核心价值观，它们支配阿里人的一切行为，是公司 DNA 的重要部分。在有关雇用、培训和绩效评估的公司管理系统中融入了这六个核心价值观。当新员工加入阿里巴巴时，他们要在杭州总部参加为期两周的入职培训和团队建设课程，该课程的重点集中于公司的远景目标、使命和价值观。而且，在公司定期的培训课程、团队建设训练和公司活动中还要强化这些内容。

阿里巴巴从中国杭州最初 18 名创业者开始，成长为在三大洲 20 个办事处拥有超过 5000 名雇员的公司。公司努力为员工创造能够在积极、灵活和以结果为导向的环境下协同紧密工作的大家庭。无论这些办事处及分公司成长为多大的公司，强大的共享价值观使他们保有共同的公司文化和阿里之家。

阿里巴巴的梦想：通过发展新的生意方式创造一个截然不同的世界。

阿里巴巴的使命：让天下没有难做的生意。

阿里巴巴的远景目标：建立一家持续发展 102 年的公司，成为世界十大网站之一，只要是商人就一定要用阿里巴巴。

阿里巴巴的价值观：客户第一，员工第二；关注客户的关注点，为客户提供建议和资讯，帮助客户成长；

团队合作：共享共担，以小我完成大我；

拥抱变化：突破自我，迎接变化；

诚信：诚实正直，信守承诺；

激情：永不言弃，乐观向上；

敬业：以专业的态度和平常的心态做非凡的事情。

“我认为，客户第一，员工第二。没有他们，就没有这个网站。也只有他们开心了，我们的员工才会开心。而客户们那些鼓励的话语，又会让我们的员工像发疯一样去工作，这也使得我们的网站不断地发展。”

——马云语录

思考：你从阿里巴巴网站的发展中学到了什么？

项目小结

电子商务根据不同的标准，可以分为不同的类型：按照商业活动的运作方式分为完全电子商务和非完全电子商务；按照开展电子交易的范围分为本地电子商务、远程国内电子商务和全球电子商务；按照使用网络的类型分为基于 EDI 的电子商务、基于 Internet 的电子商务和基于 Intranet 的电子商务；按照交易对象分为 B2B 电子商务、B2C 电子商务、B2G 电子商务、C2G 电子商务、G2G 电子商务、C2C 电子商务、C2B 电子商务、O2O 电子商务；根据商贸业务过程中的不同阶段分为支持交易前的系统、支持交易中的系统、支持交易后的系统。

电子商务给流通业、金融业、服务业等各行各业的发展带来了生机和活力。它在流通领域引发了一场“新流通革命”，给金融业增添了更多的应用形式，也为服务业，尤其是旅游业注入了新的活力。

项目 4
掌握电子商务的业务流程与主要环节

你知道当当网具体的购物流程吗？你知道它有几种付款方式可供选择吗？

学习目标

【知识目标】

- 理解电子商务的业务流程；
- 了解电子商务的主要环节。

【能力目标】

- 能独立完成一次网购；
- 熟悉各种常用网站的运作模式。

【情感目标】

- 培养学生勇于探索、勇于实践的精神。

任务1　了解电子商务的业务流程

案例导入

当当网发布《当当2015全民阅读趋势报告》

4月22日，在世界读书日来临之际，国内最大的图书电商平台当当网发布《当当2015全民阅读趋势报告》，在国内首次全景式深度扫描中国阅读现状。报告共分“当当2015全民阅读行为报告”“当当2015全民阅读大数据趋势”“当当2015全民阅读热力榜单”“当当2015中国亲子阅读报告”四大部分。

当当网CEO李国庆表示：“一个人的阅读会深刻影响一个人的性格成长，一个民族的阅读影响着整个民族的精神。我们希望通过这组全景式报告，真正反映全民阅读过去5年的现状，重视正在发生的数字阅读变革，推广优秀作品和推介优秀作家，提升阅读数量和质量。”

报告中关于中国网民阅读行为的报告，是当当网对全国1.4万名年龄在7～60岁的网民调查得出的。

报告发现，过去一年，92%的人阅读过电子书，85%阅读过纸质书，电子书首次超过纸质书，成为网民阅读的最主要通路。

网民们最喜欢的作家是莫言、路遥和韩寒。此外，60后喜欢巴金，70后更爱金庸、80后喜欢韩寒与鲁迅，90后则更喜欢韩寒和郭敬明。

讨论：你在当当网上买过书吗？你知道怎样快速地搜索到你需要的图书吗？如果你有购书经验，可以和同学们分享一下。

一、网上购物的具体步骤

知识准备

1. 电子商务的业务流程

电子商务的业务流程是指企业在从事一项商贸活动时具体的操作步骤和处理过程。这一过程按操作对象又可进一步划分为事务流、物流、资金流和信息流。事务流指商务交易过程中所有的单据和事务操作的过程；物流即商品的流动；资金流是交易过程中资金流动的过程；信息流，反映的是交易过程中不同阶段所得到的不同信息。传统的商务活动大多注重事务流、物流和资金流。而现代电子商务注重的是信息流。

2. 网上购物的具体步骤

第一步：客户向银行申请网上银行服务，银行向客户提供账号、密码（密码客户可以修改）及口令卡。

第二步：客户向认证机构（CA）申请认证。（CA 是指承担网上安全电子交易认证服务、能签发数字证书、能确认用户身份的服务机构）。

第三步：根据商务中心提供的网络地址（URL），浏览网上商店。

第四步：客户可以申请会员，购物时能得到一定的优惠（不是必需的步骤）。

第五步：可将选好的商品放入购物车。

第六步：确认购买。此时，系统会提供几种付款方式供用户选择，客户输入账号及密码后，此次交易结束。

第七步：商场确认收到货款后着手送货上门。

思　考

你能用简单的图示说明电子商务的购物流程吗？

二、电子商务的业务流程实例说明

下面以当当网网上书店为例，说明电子商务的业务流程，如图 4-1 所示。

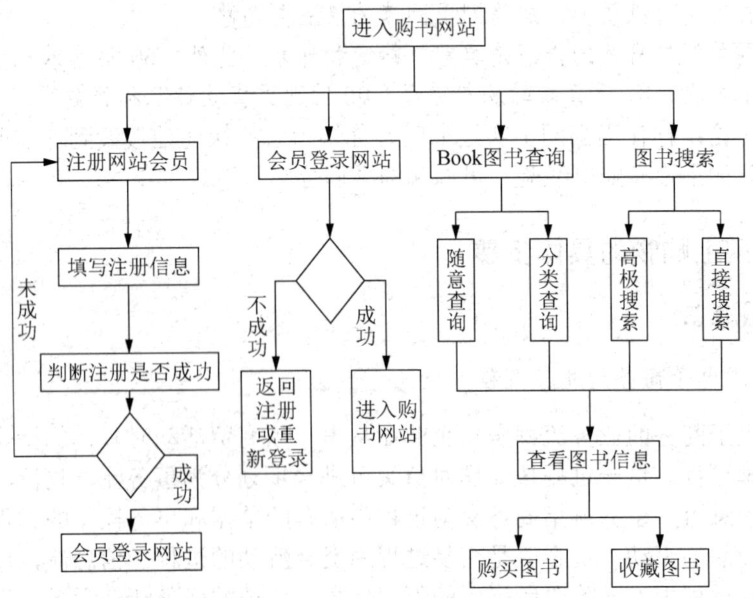

图 4-1　电子商务的业务流程

知识窗

当当网是全球最大的综合性中文网上购物商城，由国内著名出版机构科文公司、美国老虎基金、美国 IDG 集团、卢森堡剑桥集团、亚洲创业投资基金（原名软银中国创业基金）共同投资创立。

从正式开通至今，当当网已从早期的网上卖书拓展到网上售卖各品类百货，包括图书音像、美妆、家居、母婴、服装和 3C 数码等几十个大类、数百万种商品。物流方面，当当网在全国 600 个城市实现“111 全天达”，在 1200 多个区县实现了次日达，货到付款（COD）方面覆盖全国 2700 个区县。

当当网于美国时间 2010 年 12 月 8 日在纽约证券交易所正式挂牌上市，成为中国第一家完全基于线上业务、在美国上市的 B2C 网上商城。

高级搜索的搜索过程：

书　　名：按图书名搜索

著 译 者：按作者搜索

出 版 社：按出版社搜索

ＩＳＢＮ：按 ISBN（国际标准书号）搜索

折　　扣：按折扣价（所有折扣、30%以下折扣、30%～50%折扣、50%～70%折扣、70%以上折扣）搜索

定　　价：按图书价格搜索

当 当 价：按图书在当当网上的价格搜索

出版时间：按图书出版时间搜索

上架时间：按上架时间搜索

（一）图片展示购买流程

1. 挑选商品

如图 4-2 所示，在椭圆标示区域的全部商品分类中找，也可以直接在搜索中直接输入你所需商品的名称查找。比如你所要查找的是书籍《钢铁是怎样炼成的》，便可直接在搜索中查找，结果如图 4-3 所示。

2. 放入购物车

当你选定了一件商品后，在商品详情页点击“购买”，这时会自动打开购物车页面，商品会添加到你的购物车中。此时，你还可以继续挑选商品，把想要购买的商品都放入购物车中，最后一并结算（图 4-4）。

图 4-2　当当网首页

图 4-3　查找结果

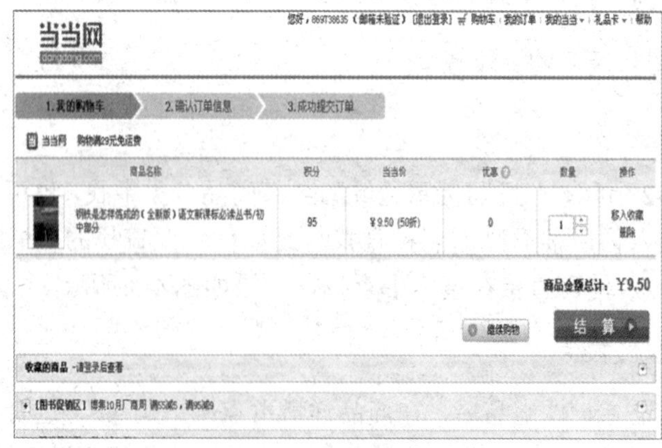

图 4-4　购物车页面

3. 登录注册

如果你是老顾客，请输入你的 E-mail 地址或昵称、密码、验证码，点击“登录”；如果你是新顾客，请点击“还没有注册”，输入你常用的 E-mail 地址，并设定密码，输入验证码后，点击“注册”，如图 4-5 所示。

图 4-5　注册和登录页面

4. 填写收货人信息

请填写真实的收货人姓名、所在地区、详细的收货地址、邮编和联系电话，如图 4-6 所示。

收货相关信息

· 收货地址

* 收 货 人：

* 收货地区：中国 ▼ 请选择 ▼ 请选择 ▼ 请选择 ▼ 查看可货到付款地区

* 详细地址：

* 邮政编码：

* 手　　机：　　或　固定电话：

确认收货地址

图 4-6　填写收货人信息

5. 选择送货方式

当当网提供普通快递送货上门、加急快递送货上门、普通邮递、特快专递等多种送货方式。如果你想选择普通快递送货上门，请先核对你的地址是否在相应的送货范围内，查看快递的送货范围、时间及费用（图 4-7）。

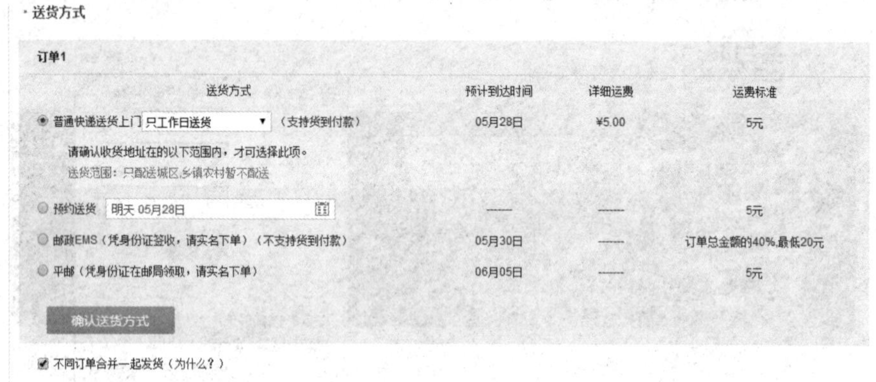

图 4-7　选择送货方式

6. 选择付款方式

当当网为你提供了网上支付、货到付款、邮局汇款、银行转账，储蓄卡汇款等多种支付方式，如图 4-8 所示。

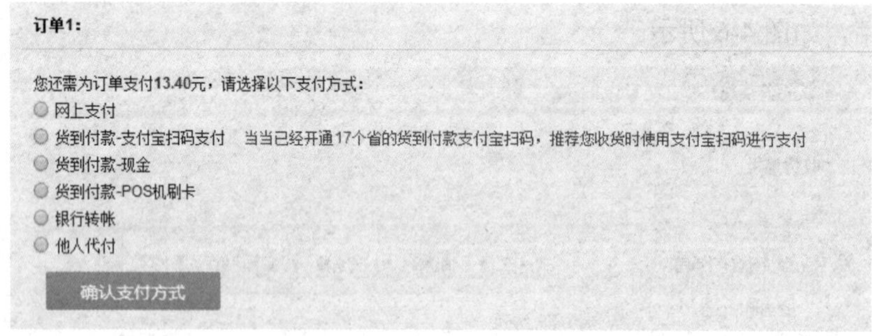

图 4-8　选择付款方式

7. 订单确认

填写完以上信息之后，请仔细核对；确认无误后，请点击“提交订单”按钮提交订单。生成订单号后，表明你已经成功提交了订单，然后进入支付页面，如图 4-9 所示。

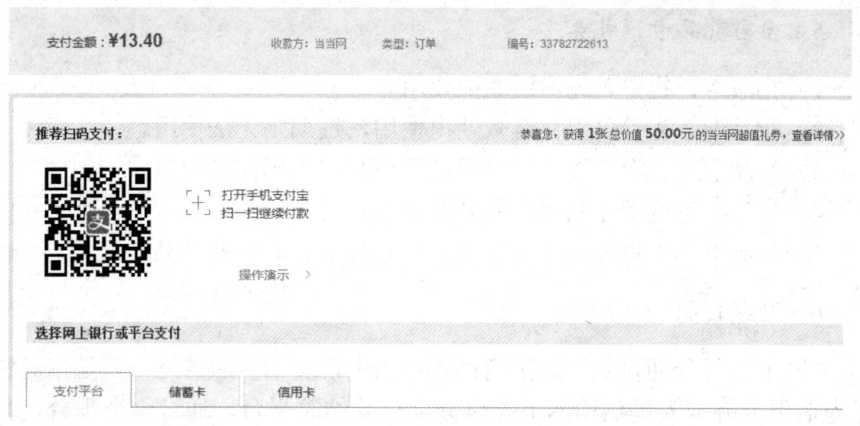

图4-9　支付页面

（二）当当网可以接受的付款

1. 货到付款

货到付款时使用现金支付；货到付款时使用POS机刷卡支付；货到付款时支付宝扫码支付，当当网已开通17个省的货到付款支付宝扫码支付服务。

2. 网上支付

供银行卡在线支付（招商银行、建设银行、农业银行、中国银行）和网上第三方平台支付（银联支付、财付通支付、快钱网上支付、支付宝支付、手机支付、微信支付、首信支付平台支持的国外信用卡支付）的支付方式。目前各银行对网上支付均有一定金额的限制，由于各银行政策不同，建议你在申请网上支付功能时向银行咨询相关事宜。

3. 银行转账

国内顾客可以通过全国任何一家银行，向当当网在北京银行、建设银行、农业银行、招商银行开立的账户汇款。

4. 账户余额支付

“我的当当-账户管理”是顾客在当当网上的专用账户，账户内的金额是顾客在当当网购物后余下的现金或通过银行多余汇款的总和。

即使顾客的账户余额足以支付订单，顾客仍需选择一种支付方式，否则将无法提交订单，在订单结算时，顾客可根据需要自行选择使用账户余额，余额不支持支付海外购订单。

5. 当当礼品卡、礼券

1）礼品卡、礼券首先激活才能使用。
2）礼品卡、礼券仅限在有效期内使用，过期则无法使用。
3）礼品卡、礼券可以同时使用，不可与优惠码同时使用。
4）礼券不可购买礼品卡、海外购商品。
5）礼品卡不支持购买 1 号店商品、礼品卡、海外购商品。

6. 分期付款

“网上支付分期付款”是招商银行信用卡消费信贷服务之一，是招商银行为信用卡持卡人提供的网上支付分期付款结算平台。通过这个平台，招商银行信用卡持卡人购买当当网自营商品，可以选择将购买商品的总价平均分成 3 期、6 期、12 期支付，并通过网络使用信用卡即时完成分期付款，持卡人再根据信用卡账单按时偿还每期（月）款项。食品、保健品、医疗器械、礼品卡、充值等，均不支持分期付款。

招商银行向客户提供的分期付款服务含有资金成本、运作成本和风险成本，因此会收取一部分手续费。购买当当网自营商品，实付商品金额在 300～30000 元之间都可以进行分期付款。

7. 他人代付

用户可以根据自己的情况自由选择一种付款方式，填好相应的数额，并点击“订单确认”栏目，即可将信息传输到当当网。支付完毕后显示结账信息，用户等待签收所购商品即可。

由此可见，在电子商务系统中，为完成操作，以下五个过程必不可少：信息共享、网上订购、网上支付、执行交易、服务与支持。

思　考

在当当网上购物一次，实际体验电子商务的购物流程并熟悉当当网的付款方式，思考这种方式的优劣，这种方式是否还有完善的余地。

练习与实践

一、选择题

1. 与传统的商务不同，在电子商务系统中主要处理的是（　　）。
   A．物流　　B．事务流
   C．信息流　　D．资金流

2．网上购物的第五步是（　　）。

A．将选购商品放入购物车　　B．申请会员

C．申请网上银行服务　　D．送货到家

参考答案

二、简答题

1．简述网上购物的具体步骤。

2．简述当当网的付款方式。

三、实践活动

注册当当网会员，选购一本书，体验当当网的购物过程。

任务2　熟悉电子商务的主要环节

案例导入

我国网络广告市场持续发展

2014年中国网络广告市场规模达到1540亿元，同比增长达到40.0%，增速较2013年小幅下降。在网络广告市场整体进入成熟稳定阶段之后，市场仍然呈现出一些新的发展态势。各个网络媒体细分领域表现各异，一些传统领域呈现出成熟态势下的增速放缓，一些领域在新的广告技术与广告形式共同驱动下，迸发出强劲的增长势头。与此同时，品牌广告主预算进一步向数字媒体倾斜，均推动网络广告市场规模达到新的高度。

中国调研报告网发布的2016年中国网络广告行业现状调研及发展趋势预测报告认为，2014年，根据数据，在新的划分口径下，中国网络广告市场中占比最大的为搜索关键字广告（不含联盟），达到28.5%，较2013年上升2个百分点。份额排名第二的广告形式为电商广告，占比为26.0%，较2012年小幅下降。品牌图形广告份额位居第三，占比为21.2%.

从增长速度看，门户及社交媒体中的效果广告增长迅速，表现突出。腾讯广点通及新浪微博广告是其中最主要的增长力量。这在一定程度上反映出互联网企业依靠数据分析和技术驱动，达成更加智能的广告匹配以及更加高效的广告资源配置，实现广告营收进一步提高。该部分增长主要体现在“其他形式广告”中。

讨论：你还知道哪几种网络广告类型？说出来和同学们分享。

一、信息共享与交易磋商

知识准备

电子商务是社会信息化、电子化发展的产物。它的出现为商家和消费者双方都提供了便利。一方面，企业运用电子商务向用户提供全面及时的商品信息、服务承诺及公司的有关情况，以便在用户及潜在用户中树立自己的形象；另一方面，对消费者而言，则是要寻找既能满足自己需要，又价格低廉的商品。因此，可以说共享 Internet 上的信息是电子商务流程中最基本的环节，主要体现在以下四个方面：

1. *在 Internet 上进行广告宣传*

在新产品进入市场之前，企业有必要让客户了解自己产品的性能以及企业所提供的服务。换言之，企业必须向用户提供必要的产品信息。由于各种各样的原因，企业的用户群不可能是恒久不变的，企业花大力气进行市场策划和广告宣传，让潜在用户了解其产品特性和提供的服务，无疑有助于企业得到更多的订单，对其业绩与发展将会产生积极影响。近些年来，除了广播、电视、广告牌等传统的广告方式之外，在 Internet 上进行广告宣传已成为一种普遍的广告方式（图 4-10）。

iResearch 艾瑞咨询根据网络广告监测系统 iAdTracker 的最新数据研究发现，2016 年 2 月，消费电子品牌网络广告投放费用达 5166 万元。其中，beats 耳机投放费用达 743 万元，位居第一；海尔投放费用达 623 万元，位居第二；美的集团投放费用达 552 万元，位居第三。

图 4-10 Internet 广告宣传

艾瑞 iAdTracker 最新数据显示，2016 年 2 月，消费电子品牌网络广告投放以门户网站、视频网站和客户端为首选平台。其中，门户网站投放费用达 1713 万元，占总投放费用的 33.2%；视频网站投放费用达 1557 万元，占总投放费用的 30.1%；客户端投放费用达 388 万元，占总投放费用的 7.5%。

京东商城、淘宝是国内较受欢迎的网站，在这些网站上你会发现许多的广告以及购物指南，通过这些广告条，你可以直接查找相关公司的业务范围信息。如图 4-11 所示，你可以在京东的网页上看到各种商品的广告信息。

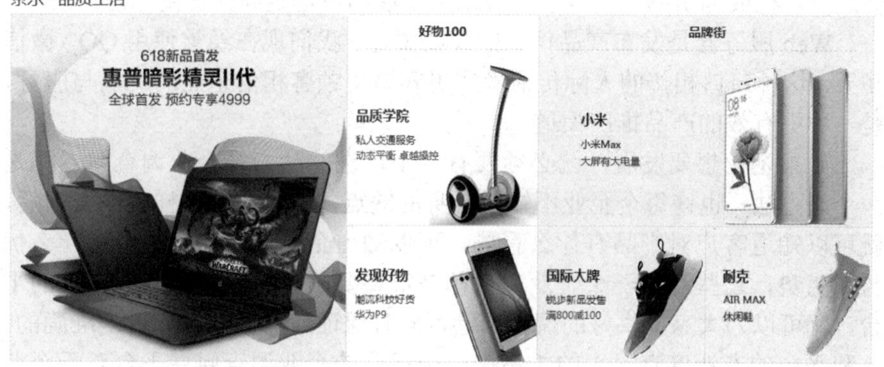

图 4-11　商品广告信息

与传统的广告相比，进行网上广告宣传有很多优势：

1）网络广告集文字、图像、声音于一体，大大增强了广告的感染力；
2）网络广告的消费群体无疑是最年轻、最有活力的；
3）网络广告制作成本低，速度快，更改灵活；
4）交互性是网络广告的最大优势；
5）网络广告能对广告的浏览量进行监控；
6）网络广告的受众关注度高；
7）网络广告的传播范围广；
8）网络广告的费用低廉；
9）网络广告的投放更具有针对性；
10）网络广告缩短了媒体投放的进程。

这些优势在后面的章节中会有叙述，这里不再详细展开。

2. 利用 Internet 发布产品信息

网络为我们提供了多种信息的交流方式，从邮件到博客再到讨论室、论坛、QQ 群、微博、微信、轻博客、问答网等。通过这些交流方式，任何人都可以自由地发表自己的观点，发布产品信息，公开公司的服务承诺，宣传公司的形象。很多企业就是通过这些方式来宣传自己的产品的。企业可以利用 Internet，选择多种途径，为用户提供技术支持。例如，企业可以创建基于 Web 服务器的常见问题列表，用户（frequently asked questions，FAQs）文件，并将文件通过电子邮件、网络新闻或 Web 发布出去。这是用户获得技术支持的一种有效工具。中国电子商务论坛上既有电子商务法规，又有网站链接，理论和实用兼备。像这种论坛中国有很多。例如，2016 年 3 月 28 日中国（深圳）电子商务发展论坛在深圳市举行。中国深圳电子商务发展论坛已经连续成功举办六届。六年来，论坛已成为业界最有影响力的专业性峰会之一，也成为引领中国电子商务未来发展和市场走向的重要标志。

Web 服务器是发布产品信息的主要渠道。我们现在经常使用 QQ、微信聊天，这种口口相传的人际传播模式更容易使顾客相信企业的产品与服务，是一种更有效的产品推广渠道。

如果企业想要发展，就必须要有一个推进的动力，企业调查问卷就是一个好方法。也许每个企业不知道自身的缺点，但是通过这样的调查问卷，就可以知道客户对产品有什么看法，可以知道企业在客户心目中有什么优势和劣势，这些对于一个企业来说都是很重要的。只要一个专业正规的平台，就可以为大家提供好的调查问卷，同时保证最后的数据分析是准确的，这和平台的专业度有很大的关系，一个优质的企业调查问卷平台对于企业来说是非常重要的。

3. 利用 Web 服务器获取顾客数据和进行交易磋商

（1）利用 Web 服务器的客户信息收集

Internet 上的 WWW 为企业提供了与客户进行通信联络的有效手段。企业可以设立一个 Web 站点，为访问者提供产品信息，并在访问者查找产品目录时，向他们询问一些需求信息。企业也通过向访问者提供一个能发表评论的页面，从中获取市场信息。如果网站上提供了在线订购业务，通过销售情况的分析也能获得产品需求信息，这些信息对于销售和市场决策都很有帮助。另外，企业也可以通过发送电子邮件为一些关系客户提供定期更新的产品信息。

（2）电子商务环境下的交易磋商

交易磋商（business negotiation）是指买卖双方通过直接洽谈或函电的形式，就某项交易的达成进行协商，以求完成交易的过程。交易磋商是国际贸易的重要环节之一，商品的国际交易能否顺利签订合同，主要取决于交易双方对交易双方条件磋商的结果。

知识窗

交易磋商可以是口头的（面谈或电话），也可以是书面的（传真、电传或信函）。交易磋商的过程可分成询盘、发盘、还盘和接受四个环节，其中发盘和接受是必不可少的，是达成交易所必需的法律步骤。

（1）交易磋商询盘

询盘（inquiry）是交易的一方向对方探询交易条件，表达交易愿望的一种行为。询盘多由买方作出，也可由卖方作出、内容可详可略。如买方询盘："有兴趣东北大豆，请发盘"，或者"有兴趣东北大豆，11 月装运，请报价"。询盘对交易双方无约束力。

（2）交易磋商发盘

发盘（offer）也叫发价，指交易的一方（发盘人）向另一方（受盘人）提出各项交易条件，并愿意按这些条件达成交易的一种表示。

发盘在法律上称为要约，在发盘的有效期内，一经受盘人无条件接受，合同即告成立，发盘人承担按发盘条件履行合同义务的法律责任。

发盘多由卖方（selling offer）提出，也可由买方（buying offer）提出，也称递盘（bid）。

实务中常见由买方询盘后，卖方发盘，但也可以不经过询盘，一方径直发盘。

（3）交易磋商还盘

受盘人不同意发盘中的交易条件而提出修改或变更的意见，称为还盘（counter offer）。在法律上叫反要约。

还盘实际上是受盘人以发盘人的身份发出的一个新盘。原发盘人成为新盘的受盘人。

还盘又是受盘人对发盘的拒绝，发盘因对方还盘而失效，原发盘人不再受其约束。

还盘可以在双方之间反复进行，还盘的内容通常仅陈述需变更或须增添的条件，双方同意的交易条件不必重复。

（4）交易磋商接受

受盘人在发盘的有效期内，无条件地同意发盘中提出的各项交易条件，愿意按这些条件和对方达成交易的一种表示。

接受（acceptance）在法律上称为"承诺"，接受一经送达发盘人，合同即告成立。双方均应履行合同所规定的义务并拥有相应的权利。如交易条件简单，接受中无须复述全部条件。如双方多次互相还盘，条件变化较大，还盘中仅涉及需变更的交易条件，则宜在接受时复述全部条件，以免疏漏和误解。

（5）签订合同

经过交易磋商一方的发盘或还盘被对方有效地接受后，就算达成了交易，双方之间就建立了合同关系。在实务中，一般还要用书面的形式将双方的权利和义务明文规定下来，以便于以后执行，这就是所谓的签订合同。

（6）合同的履行

买卖合同一经依法成立，当事人必须履行合同规定的义务，履行合同是当事双方共同的责任。

4. 借助 Internet 中间商为客户在庞杂的信息中指点迷津

Web 站点是指 WWW（world wide web）简称 3W，也称万维网，也叫作 Web 系统。是以超文本标注语言 HTML（hyper text markup language）与超文本传输协议 http（hyper text transfer protocol）为基础，能够提供面向 Internet 服务的、一致的用户界面的信息浏览系统。

WWW 是目前 Internet 上最方便最受用户欢迎的信息服务类型，它的影响已远远超出了专业技术范畴，并且已经进入广告、新闻、销售、电子商务与信息服务等各个行业。

Web 站点相当于企业和消费者之间的中间商，对于消费者来说，消费者可以通过它找到各种各样的商品及其供应商，通过网上交易，消费者可以很容易地得到其所需的商品和服务；对于企业来说，企业可以通过它将自己的商品信息提供给网站，以便用户查询，来扩大商品的销售渠道。

淘宝网（http://www.taobao.com）和易趣网（http://www.eachnet.com）就为消费者和商家提供了这样的服务环境。

比赛说出信息共享与交易磋商四个方面的表现，看谁说得既准又快。

二、网上订购

消费者在经过网上浏览商品和网上议价后，就进入网上订购环节，这一环节已经在第一节中进行了说明，这里不再赘述。

三、网上支付

消费者在确认购买后，系统会提供几种付款方式供其选择，其中网上支付是主流的支付方式。电子商务系统按是否进行网上支付可分为支付型电子商务系统和非支付型电子商务系统。在支付型电子商务系统中，支付货款借助网络通过银行转账来完成，因此安全性是支付型电子商务系统面临的最重要的问题，而支付网关是整个系统的关键。支付网关是银行专用网络与Internet 之间的接口。其主要作用是完成两者之间的通信、协议转换和进行数据加密、解密，以保护银行内部网络的安全。支付网关的功能如下：

（1）交易功能

交易功能是完成持卡人网上支付的正常流程：

① 消费或购物。用户可以在网上购物，也可以进行各种消费。

② 交易信息的交换。如信用卡是否有效的信息交换、金额是否扣除的信息交换等。

（2）交易异常处理

如果持卡人的账户余额改动之后，持卡人并未得到期望的交易结果，则这笔交易将被全部或部分冲正。冲正简单地说就是交易没成功，当银行转账交易出现如通信超时等异常情况时，交易发起方自动或人工发起银行转账冲正交易，取消原转账交易。持卡人转出去的钱过一段时间后被重新打回其卡里。

（3）提供仲裁信息

当交易双方因某种原因发生纠纷时，支付网关可以提供准确的信息查询，以便正确处理纠纷。

（4）提供多种报表

如银行转账信息表、商家销售信息表、用户个人账号资金信息表等。

（5）提供查询处理功能

支付网关对每一笔交易都进行了详细的记录，用户和商家都可以在这里查询自己的全部交易信息。

（6）计费功能

进行网上交易时，双方应向网络运营商支付一定的费用。记录每一笔交易情况的交易网关将成为计算费用的便利工具。

思　考

你在进行网上支付时，遇见过什么问题吗？将同学们遇见的问题进行交流总结，以便下次购物时增长经验。

四、执行交易

商家收到货款后，开始着手发货，整个过程包括：卖方准备发货，办理各种手续——报关、保险、取得各种证书等，然后将商品交付物流公司发货。银行和金融机构也按照合同，处理双方的货款并结算出具银行单据。同时双方通过电子服务器随时跟踪货物运输情况。当买方收到货物时，整个交易就结束了，这其中还包括以下内容：

第一，买卖双方通过 Internet 交付产品信息；

第二，交易各方通过网络通信；

第三，通过维护共享数据库加强伙伴之间的联系。

目前，我国的中小企业因为缺乏人才和资金大多数还没有建立起自己独立的网站，但在电子商务的大环境下，中小企业要生存必然要借助于网站，于是，与 ISP（Internet service provider，服务商）合作，租用其服务器成为解决中小企业上网的主要方法。充分利用 ISP 的力量来发布企业信息，但不能把所有的工作都交给 ISP 服务商，因为这样会导致信息的滞后，如库存等数据的滞后，为此，在与 ISP 服务商合作的同时，通过共享数据库加强与合作伙伴的联系仍是十分必要的。

思　考

你能迅速说出执行交易的内容吗？

五、服务与支持

交易的结束并不意味着商家与客户关系的结束。在竞争激烈的今天，要保持与客户的长期合作关系，企业还要为用户提供服务与技术支持。这些服务与技术支持的内容包括：①在 Internet 上为用户提供有关的技术说明、常见问题列表、软件更新、软件错误修改等信息；②提供多种传递信息的方式：传真、电子邮件、Web 访问等。其中，在 Web 站点上使用问题表格，或通过电子邮件接收问题都能使公司在相当长的时间内保持这些信息实时、动态和准确。

世界上著名的大公司都十分重视售后服务和技术支持。从专门的现场客户支持一直到基于诊断工具相当齐全，进行售后服务的另一种方式是 800 被叫付费电话的应用。

思　考

了解当地的企业，说出它们在服务与支持方面是如何做的。

六、电子商务的实现要点

1. 展示有特色的购物界面

这里的特色一方面指的是为了向顾客提供可直接获得丰富信息的网

站，应为用户提供简便的传递、搜索信息的方法，具有全面查询的能力，同时，为那些不熟悉计算机功能的用户提供方便。

另一方面指的是为了吸引网上用户，网站必须包含视觉上生动有趣，并且与商品使用相关的内容，以促成购买行为。比如在产品的展示和整体环境气氛上，运用妙趣横生的多媒体展示及动态内容的创造。提高顾客的吸引力。

2. 保证交易安全

为确保买卖双方网上金融交易的真实、可靠，Internet 商务系统必须保证：

1）保密性：保证数据不以非正当的方式被泄露；

2）完整性：保证数据不受到讹误和未经授权改动的侵害；

3）认证：确认交易双方的有效身份；

4）防止拒付：确认订货及订货收据信息。

3. 考虑系统的兼容性

为什么要考虑系统的兼容性呢？因为很多早期的Internet商业网址都是按照对立的网站建立起来的，与公司现有系统几乎没有联系。为了更充分地利用和改造公司的已有系统并和 Internet 相连，应使联机商业的产品数据库、订货管理、客户管理以及交易过程与公司的经营活动相联系。将那些从 Internet 商业网址获得的订购业务直接输入公司的金融及管理系统，并将对订购状况的查询输入公司的订货数据库。可以利用 Internet 上的 EDI 调整订货程序，提高效率，进行交易。

4. 提供高性能服务器

为商家提供商业服务所用的商业平台是电子商务的核心。这样的商业平台必须满足下列条件：

第一，拥有满足联机市场要求的系统性能；

第二，有能力利用动态数据库向用户提供越来越多的产品信息，包括价格表及订购状况；

第三，该平台的 CPU 和 I/O 性能必须能向大量用户迅速提供动态的内容；

第四，平台必须具有高可靠性，否则公司不仅可能丢失订单，而且可能永久地失去客户；

第五，平台还应具有较好的可扩展性。

简单地说，可扩展性就是关于如何处理更大规模的业务的问题。可扩展性是软件设计的原则之一，它以添加新功能或修改完善现有功能考虑软件的未来成长。这里的可扩展性是指随着联机商贸的增长，系统到达一定的期限必须得到有效的升级，以便为将来的发展做好准备。

5. *充分地进行数据挖掘*

数据挖掘一般是指从大量的数据中自动搜索隐藏于其中的有着特殊关系性的信息的过程。数据挖掘对电子商务活动尤其重要。在Internet上进行商业活动的一个关键优势就在于商家能够收集大量的关于客户浏览信息以及购买决策的数据信息。通过跟踪客户的购买行为，以及从数据分析中得到情报，公司可以改进决策并确认目标市场的质量。

数据挖掘有助于发现数据中隐含的模式，而数据可视化又使得公司能够更深、更直接地理解数据中的模式和趋势。因此，Internet商业网站应具有获取客户信息，并能快速地将这些信息转化为对企业有用的信息的能力。

思　考

根据电子商务的购物流程，真正体验一次网购，在这一购物过程中，将我们学到的知识应用到实践中，同时与我们学过的理论知识进行对比。

练习与实践

一、选择题

参考答案

1. 王丽从网上订购了一款红色鼠标，卖家错发成蓝色鼠标，并坚称王丽当时选购的就是蓝色鼠标。下列支付网关的功能中，可以提供信息查询，以协助处理该纠纷的是（　　）。

A. 交易功能　　　　B. 交易异常处理功能

C. 提供仲裁信息功能　　　　D. 计费功能

2. 用户只需轻点鼠标，就可以从厂商的站点中得到详尽的信息；用户也可以通过广告位直接填写并在线提交表单信息。由此可见，互联网媒体最大的优势是（　　）。

A. 多维性　　　　B. 针对性

C. 可重复性　　　　D. 交互性

3. 企业在Internet上为用户提供有关的技术说明、FAQs、软件错误修改等信息。这属于电子商务操作过程中的（　　）。

A. 网上订购　　　　B. 网上支付

C. 执行交易　　　　D. 服务与支持

4. 电子商务网上支付系统要求使用数字签字和数字证书实现对各方的认证，使用加密技术对业务进行加密。这体现了（   ）。

A. 普遍性　　B. 整体性
C. 方便性　　D. 安全性

5. 如果持卡人的账户余额改动之后，持卡人并未得到期望的交易结果，则这笔交易将被全部或部分地冲正。这体现了支付网关的（   ）。

A. 交易功能　　B. 交易异常处理功能
C. 提供仲裁信息功能　　D. 提供查询处理功能

6. 小张从某网站看到一款照相机的促销广告后，立即点击查询该商品详细信息，并直接在该网站购买了这款照相机。由此可以看出网络广告（   ）。

A. 能进行完善的统计　　B. 缩短了媒体投放的进程
C. 制作成本低，更改灵活　　D. 是多维广告

7. 在电子商务的业务流程中，企业运用电子商务向消费者提供全面及时的商品信息；消费者则在网上寻找物美价廉的商品，这个环节属于（   ）。

A. 信息共享　　B. 网上订购
C. 执行交易　　D. 服务与支持

8. 为商家提供商业服务所用的商业平台是电子商务的核心，公司的商业平台必须拥有的性能不包括（   ）。

A. 能满足联机市场要求的系统性能
B. 能与公司现有系统相关联的，较好的兼容性
C. 能向大量用户迅速提供动态内容的 CPU 和 I/O 性能
D. 能保证订单等商务信息长期稳定的可靠性

9. 互联网媒体的最大优势是（   ）。

A. 针对性　　B. 实时性
C. 交互性　　D. 灵活性

10. 在进行交易时，应考虑为用户提供服务和支持等方面的要求，在 Internet 上为用户提供诸多信息的同时向用户提供多种（   ）。

A. 银行信息　　B. 商家信息
C. 商品信息　　D. 传递信息方式

11. 关于电子商务的实现要点，下列说法正确的是（   ）。

A. 考虑系统的专用性
B. 考虑数据的兼容性
C. 展示单一的购物界面
D. 保证交易的安全

12．商务操作流程按照操作对象可划分为事务流、物流、资金流、信息流。下列属于资金流业务的是（　　）。

A．恒通货运公司将商品送交客户

B．小丁利用网上银行支付货款

C．红星家电商行向海尔集团在线索取空调报价单

D．微软公司免费为其客户提供在线软件更新服务

二、简答题

1．电子商务是一种新的商务形式，要想获得成功需关注哪些要点？

2．在电子商务系统中，要完成一个完整的商务操作流程，哪几个过程必不可少？

三、综合分析题

2012 年李明在互联网上注册了一家电子商务网站——鑫茗茶社，专门从事茶叶的网络销售业务。为了吸引更多的消费者，李明不惜重金邀请了一位拥有高超传统茶艺的老专家在网站上为顾客介绍红茶、绿茶、黑茶等各种茶叶的加工和饮用方法，使网站整体意境在文化传播和亲情关爱中得以升华。

李明发现从茶叶批发市场进货，不仅成本高，品质也参差不齐。于是，他承包了一片茶园，自己种植、加工并在鑫茗茶社销售茶叶。没有了中间环节，实现了网上直接交易，越来越多的顾客从鑫茗茶社购买到了质优价廉的茶叶。

根据以上内容回答下列问题：

1．按商业活动的运作方式分类，鑫茗茶社在网上销售茶叶属于哪种类型的电子商务？

2. 鑫茗茶社是一个让消费者了解茶艺、选购茶叶的信息平台。可以说，共享 Internet 上的信息是电子商务流程中最基本的环节。请问信息共享主要体现在哪些方面？

四、实践活动

（1）活动内容

通过探究电子商务实践活动，使学生深刻体验电子商务的购物流程和主要环节。

（2）活动要求

1）教师将学生分成若干组，每组 4～6 人，并选出组长。

2）要求每组选出一名组员对自己的购物过程进行详细叙述，对遇到的

问题及时提出来，大家一块儿解决。对购物的经验和教训进行总结。

3）学生要端正态度，严肃认真，积极参与。讨论发言要从容、自信，口齿清晰，声音洪亮。

（3）活动评价

根据考核标准进行考核，填写评价表（见下表）。

考核标准及分数 评价方式	遵守纪律、（2分）	态度端正、严肃认真（2分）	积极参与、大胆发言（4分）	问题针对性强（2分）	分数汇总（10分）
自我评价					
小组评价					
教师评价					

拓展提升

海尔的服务与技术支持

海尔是全球大型家电第一品牌，目前，海尔在全球建立了21个工业园、5个研发中心，19个海外贸易公司，全球员工超过8万人。2011年，海尔集团全球营业额实现1509亿元，品牌价值962.8亿元，连续11年蝉联中国最有价值品牌榜首。

海尔的成功有很多值得其他企业思考的地方，比如，企业的创新文化、企业的品牌价值意识，更重要的是海尔公司的服务理念。

第一，先卖信誉后卖产品的理念。质量是产品的生命，信誉是企业的根本，产品合格不是目标，用户满意才是目的。营销不是“卖”而是“买”，是通过销售产品的环节树立产品美誉度，“买”到用户忠诚的心。

第二，用户永远是对的理念。即用户就是企业的衣食父母，只要能够不断地给企业的用户提供最满意的产品和服务，用户就会给企业带来最好的效益。海尔对员工的培训非常细致和严谨。

海尔不仅在服务上，还在Internet上为用户提供在线技术支持。请同学们查看网址 http://www.myprice.com.cn/manu/front/comment_question_221_0_16_0_1.html，查询一下，了解海尔具体的在线技术支持情况。

项目小结

一个具体的电子商务流程主要包括七步：申请网上银行业务、申请认证、浏览商品、会员登录、将选好的商品放入购物车、确认购买、送货上门。

在电子商务系统中，为完成操作，五个环节必不可少：信息共享、网上订购、网上支付、执行交易、服务与支持。

要使 Internet 上的电子商务获得成功，必须对以下几个环节加以关注：展示有特色的购物界面、保证交易安全、考虑系统的兼容性、提供高性能的服务器、充分地进行数据挖掘。

项目 5
认知电子商务支付

电子支付是电子商务活动中的重要环节，是电子商务中准确性、安全性要求最高的业务过程。保证资金流在 Internet 上安全地传输，保证电子支付的安全可靠性，满足客户、商家、银行各方的需求，是整个电子商务活动顺利完成的基础和保障。

学习目标

【知识目标】

- 了解电子支付、电子货币和移动支付的相关概念；
- 熟悉网上银行的特点。

【能力目标】

- 认识电子支付工具，并学会在实际中运用；
- 培养正确认知计算机网络技术的能力；
- 初步掌握使用网上银行的方法。

【情感目标】

- 具备自主探究学习的意识，培养创新精神；
- 具备良好的职业道德，培养学生科学严谨的作风。

任务 1　电子商务支付概述

案例导入

电子支付税费 5 分钟搞定

侯马海关的关和辖区，企业开通海关税费电子支付业务后，税款支付时间由原来的 1～2 天缩短至 5 分钟，通关时间由原来的 3～4 天缩短至 1～2 天，大大节省了企业的时间成本。

海关税费电子支付业务系统是由海关业务系统、中国电子口岸系统、商业银行业务系统和第三方支付系统等四部分组成的进出口环节税费缴纳的信息化系统。进出口企业通过电子支付系统可以缴纳进出口关税、反倾销税、反补贴税、进口环节代征税、缓税利息、滞纳金、保证金和滞报金。参与此电子支付业务的进出口企业、商业银行和第三方支付公司应签署三方协议并在相应的直属海关备案。截至目前，侯马海关通过海关税费电子支付方式缴税的报关单共有 11 票，涉及税款 2204 万元。此辖区的某公司为适应国际市场需求，对货物通关时间要求比较高，以海关税费电子支付方式缴费，不仅缩短了货物通关时间，而且简化了公司内部税费支付财务审批方面的手续，大大提高了整体工作效率，给企业带来了极大便利。

讨论：第三方电子支付的优点是什么？

一、电子支付的概念

知识准备

电子支付是指从事电子商务交易的消费者、商家和金融组织，通过信息网络，使用安全的信息传输手段，采用数字化方式进行的货币支付或资金流转。电子支付具有方便快捷、高效经济的优势，用户可以在很短的时间内完成整个支付过程。电子支付是电子商务活动中的重要环节，是电子商务中准确性、安全性要求最高的业务过程。保证资金流在 Internet 上安全地传输，保证电子支付的安全可靠性，满足客户、商家、银行各方的需求，是整个电子商务活动顺利完成的基础和保障。

电子支付是以金融电子化网络为基础，以商用电子化机制和各类交易卡为媒介，以计算机技术和通信技术为手段，以电子数据形式存储在银行的计算机系统中，并通过计算机网络系统以电子信息传递形式实现的流通和支付。

当前的主要支付方法有信用卡支付、电子现金（E-mach）、电子支票（electronic check，E-check）等。通过现有的网络技术、加密技术、认证系统、各种交易协议及相应的软件等，保证客户和商家透明地进行安全交易。

所谓电子支付就是利用数字信号的传递来代替一般货币的流动，达到实际支付款目的的系统。与传统的支付方式相比，电子支付具有以下优点：

1）电子支付采用现代技术通过数字信息传递来完成支付信息传输，支付手段均是数字信息；而传统的方式则是通过现金的流转、票据的转让以及银行的转账等实体形式的变化实现的。

2）电子支付是基于开放的系统平台，而传统支付则在较为封闭的环境中进行。

3）电子支付使用最先进的通信手段，因此对软、硬件要求很高；传统支付对技术要求不如电子支付高，且多为局域网络，不需联入互联网。

4）电子支付可以完全突破时间和空间的限制，可以满足 7×24（7 天，24 小时）的工作模式，其效率之高是传统支付达不到的。

5）电子支付方便且实惠，电子支付只需要点击几下鼠标，在几分钟之内即可完成，而且网上支付的手续费一般都是商家承担的，对消费者而言很实惠。

思　考

说一说，电子支付相比传统支付，其优点是什么？

二、电子支付的发展

知识准备

电子支付最先出现于 Internet，并且已经建立起了三种不同类型的支付系统，即预付系统、即时支付系统和后支付系统。预支付系统是指先付款，然后再购买产品或服务；即时支付系统是以交易时支付的概念为基础的，该系统是实现起来最复杂的系统，为了即时支付，必须直接访问银行的内部数据库，需要采取更加严格的安全措施，它同时也是最强大的系统，即时支付是“在线支付”的基本模式；后支付系统允许用户购买商品后再付款，信用卡是一种最普遍的后支付系统，但其安全性低。与信用卡相比，借记卡相对比较安全，因为它要求顾客证实自己是卡的真实持有人，但相关的费用比较高。

在电子商务中，银行是企业和消费者的纽带，起着重要的作用。

电子支付的发展经历了5个阶段。

1）利用计算机处理银行之间的业务，例如办理银行结算。

2）银行与其他计算机之间进行资金结算，例如，代发工资、代收水电费、代收车辆违章罚款、代收部分税费等。

3）网络客户利用计算机终端操作各项银行服务业务，例如，自动柜员机上进行的存取款业务等。

4）银行利用销售点终端（POS）向客户提供自动扣款、转账业务，例如，商场、超市POS机刷卡业务。

5）通过互联网进行直接转账结算，这一阶段的电子支付叫做网上支付。网上支付的形式称为网上支付工具，主要有信用卡、电子货币、电子支票等。

思　考

说一说，在自动柜员机上取款是电子支付发展的哪个阶段？

三、电子支付的特点

知识准备

电子支付是随着电子商务、金融电子化和Internet的发展而出现的，是在传统支付方式的基础上发展起来的。电子支付的特点如下：

1）以计算机技术为基础支撑，进行储存、支付和流通；

2）集储蓄、信贷和非现金结算等多种功能于一体；

3）可广泛应用于生产、交换、分配和消费领域；

4）使用简便、安全、迅速、可靠；

5）电子支付通常要经过银行专用网络实现。

目前，网上电子支付方式主要有电子现金支付、支付卡支付、电子支票支付等，但是多数电子支付方式还处于推广阶段，正在不断完善和发展中，一个安全有效的支付系统必须能够实现对各方的谁，对业务进行加密，保证业务的完整性和不可否认性。

电子支付与传统支付方式相比较，有很大的差别。

在款项流转方式上，网上电子支付采用数字化虚拟方式进行，而传统支付则通过现金、支票等实体进行。

在支付工作环境中，网上电子支付是基于互联网的交换平台，要求有相应的软、硬件配套设施，而传统支付方式则在较为封闭的系统中运行，相对来说对软、硬件标准要求不太高。

在支付效果上，网上电子支付体现得更方便、快捷、高效、经济，而传统支付相对来说费用高、速度慢、交易复杂。

在支付技术要求上，网上电子支付要求具有完整性、保密性、可靠性、可接受性、通用性、匿名性、安全性、数字货币与其他货币的可兑换性，而传统支付只是要求具有完整性、保密性和可靠性即可。

思　考

说一说，电子支付有哪些特点？

练习与实践

一、简答题

参考答案

1．什么是电子支付？
2．简述电子支付的发展。
3．简述电子支付的特点。

二、实践活动

（1）活动内容

通过探究训练活动，使学生进一步认识电子支付的应用。

（2）活动要求

1）教师将学生分成若干组，每组 4～6 人，并选出组长，由组长确定小组成员的分工。

2）要求每名学生熟悉任务模块中“1.2 电子支付的发展”的知识内容，并对此任务模块进行深入分析，找出电子支付的应用领域，并对问题做出解答。

3）学生要端正态度，严肃认真，积极参与。讨论发言要从容、自信，口齿清晰、声音洪亮。

（3）活动评价

根据考核标准对探究电子商务训练活动考核评价，填写评价表（见下表）。

考核标准及分数 / 评价方式	遵守纪律（2分）	态度端正、严肃认真（2分）	积极参与、大胆发言（2分）	分析透彻、观点正确（4分）	分数汇总（10分）
自我评价					
小组评价					
教师评价					

拓展提升

SET 安全机制

SET 协议是一种在互联网上实现安全电子交易的协议标准。SET 协议主要使用的技术包括对称密钥加密、公钥加密、哈希算法、电子签名、数字信封及数字证书等。

任务 2 认知电子货币

案例导入

电子货币的演变

货币自身的发展主要有两条源流，一条是货币形式的演变，一条是货币职能的发展。从货币的形式上看，迄今为止，大致经历了“实物货币——金属货币——信用货币”几个阶段。从总的趋势看，货币形式随着商品生产流通方式的发展、随着经济发展程度的提高，不断从低级向高级演变。

电子货币作为现代经济高度发展和金融业技术创新的结果，是以电子和通信技术飞速发展为基础的，也是货币支付手段职能不断演化的表现，从而在某种意义上代表了货币发展的未来，电子货币作为现代一种新兴的货币形式，有着传统货币形式不可比拟的优势，首先，它给消费者提供了极大的便利，消费者只需携带一张具有多功能的 IC 卡，即可在商场购物，或作为搭乘交通运输工具、打电话、上公众网络等的支付工具。其次，它给予了消费者多样化的选择，消费者购物时无须考虑所携带的现金够不够，使用电子货币，可立即消费，增加了购物的选择性。在网络上，可与全球任何一家网上商店进行交易，选择性扩展至世界各地。它还比传统货币节省成本和交易时间，成本低廉，且方便文件建档，大大降低了人力与物力的成本。

讨论：电子货币的表现形式有哪些？

一、电子货币的概念

知识准备

货币是作为商品交换的一般等价物而出现的，在货币发展的历史中，经历了实物货币、金属货币、纸币、电子货币等阶段和形式。

电子货币作为当代最新的货币形式，自20世纪70年代产生以来，其应用越来越广泛。人们对电子货币的认识趋于一致：电子货币是采用电子技术和通信手段，在信用卡市场上流通的以法定货币单位反映商品价值的信用货币。也就是说，电子货币是一种以电子数据代替纸张进行资金传输和储存的信用货币。

电子货币是以电子数据形式存储在银行的计算机系统中，并通过计算机网络系统以电子信息形式实现流通和支付功能的货币。电子货币的使用者以一定的现金或存款从发行者处兑换并获得代表相同金额的数据，并以可读写的电子信息方式储存起来，当使用者需要清偿债务时，可以通过某些电子化媒介将该电子数据直接转移给支付对象。

电子货币比现有的实际货币具有更多的优点：无须承担较大的存储风险、无高昂的传输费用和较大的安全保护和防伪投资。电子货币是在传统货币的基础上发展起来的，与传统货币在本质、职能和作用等方面存在着许多相似之处。电子货币是时代发展进步的产物，对社会的影响范围更广、程度更深。

电子货币的主要特征表现在：通用性、安全性、可控性、依附性和起点高。通用性是指电子货币在使用和结算时的特有简便性，电子货币的使用和结算不受金额限制，不受对象限制，不受区域限制，且使用极为简便；安全性是指电子货币在流通过程中对风险的排斥性；可控性是指通过必要的管理手段，将电子货币的流向和流量控制在一定的范围内，从而保证电子货币正常流通；依附性是指电子货币对科技进步和经济发展的依附关系；起点高是指基础高，即经济基础高、科技水平以及理论起点高。

电子货币的主要功能有：转账结算功能，直接消费结算，代替现金转账；储蓄功能，可以使用电子货币存、取款；兑现功能，异地使用货币时，可以进行货币兑现；消费货款功能，可先向银行贷款使用货币。

思　考

说一说，电子货币与传统货币相比有什么优点。

小案例

电 子 货 币

在淘宝网购物时赠送的淘金币、腾讯公司的Q币、百度的点卡，这些都属于虚拟电子货币。在这些网站上使用电子货币可以享受其特定的增值服务，是一种营销手段。

二、电子现金

知识准备

1. 电子现金的概念

电子现金（E-cash）是以电子化数字形式存在的现金货币，又称为数字现金，是一种表示现金的加密序列数，它可以用来表示现实中各种金额的币值，是一种以数据形式流通的，通过网络支付时使用的现金。

2. 电子现金的特点

1）协议性。电子现金的应用要求银行和商家之间要有协议和授权关系。电子现金银行要负责消费者和商家之间的资金转移。

2）依赖性。消费者、商家和电子现金银行都需要使用电子现金软件进行业务操作。

3）灵活性。电子现金具有实际现金的特点，可以进行存款、取款、电子现金转账。电子现金可申请到特别小的数额，方便小额交易。

4）鉴别性。电子现金在银行发放时使用了数字签名，商家在每次交易中，将电子现金传送给电子现金银行，由银行验证消费者支付的电子现金是否有效，是否有伪造或使用过的现象。它通过身份验证确保了交易的安全性。

3. 电子现金支付流程

1）顾客在银行开设电子现金账户，购买、兑换电子现金，并从银行账户中提取一定额度的电子现金在其电子钱包软件中，以便以后使用。

2）顾客浏览电子商务商家的网站，选购商品，在确定所购的商品后，向商家递交购物清单。

3）商家收到订单后，即向顾客的电子钱包发送支付请求，内容包括订单金额、可用币种、当前时间、商家银行、商家银行 ID 等。

4）顾客电子钱包将以上信息呈现给顾客，请求是否付款。

5）顾客同意支付后，使用电子现金支付所购商品的费用。

6）电子商务的商家与用户银行之间进行结算，用户银行将用户购买商品的费用划拨给商家。

思　考

说一说，电子商务实训室中电子现金有哪些业务操作内容？

三、电子支票

知识准备

电子支票是以一种纸制支票的电子替代品而存在的，支付方式是网络银行常用的一种电子支付工具，将传统支票改变为带有数字签名的电子报文，或利用其他数字电文替代传统支票的全部信息。

利用电子支票，可以使支票的支付业务和支付过程电子化。网络银行和大多数银行金融机构通过建立电子支票支付系统，在各个银行之间发出和接收电子支票，向用户提供电子支付服务。电子支票包含三个实体：购买方、销售方以及金融机构。

电子支票和传统的支票交易大致相同，不同的是在使用电子支票时，证书的发出和传输、账户的负责和信用几乎是立刻发生的。如果买卖方不在同一银行，那么在银行之间就要应用一些标准的清算体系。电子支票有以下特点：

1）与传统支票工作方式相同，客户易于理解和接受该方式而不需要重新学习，电子支票的遗失可以办理挂失止付；

2）加密的电子支票使其比数字现金更容易流通，买卖双方的银行只要用公开密钥认证和确认支票即可，数字签名也可以被自动验证；

3）电子支票适用于各种市场，可切入企业和企业之间的电子商务市场，在线的电子支票可在收到支票时验证出票者的签名、资金状况，避免收到无效或空头支票的情况。

4）电子支票技术将公共网络连入金融支付和银行票据交换，最大限度利用当前银行的系统自动化处理。

思　考

说一说，电子支票的特点有哪些？

四、电子钱包

知识准备

电子钱包（electronic purse）是电子商务活动中消费者常用的一种支付工具软件。Mondex是世界上最早的电子钱包系统。在电子钱包内存放着电子货币，如电子现金、电子零钱、电子信用卡等。使用电子钱包购物，通常需要在电子钱包服务系统中进行。电子商务活动中电子钱包的软件通常都是免费提供的。目前世界上有visa cash和mondex两大电子钱包服务系统。

电子钱包使用者通常在银行里是有账户的，在使用电子钱包时，用户先要安装相应的应用软件，在软件系统中设有电子货币和电子钱包的功能管理模块，称为电子钱包管理器。用户可以用它改变口令或更改保密方式等，以及用它来查看自己银行账号上电子货币收、付记录、清单和其他的数据。该系统还提供电子交易记录，顾客通过查询可以了解自己的购物记录。

电子钱包非常有用，因为顾客将电子购物车装满后，就到收款台来确认其选择，这时他们会看到一些信息要求输入姓名、地址、信用卡号和其他个人信息，顾客填写所有的信息才能完成结账。填写过长的信息会使电子商务行业遭受巨大损失，人们会因厌烦填写各种数据表格而在结账时失去耐心，放弃购物。如果用电子钱包帮助将所需信息自动输入到收款表里，顾客放弃购物的可能性要小得多。经调查发现，顾客对大金融机构所发行的电子钱包会感觉更为安全。

思　考

你了解手机电子钱包吗？上网查询相关资料，谈一谈手机电子钱包的应用。

练习与实践

一、选择题

参考答案

1．世界上最早的电子钱包系统是（　　）。

A．mondex　　B．visa card

C．vish cash　　D．clip

2．电子支票是（　　）。

A．visa card　　B．clip

C．electronic purse　　D．E-check

二、简答题

1．什么是电子货币。

2．简述电子现金的特点。

三、实践活动

登录相关网站，下载电子钱包软件，了解使用电子钱包进行网上购物的过程。

拓展提升

手机支付让移动终端成为电子钱包

手机支付操作简便，可以随时随地使用，因而被普遍接受。如今，中国电信“翼支付”、中国移动“和包”和中国联通的“沃支付”等多个移动支付平台，使用户刷手机就能完成缴费、购物支付。手机支付让移动终端成为随身携带的电子钱包，从而改变着人们的生活方式。

手机钱包化，能实现充话费、手机汇款、信用卡还款、转账、水电燃气缴费等多种业务，和支付宝的功能差不多。据业内人士介绍，移动支付是一块大蛋糕，因其支付方便、快捷，吸引着更多消费者的关注和使用，未来出门只带手机不带钱包成为可能。未来，当所有能刷卡的场所同时能支持智能手机移动支付时，人们出门完全可以不带信用卡。

目前，手机支付主要有两种：一种是NFC近场支付。它把每个用户的电子卡片（如银行卡、公交卡、会员卡等）应用装载在具有近场支付功能的手机中，用户需刷卡结账时刷一下手机即可。另外一种是通过虚拟账号远程交易。中国移动的“手机支付”业务、中国联通的“沃支付”和中国电信的“翼支付”，还有微信、支付宝和打车软件，都能完成虚拟远程支付。

从目前的使用情况来看，以支付宝、微信支付和打车软件为主的虚拟远程支付用户最多，只要下载相关的手机客户端，注册账号即可。相应的，运营商的手机支付，因为采用的是“近场支付+虚拟远程支付”融合的模式，安全性和通用性更好。其局限性在于需要大量的线下POS机支持。

手机支付是支付方式发展的一种必然趋势，可以让手机成为随身携带的电子钱包。移动支付时代的到来，必然会改变我们的生活。不管是运营商、银行还是商家，对移动支付行业未来的发展都非常看好。不过，出于安全性的考虑，目前大多数支付多限于小额支付，比如打车、话费充值、买彩票和买电影票等。

（资料来源：http://www.kf.cn/blwb/html/2014-11/28/content_193709.htm）

任务3　认知移动支付

案例导入

手机银行将是互联网金融的新战场

近年来，全国各大商业银行都开始布局手机银行，同时中小银行也纷纷加入其中。其路径一般先是开通转账、汇款、缴费、信用卡等基本业务，而后再逐步发展到手机银行与相关商家合作，向用户提供移动营销、移动生活等特色服务。使手机银行在传统业务之外，更具实用性。

目前手机银行的客户端既有基本业务功能，又有增值服务功能，足见各大银行意图用手机银行打造一个集移动银行、移动支付、移动生活和移动营销为一体的移动金融平台的战略布局。这显然与过去传统金融机构只是涉足互联网金融有本质上的不同，那么传统银行业为何要布局手机银行呢？

首先，我国正推进利率市场化改革，目前只有存款利率还没有完全市场化。虽然2013年国有上市银行的业绩普遍较好，但是利率市场化改革之后，将使银行业依赖的存贷利差收窄，银行业的风光恐难持续。鉴于此，各大银行纷纷盯上了中间业务的发展。要知道，手机银行2013年仅支付转账产生的利润就有2000多亿。

再者，互联网金融近年蓬勃成长，这让传统的银行业产生了前所未有的危机感。一方面传统银行业纷纷涉足互联网金融领域，否则就赶不上时代潮流了；另一方面受到互联网金融冲击之后，传统银行业也开始走发展创新之路，而手机银行则刚刚兴起不久，未来发展空间巨大，谁先布局谁将先胜出。

最后，手机银行给传统银行带来的交易金额也是相当庞大的。截至2013年年末，招商银行手机银行客户端下载量已经突破600万次，手机银行开通用户数近960万。2013年，招商银行手机银行交易金额达4059亿元，同比增长241.86%；累计交易1300.26万笔，同比增长505.05%。在互联网金融这么大的一块蛋糕面前，传统银行当然对手机银行热情满满。

讨论：手机银行与支付宝的区别。

一、手机银行的概念

知识准备

1. 移动支付

移动支付（mobile payment，MP）是使用移动设备通过无线方式完成支付行为的一种新型的支付方式。目前使用最广泛、最典型的移动支付方式是手机支付。

2. 手机银行

手机银行（mobile banking）是利用移动通信网络及终端办理相关银行业务的简称。

近年来随着移动通信技术的飞速发展，银行业务逐步从传统的柜台向更为便捷的网络化方向转移，手机银行作为移动网络和商业银行业务的结合体得到了极大的发展，尤其是4G技术的全国推广和智能手机的普及更是大大促进了手机银行业务的普及。手机银行作为一种结合了货币电子化与移动通信的崭新服务，不仅可以使人们在任何时间、任何地点处理多种金融业务，而且极大地丰富了银行服务的内涵，使银行能以便利、高效而又较为安全的方式为客户提供传统和创新的服务。

思 考

说一说，微信支付是手机银行吗。

二、手机银行的业务

知识准备

1）移动银行。除现金业务外，手机银行基本可以满足日常金融生活的大部分需求，包括查询、转账、汇款、缴费等基本业务。而且手机银行一个很大的吸引力是手机银行转账汇款手续费全免。

2）用于投资。手机银行也可以用于购买基金、黄金、外汇、银行理财产品等投资理财产品的选购。

3）增值服务。如用户可以通过手机银行进行预订机票、话费充值、购买电影票、商城购物、水电燃气缴费等增值服务。

4）银行网点的查询。比如工商银行网点、自助银行、ATM自动取款在哪里，手机银行的客户端软件便可带你去。搜寻你身边的最近的服务网点。

5）预约取款功能。工行、建行、交行和广发银行等均推出手机银行预约取款服务，用户不带现金不带卡，也可以通过手机银行的预约取款功能，去就近网点取现。

6）生活服务类。轻松掌握用户居住城市天气；理财计算太复杂，理财助手来帮忙，各种计算轻松搞定；为用户提供方便的存贷款计算器。招商银行在手机客户端上，甚至推出了类似微信的“摇一摇”“漂流瓶”等新功能，以吸引年轻客户。

知识窗

手机银行目前存在的问题

虽然近几年来手机银行市场得到了很大的发展，积累了上亿的客户群体，但由于发展时间较短、网络安全等方面的问题及手机银行业务仍然存在一些问题急需解决。

手机银行的安全性。手机银行是基于互联网的银行业务的延伸，手机银行的各项功能也是在移动网络的支持下才完成的，因此网络安全性是手机银行必须解决的问题。移动互联网行业发布的2013年手机银行报告显示，62%的用户认为安全问题是手机银行面临的最大问题。针对手机银行的安全问题，客户可以采用申请账户短信通知业务，定期查看交易明细、设立交易限额和交易时仔细核对各项信息等方式应对。

行业法律标准的缺失。与互联网金融一样，由于国内手机银行市场发展时间较短，相关的法律法规相对滞后，同时手机银行的支付准入条件和网络技术尚无统一规定，这也导致各家银行只能出台针对本行的管理办法和服务标准。市场监管相对混乱的状况，也在一定程度上制约了整个手机银行市场的健康发展。相关部门应尽早制定统一的行业标准和相关的法律法规，对行业内所有银行实施统一监管，规范各家银行的市场行为，建立起行业内的良性发展环境，而唯有在健全的法律法规环境下，手机银行的发展之路才能走得更远。

手机银行的服务更趋同质化。目前各家商业银行的发展策略都是把手机银行的功能做多做全。但是在达到一定程度后各银行的手机银行功能基本雷同，产品同质化现实非常严重。要突破手机银行功能趋同的困境最重要的是坚持技术创刊新，走差异化发展道路。各大银行可以结合本行业务之特点，有针对性的推出针对特定人群的特殊化业务，手机银行与电子商务联动等。

思　考

查一查，距离学校最近的中国银行服务网点。

练习与实践

一、选择题

1.（　　）是使用移动设备通过无线方式完成支付行为的一种新型的支付方式。

A．第三方支付　　B．电子现金
C．移动支付　　D．电子钱包

参考答案

2．目前使用最广泛，最典型的移动支付方式是（　　）。

A．手机支付　　B．电子现金
C．电子钱包　　D．电子支付

3．（　　）是利用移动通信网络及终端办理相关银行业务的简称。

A．支付宝　　B．手机银行

C．移动支付　　　　　　　　D．电子支付

二、简答题

简述手机银行的业务。

拓展提升

目前国内手机银行市场仍处于高速发展阶段，市场潜力巨大，未来发展前景不可估量。总体而言，手机银行得以飞速发展主要凭借以下三个方面的优势：随时随地交易、交易过程操作简单、费用低廉。

1）随时随地交易。中国互联网协会近日发布了《2015中国互联网产业综述与2016发展趋势报告》。报告中指出：截至2015年11月，我国手机上网用户数已超过9.05亿，再创新高，月户均移动互联网接入流量突破366.5兆。随着智能手机的普及和移动网络网速的提升，手机网络已经成为一种趋势，这为手机银行业务的顺利推行提供了良好的便利条件。与传统的银行业务相比，手机银行做业务不受时间、空间的约束，在便携性、迅捷性方面有着无可比拟的优势。与网上银行业务相比，手机银行无须固定网络，只要有手机信号覆盖的地方就可以使用，真正实现了随时随地办理银行业务，成为各大银行在互联网金融时代更便利、更具竞争性的业务。

2）费用低廉。与传统的柜台业务相比，手机银行业务的成本更低，费用也更加低廉。统计数据显示手机银行交易成本仅为传统方式的五分之一。据统计，国外手机银行处理一笔交易的平均成本为0.16美元，大大低于1.07美元的传统柜台交易成本（低85%）；而国内目前平均柜台交易成本初步约为人民币4元，而使用移动交易的成本仅为0.6元。手机银行的使用不仅大大缓解了银行柜台人员的工作压力，同时也大幅度降低了银行的营运成本，这也客观上降低了手机银行客户的交易成本。以建设银行的手机银行为例，其转账手续费为0.15%，15元封顶，仅为柜台转账业务手续费的三分之一，而使用手机银行预订电影票也可以享受相当程度的价格优惠。另外建行手机银行还推出了“周末尽情摇”等活动，通过赠话费等形式让客户享受到更多实实在在的优惠。

3）功能丰富。当前国内手机银行业务基本涵盖了所有的日常非现金业务，并且仍然不断增加新的功能，同时简化操作流程以满足客户的差异化需求。最近建设银行的手机银行增加了代缴交通罚款服务，进一步提升了自身的服务种类，为客户提供了极大的便利。国内手机银行经过多年的发展，不仅具备了账户查询、转账汇款、信用卡还款、缴费支付等基本金融服务，还根据客户的差异化需求提供了多种特色服务。例如，建行手机银行推出了ATM特约取款、网点地址及排队情况查询、二维码一拍享购、手

机商盟、手机银行“周末尽情摇”、手机银行购电影票等亮点功能。

任务 4　认知网上银行

案例导入

银行引导客户适应新服务

随着网上银行、手机银行和电话银行的兴起，很多银行也在注重引导客户适应这些新兴平台的服务。不少银行开设了电子银行的体验区，并且实现了 WiFi 无线信号的覆盖。在电子银行的体验区内，一般摆放着 iPad、智能手机等移动设备。在银行工作人员的指引下，年轻客户很容易就能掌握电子银行的操作方法，除了账户查询、转账汇款等常规业务，网点预约、商旅预订、电影票等服务都让客户感到便捷。

讨论：网上银行与传统银行相比，有哪些优势？

一、网上银行的概念

知识准备

网上银行又称为网络银行、电子银行、虚拟银行，是指利用 Internet 技术，通过 Internet 或其他公用网络秘客户建立信息联系，并向客户提供开户、销户、查询、对账、转账、信贷、网上证券交易、投资理财等金融产品及金融服务的无形或虚拟银行。

网上银行实际上是银行业务在网络上的延伸。它依托迅猛发展的计算机和通信技术，把银行的业务搬到互联网上进行。大规模的网上资金流的需求为网上银行提供了发展的原动力，这种新式的网上银行几乎囊括了现有银行金融业的全部业务，代表了整个银行金融业未来的发展方向。

网上银行分为狭义和广义两种。狭义网上银行是指没有分支银行或自己的自动柜员机，仅以网络作为交易媒介，向客户提供服务的虚拟银行；广义网上银行则包括纯网上银行、电子分行和远程银行。其中电子分行是指在同时拥有实体分支机构的银行中仅从事网络银行业务的分支机构；远程银行指同时拥有自动柜员机、电话和纯网上银行的金融机构。

思　考

试一试，开通网上银行服务。

二、网上银行的产生与发展

知识准备

1. 网上银行产生的原因

在电子商务中，作为支付中介的银行扮演着举足轻重的角色，一般的网上交易，都需要网上银行进行资金的支付和结算。银行是连接商家和消费者的纽带，银行是否能有效地实现支付手段的电子化和网络化是电子交易成败的关键。随着电子商务的发展，网上银行的发展亦是必然趋势。

1）银行机制的变革。银行未来的发展取决于自己机制的转变，在转型过程中，首先银行在一个面向顾客的市场中竞争；其次，这是一个全球化的市场；再次，客户之间以及他们的资金不再局限于银行业。在一个成熟的市场里面，银行需要寻找新的渠道改变传统的业务。

2）顾客需要的变化。在过去的 10 年中，消费者的需要发生了根本性的变化。从银行的记录看，接受互联网银行的客户大多比较年轻，比一般客户受教育程度更高，他们对银行的金融产品和服务要求也比较高，希望得到有关的账户信息，利用个人财务软件下载账户数据，在账户之间转移资金，电子付款等。许多消费者的要求坚持一个简单的原则：消费者与金融机构都寻求彼此之间更加紧密、更加互动的关系。顾客希望能够在方便的时候，包括在深夜或周末得到银行服务；而银行则追求与顾客的一种更长远的稳定关系。网上银行可以在客户方便的任何时间和地点向客户提供服务。

3）降低成本的要求。网络技术提供服务的成本大大低于实体银行的经营费用，因为其中的基础设备成本，例如电脑，都是商家与消费者共同分担的。另外，开办网上银行的建设成本也要比那些有“水泥”的实体银行低得多。

2. 网上银行的发展趋势

（1）强调个性化服务

由于传统银行提供的服务是一成不变的，不能满足不同人的个性需求，这就需要为每个人定制不同的产品组合。

（2）真正随时随地的服务

只要有网络，客户便可获取网上银行的服务，真正实现了随时随地快捷简便。

（3）依靠标准化产生规模效应

要加强金融电子化标准的制定、颁布和实施工作，积极采用国际标准的制度和先进国家标准，以便为我国金融电子化向深层次发展创造必要的条件。

思　考

网上银行经常出现诈骗事件，请想一想如何防范此类事件。

三、网上银行的特点

知识准备

1）实现无纸化交易。各种纸制的票据将被电子支票、电子收据和电子汇票代替，纸币被电子现金、电子钱包和电子信用卡代替。

2）具有 Internet 的特性。规模大，范围广，并且面向全世界。传统银行主要通过增设网点和分支来扩展规模，服务范围和规模有限。而网络银行不仅可以面向个人、群体、国家，乃至全世界，由于网络银行具有 Internet 的特性，所以，网络银行具有开放、共享、方便、快捷等特点。

3）网上银行降低银行软、硬件开发及维护费用。网上银行是以 Internet 为基础的，银行省去或降低了各种客户网的管理费用和日常维护费用。

4）网上银行提供的服务更加标准、规范。网络银行与自己的客户通常是不见面的，避免了营业网点由于客户或服务人员的个人情绪及业务水平的不同而产生的矛盾。

5）网上银行服务超越了时间、空间限制。使银行客户不再受时间和空间的限制，不需要固定的场所，不需要指定固定的设备，客户随时随地便可获取服务。

思　考

试着在网上查询自己的银行账户余额及账单。

练习与实践

一、填空题

1. ________是指利用 Internet 技术，通过________或其他公用网络秘客户建立信息联系，并向________提供开户、销户、查询、对账、转账、信贷、网上证券交易、投资理财等金融产品及金融服务的无形或虚拟银行。

2. 网上银行的发展趋势为________、________和________。

参考答案

二、简答题

1. 简述网上银行产生的原因。

2．简述网上银行的特点。

拓展提升

如何防范网络钓鱼

网络骗子们设计骗局蒙骗网络用户，诱使其向欺诈账户转入资金。当前骗子的手段不断在翻新，典型的包括钓鱼网站、发布虚假商品信息、群发钓鱼短信和冒充公安部门或法院等，如果网络用户未加防范，轻易拿出“钥匙”、打开“钱包”、转出资金，往往会中招而悔之莫及。为了对付网络钓鱼，银行已经建立反钓鱼响应机制，能快速有效监测和关闭钓鱼网站，但更重要的是用户要具有相应的防范意识，能及时识破骗术，保护好自己的钱袋子。

1）多一些理智：如果商品看上去过于优惠而让人难以置信，那么它应该有问题。

2）多一些怀疑：收到一封促销邮件后，别着急点击其中的链接。上网查看该商家的网站并且确认促销商品和活动真实存在。如果没有查询到，那么这封邮件就有可能是个骗局。

3）多一些谨慎：任何时候银行、公安机关或商家都不会以安全之名索要您的密码和账户证书等信息。现在的诈骗较以往看起来更加真实，无论从商标还是样式都和正常邮件非常接近，但是真正的商家从不会要求您提供个人保密信息。

4）多一些防范：安装银行辅助软件和操作系统补丁程序，安装防病毒软件并经常更新。

网上银行安全是一个永恒的话题，要真正让我们远离危险、不受威胁，除了银行业持续加大投入之外，也需要用户自己修炼出一双慧眼，才能让各类诈骗无处遁形，从而维护自己的利益。

项目小结

本项目主要讲述了电子商务支付技术中所用到的电子支付、电子货币、移动支付和网上银行应用。主要内容有：电子支付的概念、发展和电子支付业务，电子货币的概念、电子现金、电子支票、电子钱包，手机银行的概念、手机银行的业务，网上银行的概念、网上银行的产生和发展、网上银行的特点等。

项目 6 认知电子商务物流管理

在电子商务时代，由于企业销售范围的扩大，企业和商业销售方式及消费者购买方式的转变，使得送货上门等业务成为一项极为重要的服务业务，促进了物流行业的兴起。电子商务与物流之间具有非常紧密的联系：一方面，物流是电子商务圆满完成的根本保证，它不仅是电子商务环节中的一部分，而且是商品和服务价值的最终体现；另一方面，电子商务的深化也推动着物流向更先进的方向发展。信息化、全球化、多功能化和一流的服务水平，已成为电子商务时代的物流企业追求的目标。因此，适应当前电子商务深化发展的需要，进一步加强电子商务物流管理的研究与实践，就显得尤为重要。

学习目标

【知识目标】

- 理解现代物流的概念、特点；
- 了解电子商务与物流的关系；
- 理解电子商务物流的特点、发展趋势；
- 了解电子商务物流管理的原则；
- 理解电子商务物流管理的特点；
- 掌握电子商务物流管理的内容。

【能力目标】

- 对电子商务物流管理理论有初步的认识；
- 掌握电子商务物流管理应用能力。

【情感目标】

- 具备自主探究学习的意识，培养创新精神；
- 具备良好的职业道德，培养学生科学严谨的作风。

任务1 现代物流概述

案例导入

崛起的京东商城

京东商城是中国最大的综合网络零售商，是中国电子商务领域最受消费者欢迎和最具影响力的电子商务网站之一，在线销售家电、数码通信、电脑、家居百货、服装服饰、母婴、图书、食品、在线旅游等12大类、数万个品牌、百万种优质商品。2012年第一季度，京东商城以50.1%的市场占有率在中国自主经营式B2C网站中排名第一。

目前京东商城已经建立华北、华东、华南、西南、华中、东北六大物流中心，同时在全国超过300座城市建立核心城市配送站。京东商城以“产品、价格、服务”为核心，致力于为消费者提供优质的商品、优惠的价格，同时领先行业推出“211限时达”“售后100分”“全国上门取件”“先行赔付”等多项专业服务。京东商城通过不断优化的服务引领网络零售市场，率先为中国电子商务行业树立了诚信经营的标杆。相较于同类电子商务网站,京东商城的特色在于商城提供正品行货、机打发票和售后服务的同时，还推出了“价格保护”“延保服务”等优质服务。

京东商城凭借更具竞争力的价格和逐渐完善的物流配送体系等优势,取得了市场占有率多年稳居行业首位的骄人成绩。

讨论：结合案例，探讨京东商场成功经营的原因。

一、物流概念的起源

知识准备

物流（physical distribution，PD）概念源于美国，1915年美国经济学家阿奇萧在《市场流通中的若干问题》一书中就提到物流一词，并指出“物流是与创造需求不同的一个问题”。1935年，美国销售协会阐述了实物分配的概念，即“在销售过程中的物质资料和服务，从生产场所到消费场所的流动过程中所伴随发生的种种经济活动”。“PD”演变为“logistic”，是由于第二次世界大战中，美国在军队后勤保障供应系统中，成功地运用了“物流”技术，在军队的后勤供应中开创了物流的先河。日本物流专家林周二对物流的定义比较详细，他认为“物流是包含物质资材的废弃与还原，连接供给主体与需求主体，克服空间与时间距离，并且创造一部分形质效果的物理性经济活动，具体包括运输、保管、包装、装卸、搬运、流通加工等活动以及有关的信息活动”。20 世纪 50 年代，实物分配的概念在日本被译为“物的流通”，日本著名学者、被称为物流之父的平原直用“物流”这一更为简捷的表达方式代替“物的流通”，之后在国际上迅速地被广泛使用。

知识窗

《物流术语》：中华人民共和国国家质量监督检验检疫总局和中国国家标准化管理委员会于 2006 年 12 月 4 日联合发布了中华人民共和国国家标准《物流术语》GB/T 18354—2006，以代替 GB/T 18354—2001，并将于 2007 年 5 年 1 日起正式实施。本标准确定了物流活动中的物流基础术语、物流作业服务术语、物流技术与设施设备术语、物流信息术语、物流管理术语、国际物流术语及其定义。本标准适用于物流及相关领域的信息处理和信息交换，亦适用于相关的法规、文件。

随着工业化的进程及社会化的分工协作，生产厂家和商家是物流第一方，消费者是物流的第二方，运输、仓储起家的物流服务企业成为物流的第三方，成为专业性的物流企业，为生产、销售企业和消费者提供服务，又称为第三方物流。物流是系统工程，生产、销售企业，消费者和物流服务企业三方缺一不可，只有分工协作、共同努力，物流行业才能得以发展。

我国国家标准《物流术语》中将物流定义为：物品从供应地向接收地的实体流动过程。根据实际需要，将运输、储存、装卸、搬运、包装、流通加工、配送、信息处理等基本功能实施的有机结合。

思　考

谈一谈物流概念的起源。

二、现代物流的概念和特点

知识准备

1. 现代物流的概念

进入 20 世纪 80 年代以后，随着社会经济的高速发展，物流业所面临的经济环境有了很大变化，传统的物流概念受到了前所未有的挑战和批判。传统物流观念只重视商品的供应过程，而忽视了与生产有关的原材料和部件的采购物流，而现代物流在增强企业竞争力方面拥有重要的地位，因为原材料和部件的采购直接关系生产的效率、成本和创新；传统的物流是一种单向的物质流通过程，即商品从生产者手中转移到消费者手中，而没有考虑商品消费之后包装物或包装材料等废弃物品的回收，以及因退货而产生的物流活动；传统物流只是生产销售活动的附属行为，并着重于物质商品的传递，从而忽视了物流对生产和销售在战略上的能动作用，特别是随着准时制生产，管理体系在世界范围内的推广，导致以时间为中心的竞争变得更加重要，物流行为直接决定了生产决策。

现代物流指的是将信息、运输、仓储、库存、装卸、搬运以及包装等物流活动综合起来的一种新型的集成式管理方式，其任务是尽可能降低物流的总成本，为顾客提供最好的服务。我国许多专家学者则认为“现代”物流是根据客户的需求，以最经济的费用，将物品从供给地向需求地转移的过程。它主要包括运输、储存、加工、包装、装卸、配送和信息处理等活动。

2. 现代物流的特点

现代物流服务的核心目标是在物流全过程中以最小的综合成本满足顾客的需求。因此，现代物流具有以下几个特点：

1）信息电子化。由于计算机信息技术的应用，现代物流过程的可见性明显增加，物流过程中库存积压、延期交货、送货不及时、库存与运输不可控等风险大大降低，从而可以加强供应商、物流商、批发商、零售商在组织物流过程中的协调和配合以及对物流过程的控制。电子商务时代，物流信息化是电子商务的必然要求。物流信息化表现为物流信息的商品化、物流信息收集的数据库化和代码化、物流信息处理的电子化和计算机化、物流信息传递的标准化和实时化、物流信息存储的数字化等。因此，条码技术、数据库技术、电子订货系统、电子数据交换、企业资源计划等技术将会得到普遍应用。在所有这些技术中， Intranet 都将起到至关重要的作用。

2）组织网络化。物流网络化有两层含义：一是物流与配送网点的网络化，企业根据自身的营销范围和目标，建立全国范围的物流和配送网络，提高物流系统的服务质量和配送速度；二是物流配送系统的计算机通信网络，包括外部网和内部网，外部网（基于 Internet 的电子商务网络平台）主要用于配送中心与上游供应商或制造商的联系，以及与下游顾客之间的联系，内部网（Intranet）主要用于企业内部各部门间的信息传输。

小案例

沃尔玛现代物流经营

拥有 45 年历史的世界零售业巨头沃尔玛如今在全球已拥有 4150 家连

锁店，其2001财政年度的收入超过了2200亿美元。在过去的20年中，沃尔玛的营业额以每年20%的增长速度膨胀，业务迅速扩张。沃尔玛的供应商根据各分店的订单将货品送至沃尔玛的配送中心，配送中心则负责完成对商品的筛选、包装和分拣工作。沃尔玛的配送中心具有高度现代化的机械设施，送至此处的商品85%都采用机械处理，这就大大减少了人工处理商品的费用。同时，由于购进商品数量庞大，使自动化机械设备得以充分利用，规模优势充分显示。沃尔玛斥巨资建立的卫星通信网络系统使其供货系统更趋完美。这套系统的应用，使配送中心、供应商及每一分店的每一销售点都能形成连线作业，在短短数小时内便可完成"填妥订单，各分店订单汇总，送出订单"的整个流程，大大提高了营业的高效性和准确性。

（资料来源：http://analyse.tbshops.com/Html/news/29/14003.html）

3）管理智能化。随着科学技术的发展和应用，物流管理由手工作业到半自动化、自动化，直至智能化，这是一个渐进的过程。管理智能化可以提高生产效率，减少物流作业的差错；还可以方便物流信息的实时采集追踪，提高整个物流系统的管理和监控水平等。物流自动化的设施包括条码自动识别系统、自动导向车系统（AGVS）、货物自动跟踪系统（如GPS）等。GPS（图6-1）与Internet的结合更是当前物流跟踪中的一大热点。

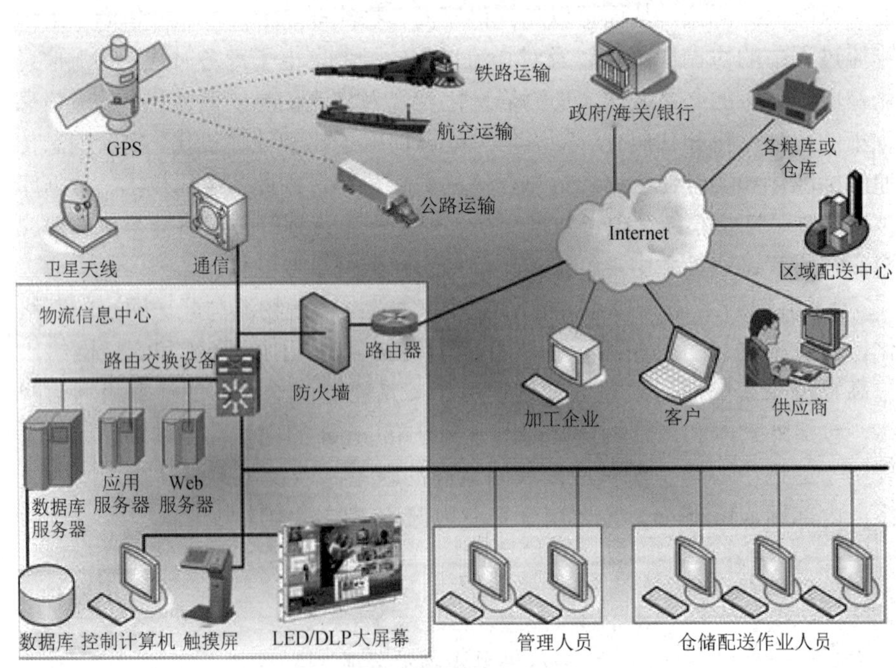

图6-1　物流GPS监控管理系统

思　考

想一想：为什说沃尔玛的物流运作水平代表着零售业的最高物流运作水平？

练习与实践

一、简答题

1．简述物流概念的起源。

2．简答现代物流与传统物流的区别。

3．简答现代物流的特点。

参考答案

二、实践活动

（1）活动内容

结合京东商城、沃尔玛的案例，使学生进一步正确认识现代物流的特点。

（2）活动要求

1）教师将学生分成若干组，每组 4～6 人，并选出组长。

2）要求每名学生熟悉京东商城、沃尔玛案例，并对案例进行深入分析，对问题做出解答。

3）学生要端正态度，严肃认真，积极参与。讨论发言要从容、自信，口齿清晰、声音洪亮。

（3）活动评价

根据考核标准对探究电子商务训练活动考核评价，填写评价表（见下表）。

考核标准及分数 评价方式	遵守纪律（2 分）	态度端正、严肃认真（2 分）	积极参与、大胆发言（2 分）	分析透彻、观点正确（4 分）	分数汇总（10 分）
自我评价					
小组评价					
教师评价					

拓展提升

在教师指导下，学生调查现代物流案例，探讨现代物流对企业的作用。

任务2 了解电子商务与现代物流

案例导入

锐意进取的海尔集团

海尔集团创立于1984年，经过三十多年创业创新，从一家资不抵债、濒临倒闭的集体小厂发展成为全球家电第一品牌。海尔集团秉承锐意进取的海尔文化，不拘泥于现有家电行业的产品与服务形式，在工作中不断求新求变，积极拓展业务领域，开辟现代生活解决方案的新思路、新技术、新产品、新服务，引领现代生活方式的新潮流，以创新独到的方式全面优化生活和环境质量。

目前通过海尔的BBP采购平台，所有的供应商均在网上接收订单，并通过网上查询计划，根据库存情况，及时补货，实现JIT采购；货物入库后，物流部门可根据次日的生产计划利用ERP信息系统进行配料，同时根据看板管理4小时送料到工位，实现JIT配送；生产部门按照B2B、B2C订单的需求完成订单以后，满足用户个性化需求的定制产品通过海尔全球配送网络送达用户手中。目前海尔在中心城市实现8小时配送到位，区域内24小时配送到位，全国4天以内到位。海尔物流每年的采购额达到数百亿元，所有的物资是按订单采购。在海尔，仓库不再是储存物资的水库，而是一条流动的河，河中流动的是按单采购来生产所必需的物资，从根本上消除了呆滞物资、消灭了库存。

讨论：海尔集团物流运作的成功之处是什么？

一、电子商务与现代物流的关系

知识准备

电子商务与现代物流有着密切的联系，一方面，电子商务促进了物流的发展，电子商务有利于建立信息化的物流联盟，可有效地降低物流成本，而且从传统物流转向现代物流；另一方面，现代物流促进了电子商务的高效率低成本。电子商务是集信息流、商流、资金流、物流于一身的商务活动新模式，而现代物流是以电子商务的发展为支点和基础的，是电子商务的重要组成部分，所以电子商务必将给现代物流业带来一场前所未有的革命，对现代物流业的发展和物流企业的运作产生深远的影响。两者的有机结合，使现代电子商务物流业向多功能、优质服务、信息化和全球化方向发展。电子商务与现代物流之间是相互促进、相互发展的关系。

1）现代物流是电子商务发展的必备条件。现代物流技术为电子商务快速推广创造条件。

每笔电子商务交易完成一般需要具备三项基本要素：物流、信息流和资金流，其中，物流是基础，信息是桥梁，资金是目的。每一笔商业交易的背后往往伴随着物流和信息流，贸易伙伴需要这些信息以便对商品进行发送、跟踪、分拣、接收、存储、提货以及包装等。在信息化的电子商务时代，物流与信息流的配合也变得更重要，必须借助现代物流技术。物流技术是指与物流要素活动有关的所有专业技术的总称，包括各种操作方法、管理技能等，如流通加工技术、物品包装技术、物品标识技术、物品实时跟踪技术等。随着计算机网络技术的应用普及，物流技术中综合了许多现代信息技术，如地理信息系统（geographic information system 或 geo-information system，GIS）、全球卫星定位、电子数据交换、条码技术（图 6-2）等。物流业加快应用现代信息技术，为电子商务的快速推广铺平了道路。

图 6-2 条码符号

知识窗

地理信息系统有时又称为“地学信息系统”。它是一种特定的十分重要的空间信息系统。它是在计算机硬、软件系统支持下，对整个或部分地球表层（包括大气层）空间中的有关地理分布数据进行采集、储存、管理、运算、分析、显示和描述的技术系统。

物流配送系统提高了社会经济运行效率。物流配送企业采用网络化的计算机技术和现代化的硬件设备、软件系统及先进的管理手段，严格按用户的订货要求进行分类、编配、整理、分工、配货等一系列理货工作，定时、定点、定量地交给各类用户，满足其对商品的需求。物流配送以一种全新的面貌，成为流通领域革新的先锋，代表了现代市场营销的主方向。

新型物流配送比传统物流方式更容易实现信息化、自动化、现代化、社会化、智能化、简单化，使货畅其流，物尽其用，既能减少生产企业库存，加速资金周转，提高物流效率，降低物流成本，又刺激了社会需求，促进经济的健康发展。

2）电子商务为现代物流提高工作效率和经济效益提供了技术条件和市场环境。

电子商务为物流功能集成创造了有利条件。现代物流是实现电子商务的保障，是电子商务运作过程的重要组成部分。电子商务的即时性要求物流企业创新其客户响应模式，建立良好的信息处理系统和传输系统，以便对客户的要求在第一时间做出反应。国家信息化专家咨询委员会常务副主任周宏仁博士解释说，电子商务要分成三个步骤来完成，即订单、付款及递送，其中递送是非常关键的一环。通过互联网进行商业交易，毕竟是虚拟的经济过程，最终的资源配置还需要通过商品实体的转移来实现。只有通过物流配送，将商品或服务真正转移到消费者手中，商务活动才能结束，物流配送效率也就成为客户评价电子商务满意程度的重要指标。电子商务的发展必将加剧物流业的竞争，竞争的主要方面不是硬件而是软件，是高新技术支持下的服务。电子商务可以表现为很多技术的应用，但只有通过技术和业务的相互促进，才能实现形式与内容的统一。电子商务公司希望物流企业提供的配送不仅仅是送货，而是最终成为电子商务公司的客户服务商，协助电子商务公司完成售后服务，提供更多增值服务内容，如跟踪产品订单、提供销售统计、代买卖双方结算货款、进行市场调查与预测、提供采购信息及咨询服务等系列化服务，增加电子商务公司的核心服务价值。

电子商务为物流企业实现规模化经营创造了有利条件。现代物流是电子商务实现“以顾客为中心”理念的最终保证。缺少了现代化的物流技术，电子商务就不能给消费者带来便捷的购物体验，消费者必然会转向他们认为更安全的传统购物方式。现代物流的功能应该是把准确数量的准确产品在准确时间内，以最低的费用送到客户手中。它直接影响从事电子商务的企业在价格、交货期、服务、质量等各方面的竞争力。虚拟化与全球化发展趋势促使物流企业加强自身网络组织建设，电子商务的发展要求物流配送企业具备在短时间内完成广阔区域物流任务的能力，同时保持合理的物流成本。物流企业应该通过互联网整合现有的物流手段，加强与其他物流服务商的联系，加快海陆空一体化物流平台的建设，发展物流网上交易市场，从而提高物流资源综合利用率和服务水平。

现代物流的发展是电子商务的利润源泉。电子商务通过快捷、高效的信息处理手段可以比较容易地解决信息流（信息交换）、商流（所有权转移）和资金流（支付）的问题，而将商品及时地配送到消费者手中，即完成商品的空间转移（物流）才标志着电子商务过程的结束，因此物流系统的效率高低是电子商务成功与否的关键。通过现代的电子网络平台，现代物流信息的传递速度大大地节省了宝贵的时间 ，又能够使物流配送方面做得更加完善。这样快节奏的现代物流运作，既可以减少流动资金不足这一方面的压力、加速资金的周转，带来资金的增值，又可以降低成本费用、优化库存结构，保证了电子商务便利性的完善以及大大增强了消费者对电子商务的信任度。

思 考

（1）为什么说现代物流技术为电子商务快速推广创造了条件？

（2）为什么说电子商务为物流企业实现规模化经营创造了有利条件？

二、电子商务物流的特点

知识准备

随着社会经济的高速发展，电子商务物流呈现出以下新的特点：

1. 电子商务物流智能化运作

物流智能化运作表现为物流信息搜集的数据库化和代码化、物流信息处理的电子化和计算机化、物流信息传递的标准化和实时化、物流信息存储的数字化等。在物流作业过程中存在大量的运筹和决策问题，如库存水平的确定、运输（搬运）路径的选择、自动导向车的运行轨迹和作业控制、自动分拣机的运行，物流配送中心选址等，解决这些问题除了需要管理学、运筹学等相关知识之外，还需要依靠自动化设备以及信息技术。物联网（internet of things）、射频识读（radio frequency identification，RFID）、电子订货系统（electronic ordering system，EOS）等技术在的物流中将会得到普遍的应用，可以扩大物流作业能力、减少物流作业差错。为了提高物流现代化水平，物流的智能化已成为电子商务时代物流发展的一个新趋势。

2. 电子商务物流网络化手段强

物流网络化是提高供应链反应速度，增强供应链整体竞争力的关键环节。物流配送系统的计算机通信网络，包括物流配送中心与供应商或制造商的联系要通过计算机网络，另外与下游顾客的联系也要通过计算机网络通信，比如配送中心向供应商提交订单这个过程，就可以使用计算机通信方式，借助于电子数据交换技术（图6-3）来自动实现，物流配送中心通过计算机网络收集下游客户的订货的过程也可以自动完成。全球网络资源的可用性及网络技术的普及为物流的网络化提供了良好的外部环境，物流网络化不可阻挡。

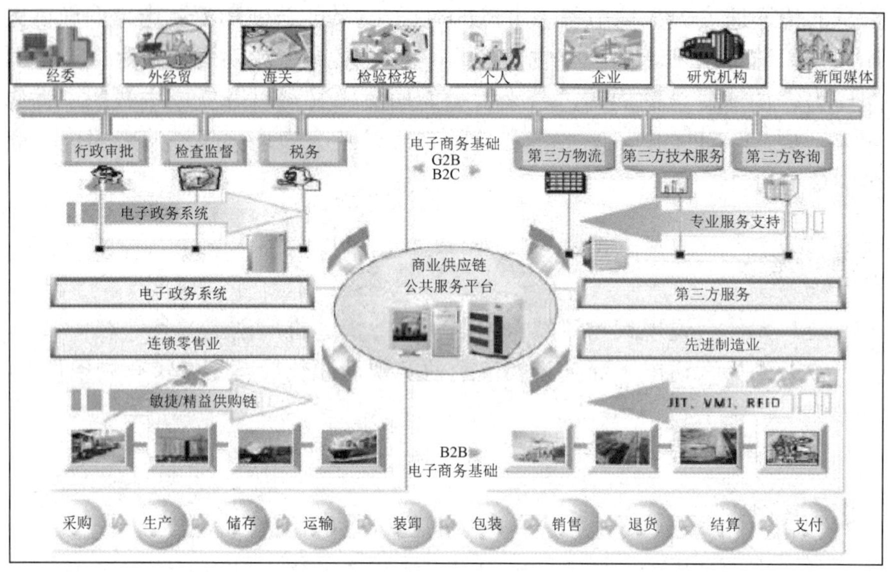

图 6-3　电子数据交换技术

小案例

广东宝供集团电子商务物流系统的应用

宝供物流企业集团有限公司创建于 1994 年，总部设于广州，1999 年经国家工商局批准，成为国内第一家以物流名称注册的企业集团。目前已在全国 46 个城市建立了 7 个分公司、48 个办事处，形成了一个覆盖全国，并向美国、澳大利亚、泰国等地延伸的物流运作网络。企业拥有先进的物流信息平台，为全球 500 强中 50 多家大型跨国企业及国内一批大型制造企业提供物流服务，是当今国内领先的第三方物流企业。累计投了数千万元资金，建设了基于 Internet/Intranet 功能强大的物流信息管理系统，实现对全国各地物流运作信息实时动态的跟踪管理，确保信息处理的及时性、准确性和有效性。这个系统也向客户开放，客户可通过 Internet 或其他网络方式，利用该系统实时了解自己货物的运作信息，确保对货物的有效管理控制。

（资料来源：http://www.wxphp.com/wxd_0l1z44yw276b8ve014fq_1.html）

3. 电子商务物流优质的服务

电子商务物流不是仅仅考虑“我能为客户提供哪些服务”，更多地考虑“客户要我提供哪些服务”。如有的配送中心起初提供的是区域性的物流服务，以后发展到提供长距离服务，而且能提供越来越多的服务项目。又如配送中心派人到生产厂家“驻点”，直接为客户发货。越来越多的生产厂家把所有物流工作全部委托配货中心去，从根本意义上讲，配送中心的工作已延伸到了生产厂家。准时制、快速反应（quick response，QR）和高效客户反应（efficient consumer response，ECR）等理念的提出，实质就是要将生产、流通进行集成，根据消费需求“多品种、小批量、多批次、短周期”的特色组织生产，安排物流活动。

思　考

结合广东宝供集团案例，谈一谈电子商务物流的特点。

三、电子商务物流的发展趋势

知识准备

在电子商务时代，由于企业销售范围不断扩大，企业和商业销售方式及最终消费者购买方式的转变，使得送货上门等业务成为一项极为重要的服务业务，促进了物流行业的兴起。信息化、全球化、多功能化和一流的服务水平，已成为电子商务时代物流企业追求的目标。电子商务物流呈现出新的发展趋势。

1. 多功能化发展方向

在电子商务时代，物流发展到集约化阶段，一体化的配送中心不仅仅提供仓储和运输服务，还必须开展配货、配送和各种提高附加值的流通加工服务项目，并可按客户需要提供其他服务。一个配送员把货送到客户家中可以同时实现资金流、信息流、物流的一次性完成。例如，在信息流方面，客户签收之后，配送员马上用便携式数据采集器将信息传输给公司。负责信息收集的人员不但知道货物已签收成功，还可清楚了解配送途中用了多长时间。现代供应链管理即通过从供应者到消费者供应链的综合运作，使物流达到最优化。企业追求全面的、系统的综合效果，而不是单一的、孤立的局部效益。而现代流通业已简化为由制造商经配送中心而送达各零售点。它使未来的产业分工更加精细，产销分工更趋专业化，必将大大提高社会的整体生产力和经济效益，使流通业成为整个国民经济活动的中心。

知识窗

便携式数据采集器是为适应一些现场数据采集和扫描笨重物体的条码符号而设计的，适合于脱机使用的场合。识读时，与在线式数据采集器相反，它是将扫描器带到条码符号前扫描，因此，又称为手持终端机、盘点机。

它由电池供电，与计算机之间的通信并不和扫描同时进行，它有自己的内部储存器，可以存储一定量的数据，并可以在适当的时候将这些数据传输给计算机。几乎所有的便携式数据采集器都有一定的编程能力，再配上应用程序便可成为功能很强的专用设备，从而可以满足不同场合的应用需要。数据采集器，是一种具有现场实时数据采集、处理功能的自动化设备。为现场数据的真实性、有效性、实时性、可用性提供了保证。

2. 注重服务质量

在电子商务下，各大网站销售的商品琳琅满目，而且品种不断增加，对物流配送提出了更高的要求。在物流配送时要求配送更加及时、服务更加周到、价格更加合理，电子商务下企业竞争力的提高，必将使企业不断降低成本。如何按客户需要把货物送到客户手中，取决于配送中心的作业水平。配送中心不仅与生产厂家保持紧密的伙伴关系，而且直接与客户联系，能及时了解客户的需求信息，并沟通厂商和客户双方，起着桥梁作用。物流企业不仅要为生产商提供优质的服务，而且应了解运输、仓储、进出口贸易等知识，深入研究生产商的生产经营流程。优质以及系统的服务使物流企业与生产商结成战略伙伴关系，一方面有助于生产商的产品迅速进入市场，提高竞争力，另一方面也使物流企业具有稳定的资源。对物流企业而言，服务质量和服务水平正逐渐成为比价格更为重要的选择因素。

3. 建立良好的信息处理系统

在电子商务时代，要提供最佳的服务，物流系统必须要有良好的信息处理和传输系统。计算机的普遍应用提供了更多的需求和库存信息，提高了信息管理科学化水平，使商品流动更加容易，使商品流动更加容易和迅速。物流信息化包括商品代码和数据库的建立、运输网络合理化、销售网络系统化和物流中心管理电子化建设等，目前还有很多工作有待实施。可以说，没有现代化的信息管理，就没有现代化的物流。

4. 标准化

物流标准化是以物流作为一个大系统，制定系统内部设施、机械设备、专用工具等各个分系统的技术标准；制定系统内各个分领域如包装、装卸、运输等方面的工作标准；以系统为出发点，研究各分系统与分领域中技术标准与工作标准的配合，统一整个物流系统的标准；研究物流系统与其他相关系统的配合，进一步谋求物流大系统标准的统一。由于物流标准化的重要性，国际物流业界一直都在不断探索其标准化的措施。可以说，物流标准化是今后物流发展的重要趋势之一。

思　考

想一想，现有的电子商务物流模式有什么新的变化，未来又会呈现出怎样的发展趋势。

练习与实践

参考答案

一、简答题

1．简述电子商务与现代物流的关系。

2．简述电子商务物流的特点。

3．电子商务物流呈现出哪些新的发展趋势？

二、实践活动

（1）活动内容

通过探究锐意进取的海尔集团案例、广东宝供集团电子商务物流系统的应用案例，使学生进　步正确认识电子商务物流的特点和发展趋势。

（2）活动要求

1）教师将学生分成若干组，每组 4～6 人，并选出组长。

2）要求每名学生熟悉探究锐意进取的海尔集团案例、广东宝供集团电子商务物流系统的应用案例，并对案例进行深入分析，对问题做出解答。

3）学生要端正态度，严肃认真，积极参与。讨论发言要从容、自信，口齿清晰，声音洪亮。

（3）活动评价

根据考核标准对探究电子商务训练活动考核评价，填写评价表（见下表）。

考核标准及分数 / 评价方式	遵守纪律（2 分）	态度端正、严肃认真（2 分）	积极参与、大胆发言（2 分）	分析透彻、观点正确（4 分）	分数汇总（10 分）
自我评价					
小组评价					
教师评价					

拓展提升

结合学生熟悉的电子商务物流案例，探讨电子商务物流的特点及新的发展趋势。

任务 3　电子商务物流管理

案例导入

戴尔集团电子商务物流管理

戴尔集团是商用桌面台式计算机市场的第二大供应商，其销售额每年以 40%的增长率递增，是该行业平均增长率的两倍。戴尔集团每天通过网络售出的电脑系统价值逾 1200 万美元。面对骄人的业绩，总裁迈克尔·戴尔简短地说，这归功于物流电子商务化的巧妙运用。

戴尔公司采用自己的配有两个 333MHz Pentium II 处理器的 Microsoft Windows NT Sever 的 PowerEdge 2300、4200 及 6300 服务器，同时搭配 Microsoft 的服务器软件。执行 Microsoft IIS 4.0、Site Server 3.0 Commerce Edition 和 Microsoft SQL Server 7.0 数据库系统。基于 Internet 的 EDI 电子数据交换系统。这个电子商务系统与 DELL 的企业咨询系统很好地整合，并提供卓越的客户技术支援及良好的成本控制。在发布企业基本信息的基础上，增加网上接受订单和支付的功能，网站就具备了网上销售的条件。网上直销型企业网站的价值在于企业基于网站直接面向用户提供产品销售或服务，改变传统的分销模式，减少中间流通环节，从而降低总成本，增强竞争力。

讨论：结合戴尔集团案例，探讨对电子商务物流管理的认识。

一、电子商务物流管理的原则

知识准备

电子商务物流管理，是指在社会再生产过程中，根据物质资料实体流动的规律，应用管理的基本原理和科学方法，对电子商务物流活动进行计划、组织、指挥、协调、控制和决策，使各项物流活动实现最佳协调与配合，以降低物流成本，提高物流效率和经济效益。简言之，电子商务物流管理就是研究并应用电子商务物流活动规律对物流全过程、各环节和各方面进行管理。

依据一体化的思想和我国的实际，电子商务物流管理也可以说是运用最适合的运输工具，结合最便利的联合运输，通过最短的运输距离，使用最合理的包装，占用最少的仓储空间，利用最快的信息，在最短的时间内，提供最佳的服务。

1. 良好的服务原则

物流系统是流通系统的一部分，它连接着生产与消费两个环节，因此，要求物流系统应具有很强的服务性。这种服务处于从属地位，这就要求始终以用户为中心，并树立“用户第一”的观念。物流系统采取送货、配送等形式是其服务性的具体体现。在技术方面，“准时供货”“柔性供货”等，正是为了提供良好的服务。准时性不但是服务性的延伸，也是用户对物流提出的较为严格的要求，因为准时性不能容忍在物流过程中出现时间和空间的浪费，物流速度问题不仅是用户提出的要求，而且也是社会发展进步的要求。快速、准时既是一个传统目标，又是一个现代目标。随着社会大生产的发展，这一要求变得更加强烈了。追求准时性，促使人们在物流领域采取了诸如直达物流、多式联运、高速公路系统等一系列管理和技术。

2. 降低成本原则

物流成本是指产品在空间移动或时间占有中所耗费的各种活劳动和物化劳动的货币表现。具体地说，它是产品在实物运输过程中，如包装、搬运装卸、运输、储存、流通加工等各个环节中所支出的人力、物力和财力的总和。节约是经济领域的重要规律，在物流领域中除流通时间的节约外，由于流通过程消耗大而又基本不增加商品使用价值，所以依靠节约降低成本，降低成本是提高相对产出的重要手段。因此，物流过程作为“第三利润源”就是依靠节约成本实现的。在物流领域推行的集约化方式，提高单位物流的能力，采取的各种节约、省力、降耗等措施，正是经济性的体现。

知识窗

活劳动是指物质资料的生产过程中劳动者的脑力和体力的消耗过程。活劳动是处于流动状态的人类劳动。活劳动与物化劳动（living labour and materialized labour）是物质资料生产中所用劳动的一对范畴。前者指在物质资料生产过程中发挥作用的能动的劳动力，是劳动者加进生产过程的新的、流动状态的劳动。后者亦称死劳动，又称过去劳动或对象化劳动，指保存在一个产品或有形物中凝固状态的劳动，是劳动的静止形式。

3. 规模效益优化原则

所谓规模效益，具体体现在物流管理中，主要是通过对各个物流环节的运筹安排，对企业各部门所需使用的原材料及其他生产资料等，通过订货、销售的集中，使得集装货时间的规模扩大，从而获得因扩大规模而产生的生产、经销商品的单位成本降低，进而单位获取利益增加所带来的经济效益。通过组建物流总部对企业的物流活动在综合层面上进行统一的计划、组织和实施，将有效地使企业在节省物流成本的同时扩大物流效益，达到规模经营的效果。例如，物流公司对本公司物流活动相关环节进行计划与运筹安排，巧妙合理地将公司所需的物品与对公司产品的订货情况进行分析、汇总、配货，以便采购与销售尽量实现大量化与稳定化，这样就能够使企业的订货或销售达到规模效益的标准。

思 考

（1）简述电子商务物流管理的含义。

（2）简述电子商务物流管理的原则。

二、电子商务物流管理的特点

知识准备

电子商务物流管理是伴随电子商务技术和社会需求的发展而出现的，它是实现电子商务真正的经济价值不可或缺的重要组成部分。由于电子商务所独具的电子化、信息化、自动化等特点，以及高速、廉价、灵活等诸多好处，电子商务物流在其运作、管理等方面也有别于一般物流。电子商务物流管理呈现出以下新的特点：

1. 综合性

从其覆盖的领域看，它涉及商务、物流、信息和技术等领域的管理；从管理的范围看，它不仅涉及电子商务物流企业，而且包括物流供应链上的各个环节；从管理的方式方法看，它兼容传统的管理方法和通过网络进行的过程管理和虚拟管理。

2. 新颖性

电子商务物流体现了新经济的特征，它以物流信息为其管理的出发点和立足点。电子商务活动本身就是信息高度发达的产物，对信息活动的管理是一项全新的内容，也是对传统管理的挑战和更新，我国对 Internet 的相关管理手段、制度和方法均处于探索阶段，对如何进行在线管理，也需要物流企业的共同努力。

小案例

海尔集团对电子商务物流管理的战略认识

在网络经济时代，一个现代企业，如果没有现代物流，就意味着没有物可流，这是现代企业运作的驱动力所决定的。海尔集团认识到，现代企业运作的驱动力只有一个：订单。如果要实现完全以订单去销售、采购、制造，那么支持它的最重要的一个流程就是物流。

海尔集团对电子商务物流管理的认识，表现为：第一，它就是企业的管理革命；第二，它就是速度。现代物流区别于传统物流的两个最大的特点：第一就是信息化，第二就是网络化。海尔集团在实践过程当中，用“一流三网”来体现这两个特点。对于海尔集团来讲，第一，物流实现了三个零的目标，即零库存、零距离、零营运资本；第二，物流给了企业能够在市场竞争取胜的核心竞争力。物流战略实施使海尔一只手抓住了用户的需求，另一只手抓住了可以满足用户需求的全球供应链，把这两种能力结合在一起。

（资料来源：http://www.docin.com/p-1611207868.html）

3. 信息化

电子商务时代，物流信息化是电子商务的必然要求。在供应链管理方面，物流企业需要沟通上、下游，与上、下游之间进行频繁的信息交换，实现整条供应链各个部分之间的平滑对接。在与供销商的交易中，将以往以贸易单据（文件）流转为主体的交易方式，转变为采用数字化电子方式进行数据交换和商务活动。在库存管理方面，零库存的实现、运转周期的缩短都必须依赖于信息的灵敏传送。

思 考

结合海尔集团对电子商务物流管理的战略认识，谈一谈电子商务物流管理的特点。

三、电子商务物流管理的内容

知识准备

电子商务物流管理包括运输、仓储、装卸搬运、包装、配送、流通加工以及与其相联系的物流信息技术。它们相互联系，构成物流系统的功能组成要素，主要内容有：

1. 运输技术

运输是将商品的使用价值进行空间移动，物流系统依靠运输作业克服商品生产地和需要地之间的空间距离，创造商品的空间效益。运输包括供应及销售物流中的车、船、飞机等方式的运输，生产物流中的管道、传送带等方式的运输。运输管理的主要内容有选择技术经济效果最好的运输方式及联运方式，合理确定运输路线，以达到安全、迅速、准时、廉价的要求。

2. 仓储技术

仓储是指商品在离开生产领域之后，进入消费领域之前，处于流通领域时所形成的临时性的“停滞”。商品仓储化解商品供求之间时间上的矛盾，也创造了新的时间上的效益。为了降低人工操作失误率，通常会采用电子标签辅助拣货系统等技术。仓储管理主要内容有原料、半成品和成品的储存策略、储存统计、库存控制、养护，能够提高作业效率、满足配送条件。

知识窗

电子标签拣货系统是一组安装在货架储位上的电子设备，透过计算机与软件的控制，借助灯号与数字显示作为辅助工具，引导拣货工人正确、快速、轻松地完成拣货工作。通常使用在现代物流中心货物分拣环节，具有拣货速度快、效率高、差错率低、无纸化、标准化的作业特点。

3. 装卸搬运技术

装卸搬运是随物品运输和保管而附带发生的作业。装卸搬运在物流活动转换活动中起承上启下的连接作用，是提高物流系统效率的关键。叉车是物流中心用途最广、功能最强的一种装卸搬运设备，(图 6-4)。二轮杠杆式手推车轻巧、灵活，是最实用的人力搬运车，(图 6-5)。装卸搬运管理主要内容有装卸搬运系统的设计、设备规划与配置和作业组织等。

图 6-4　平衡重式叉车

图 6-5　二轮杠杆式手推车

4. 包装技术

在物流作业活动中，由于货物品种、外形、状态、物力、化学特性各不同，对仓储、搬运的要求也多种多样，对货物的规格、数量的要求也不相同。包装管理主要内容有：包装容器和包装材料的选择与设计、包装技术和方法的改进、包装系列化、标准化、自动化，以满足各类物品的包装要求。

5. 配送技术

配送是以分拣和配货为主要手段，以送货和抵达为主要目的的一种特殊的、综合的物流活动，配送管理主要内容有：配送中心选址及优化布局、配送机械的合理配置与调度、配送作业流程的制订与优化。配送技术的目标是：在满足一定条件下，如货物需求量、发送量、交货时间等，达到路程最短、费用最低、时间尽量短、使用车辆尽量少。

6. 流通加工技术

流通加工指物品在从生产地到使用地的过程中，根据需要进行包装、分割、计量、分拣等各项作业的总称。流通加工类型主要有：为满足需求多样化进行的服务性加工；为弥补生产领域加工不足进行的深加工等。

7. 物流信息管理技术

现代化企业物流管理不但要具备自动化的物流技术，还应具备现代化的物流信息管理技术，才能取得最大的效率和效益。物流信息管理主要内容有：对反映物流活动内容的信息、物流要求的信息、物流作用的信息和物流特点的信息进行的搜集、加工、处理、存储和传输等。

思考

简述电子商务物流管理的内容。

练习与实践

一、简答题

1．简述电子商务物流管理的原则。
2．简述电子商务物流管理的特点。
3．简述电子商务物流管理配送技术的目标。

参考答案

二、实践活动

（1）活动内容

通过探究海尔集团案例、广东宝供集团案例，使学生进一步认识电子商务物流管理的特点。

（2）活动要求

1）教师将学生分成若干组，每组4～6人，并选出组长。

2）要求每名学生熟悉探究锐意进取的海尔集团案例、广东宝供集团电子商务物流系统的应用案例，并对案例进行深入分析，对问题做出解答。

3）学生要端正态度，严肃认真，积极参与。讨论发言要从容、自信，口齿清晰，声音洪亮。

活动评价

根据考核标准对探究电子商务训练活动考核评价，填写评价表（见下表）。

考核标准及分数 评价方式	遵守纪律（2分）	态度端正严肃认真（2分）	积极参与大胆发言（2分）	分析透彻观点正确（4分）	分数汇总（10分）
自我评价					
小组评价					
教师评价					

拓展提升

结合学生熟悉的电子商务物流案例，探讨电子商务物流管理的特点。

项目小结

现代物流指的是将信息、运输、仓储、库存、装卸搬运以及包装等物流活动综合起来的一种新型的集成式管理，其任务是尽可能降低物流的总成本，为顾客提供最好的服务。现代物流服务的核心目标是在物流全过程中以最小的综合成本满足顾客的需求。

电子商务与现代物流有着密切的联系，一方面，电子商务促进了物流的发展，电子商务有利于建立信息化的物流联盟，可有效地降低物流成本，而且从传统物流转向现代物流；另一方面，现代物流促进了电子商务的高效低成本。两者的有机结合，使现代电子商务物流业向多功能、优质服务、信息化和全球化趋势发展。信息化、全球化、多功能化和一流的服务水平，已成为电子商务时代的物流企业追求的目标。

电子商务物流管理，是指在社会再生产过程中，根据物质资料实体流动的规律，应用管理的基本原理和科学方法，对电子商务物流活动进行计划、组织、指挥、协调、控制和决策，使各项物流活动实现最佳协调与配合，以降低物流成本，提高物流效率和经济效益。

项目 7
重视电子商务信息安全

随着通信网络技术的飞速发展，特别是 Internet 的不断普及，人们的消费观念和整个商务系统也发生了巨大了变化，人们更希望通过网络的便利性进行网络采购和交易，从而促进了电子商务的出现，并在世界范围内掀起了电子商务的热潮。

电子商务的发展给人们的工作和生活带来了新的尝试和便利性，但并没有像人们想象的那样普及和深入，除其他因素外，一个很重要的原因就是电子商务的安全性，它成为阻碍电子商务发展的瓶颈。任何个人、企业或商业机构以及银行都不会通过一个不安全的网络进行商务交易，这样会导致商业机密信息或个人隐私的泄露，从而导致巨大的利益损失。所以，研究和分析电子商务的安全性问题，特别是针对我国自己的国情，充分借鉴国外的先进技术和经验，开发和研究出具有独立知识产权的电子商务安全产品，这些都成为目前我国发展电子商务的关键。

学习目标

【知识目标】

- 了解发生的重大网络安全事件；
- 掌握电子商务信息安全的要求；
- 理解电子商务信息安全出现的问题；
- 掌握电子商务的安全对策。

【能力目标】

- 对电子商务信息安全的基本概念和理论有初步的认识；
- 培养电子商务安全对策能力。

【情感目标】

- 具备自主探究学习的意识，培养创新精神；
- 具备良好的职业道德，培养学生科学严谨的作风。

任务1 电子商务信息安全要求概述

案例导入

某大学信息安全案例

在各行业中，大学在信息化方面一直扮演着领头羊的角色，率先建立了校园网，并作为教育网的网节点。某大学师生人数众多，拥有两万多台主机，上网用户也在2万人左右，而且用户数量一直呈上升趋势。校园网在为广大师生提供便捷、高效的学习、工作环境的同时，也在宽带管理、计费和安全等方面存在许多问题。

（1）IP地址及用户账号的盗用

由于校园网中用户数量众多，难免出现盗用他人IP地址和用户账号的行为，这就大大增加了学校网络管理的难度，IP地址冲突不断、用户无法正常上网，也给学校计费、缴费工作带来麻烦。

（2）多人使用同一账号

由于某些计费软件功能相对简单，没有对同一账号同时登录次数进行限制，使得多个用户可以使用一个账号上网，造成了学校资费流失。

（3）网络计费管理功能的单一

随着校园网规模的不断扩大和用户群体的日益增多，原有的单一计费管理功能已不能满足要求。

（4）对带宽资源的大量占用导致重要应用无法进行

对于每所学校来说，带宽资源都是有限的。而上网人数的激增和各种各样在线游戏的流行使有限的带宽资源不堪重负，由于没有带宽限制和优先级设置，一些重要用户和重要应用得不到必要的带宽保证而影响了正常的教学和科研工作。

（5）访问权限难以控制

互联网上充斥着许多色情、暴力、反动信息，如何让学校、家长放心，使学生尽量远离这些不良信息，也是必须解决的问题。

（6）安全问题日益突出

来自校园内部或外部的网络攻击行为不但会影响校园网的正常运行，还可能造成学校重要数据的丢失、损坏和泄露，给学校带来不可估量的损失。

（7）异常网络事件的审计和追查

当异常网络事件发生后，如何尽快地追根溯源，找出幕后“黑手”，防止此类事件再次发生，成了网络维护人员不得不面对的棘手问题。

（8）多个校区的管理和维护

由于现在校园网的规模越来越大，呈现出多校园、跨地区的特点，这就要求网络管理员能对分布在各个校区的管理、计费设备进行管理和维护，管理员的工作量相当大。

讨论：根据该大学的网络信息安全问题，其应该怎样进行信息安全的管理呢？

一、电子商务信息安全的概念及特征

知识准备

1. 电子商务信息安全内涵

电子商务信息安全主要是指用户方和产品服务提供方的安全，即双方信息都要保密,用户账号不能被第三方获知，提供产品或服务方的订货和付款信息等商业秘密也不能为竞争对手所知；并且商务活动一旦达成，相关信息未经双方协定，不可更改，不能否认。

2. 电子商务信息的特征

Internet 的诞生并不是出于商业目的。因此，在 Internet 上进行电子商务活动，并将物流、资金流，部分或完全借助信息流的方式进行流通，使得电子商务的信息流动既具有网络信息流动的共性，又具有自身的显著特性。

（1）信息的开放性

Internet 是一个高度开放的信息网络，参与电子商务的商家、消费者、金融机构、认证中心等，只要公开了自己的网址，便可接受任何人或组织的访问。尤其是商家更是十分迫切地希望来自世界各地的单位或个人造访。另外，电子商务是不受时空限制的商务活动，不管任何时间、任何地点，都可以借助信息流动的方式，从事商务活动。

（2）信息的多源性

电子商务的信息流动不只是在客户和商家之间进行，在交易签约中，金融机构、认证中心、配送中心、海关和工商管理等部门都会参与。因此，围绕每一笔交易的信息流动都是在多方中进行的。

（3）信息的完整性

涉及电子商务的各种交易信息的流动，应始终处于统一完整的状态之下。商务信息流动过程中，人为造成的或网络系统导致的信息丢失、信息篡改、信息重复、信息传送次序的变更，将使参与电子交易各方传送和获取的信息不相同，从而导致交易失败。

（4）信息的保密性

涉及电子商务的消费者信息属于个人隐私信息，而商家和金融机构等部门的信息则属于商业秘密信息。因此，电子商务的信息流动是信息发送者和信息接收者之间的保密性信息流动。

（5）信息的鉴别性

参与电子商务各方的身份信息，可通过信息技术的手段予以鉴别。因此，合法用户的信息流动能得到有效保证，不会遭到拒绝。同时，商品交易信息发送后，信息的发、收方也无法否认。

思　考

谈一谈你对“信息武器已经成为继原子武器、生物武器、化学武器之后的第四类战略武器”这句话的理解。

二、电子商务信息安全要求

知识准备

电子商务面临的安全威胁导致了对电子商务安全的需求，也是真正实现一个安全电子商务系统所要求做到的各个方面，主要包括机密性、完整性、认证性和不可抵赖性。

1. 机密性

电子商务作为一种贸易手段，其信息直接代表着个人、企业或国家的商业机密。传统的纸面贸易都是通过邮寄封装的信件或通过可靠的通信渠道发送商业报文来达到保守机密的目的。电子商务是建立在一个较为开放的网络环境上的（尤其 Internet 是更为开放的网络），维护商业机密是电子商务全面推广应用的重要保障。因此，要预防非法的信息存取和信息在传输过程中被非法窃取。机密性一般通过密码技术对传输的信息进行加密处理实现。

2. 完整性

电子商务简化了贸易过程，减少了人为的干预，同时也带来维护贸易各方商业信息的完整、统一的问题。由于数据输入时的意外差错或欺诈行为，可能导致贸易各方信息的差异。此外，数据传输过程中信息的丢失、信息重复或信息传送的次序差异也会导致贸易各方信息的不同。贸易各方信息的完整性将影响到贸易各方的交易和经营策略，保持贸易各方信息的完整性是电子商务应用的基础。因此，要预防对信息的随意生成、修改和删除，同时要防止数据传送过程中信息的丢失和重复，并保证信息传送次序的统一。完整性一般可通过提取信息摘要的方式获得。

3. 认证性

由于网络电子商务交易系统的特殊性，企业或个人的交易通常都是在虚拟的网络环境中进行的，所以对个人或企业实体进行身份性确认成了电子商务中很重要的一环。对人或实体的身份进行鉴别，为身份的真实性提供保证，即交易双方能够在相互不见面的情况下确认对方的身份。这意味着当某人或实体声称具有某个特定的身份时，鉴别服务将提供一种方法验证其声明的正确性，一般都通过证书机构 CA 和证书实现。

4. 不可抵赖性

电子商务可能直接关系到贸易双方的商业交易，如何确定要进行交易的贸易方正是进行交易所期望的贸易方这一问题则是保证电子商务顺利进行的关键。在传统的纸面贸易中，贸易双方通过在交易合同、契约或贸易单据等书面文件上手写签名或加盖印章鉴别贸易伙伴，确定合同、契约、单据的可靠性并预防抵赖行为的发生。这也就是人们常说的“白纸黑字”。在无纸化的电子商务方式下，通过手写签名和加盖印章进行贸易方的鉴别已是不可能的。因此，要在交易信息的传输过程中为参与交易的个人、企业或国家提供可靠的标识。不可抵赖性可通过对发送的消息进行数字签名来获取。

5. 有效性

电子商务以电子形式取代了纸张，保证这种电子形式的贸易信息的有效性则成为开展电子商务的前提。电子商务作为贸易的一种形式，其信息的有效性将直接关系到个人、企业或国家的经济利益和声誉。因此，要对网络故障、操作错误、应用程序错误、硬件故障、系统软件错误及计算机病毒所带来的潜在威胁加以控制和预防，以保证贸易数据在确定的时刻、确定的地点是有效的。

思　考

说一说电子商务与传统贸易有什么区别。

练习与实践

一、选择题

1. 电子商务信息流动不只是在客户和商家之间进行，在交易签约中，金融机构、认证中心、配送中心、海关和工商管理等部门都会参与。这是指电子信息的（　　）。

A．开放性　　　　B．多源性

C．完整性　　　　D．保密性

参考答案

2．参与电子商务各方的身份信息，可通过信息技术的手段予以鉴别。因此，合法用户的信息流动能得到有效保证，不会遭到拒绝。这是指电子信息的（　　）。

A．保密性　　　　B．多源性

C．完整性　　　　D．鉴别性

3．涉及电子商务的各种交易信息的流动，应始终处于统一完整的状态之下。这体现了信息的（　　）。

A．完整性　　　　B．多源性

C．鉴别性　　　　D．保密性

4．电子商务作为贸易的一种手段，其信息直接代表着个人、企业或国家的商业机密。这体现的是（　　）。

A．机密性　　　　B．完整性

C．认证性　　　　D．不可抵赖性

5．由于网络电子商务交易系统的特殊性，企业或个人的交易通常都是在虚拟的网络环境中进行的，所以对个人或企业实体进行身份确认成了电子商务中很重要的一环。这体现了（　　）。

A．机密性　　　　B．完整性

C．认证性　　　　D．安全性

二、简答题

1．什么是电子商务信息安全？

2．简述电子商务信息安全的要求。

三、实践活动

（1）活动内容

通过探究电子商务训练活动，使学生进一步正确认识电子商务信息安全。

（2）活动要求

1）教师将学生分成若干组，每组4～6人，并选出组长。

2）要求每名学生熟悉任务1的导入案例，并对案例进行深入分析，对问题做出解答。

3）学生要端正态度，严肃认真，积极参与。讨论发言要从容、自信，口齿清晰，声音洪亮。

（3）活动评价

根据考核标准对探究电子商务训练活动考核评价，填写评价表（见下表）。

考核标准及分数 / 评价方式	遵守纪律（2分）	态度端正、严肃认真（2分）	积极参与、大胆发言（2分）	分析透彻、观点正确（4分）	分数汇总（10分）
自我评价					
小组评价					
教师评价					

拓展提升

感受电子商务信息安全——校园网管采访活动

校园网在为广大师生提供便捷、高效的学习、工作环境的同时，也在信息安全方面存在许多问题，在教师指导下，学生进行一次采访学校网络管理人员的活动，之后课堂上总结校园网存在哪些信息安全问题，探讨解决方法。

任务2 了解电子商务信息安全存在的问题

案例导入

金融计算机网络犯罪案例

2003年10月5日13时12分，定西地区临洮县太石镇邮政储蓄所的营业电脑出现黑屏，随即死机。营业员不知何故，急忙将刚刚下班尚未走远的所长叫了回来。所长以为电脑出现了故障，向上级报告之后，没太放在心上。17日，电脑经过修复之后，工作人员发现打印出的报表储蓄余额与实际不符。经过对账发现，5日13时发生了11笔交易、总计金额达83.5万元的异地账户系虚存（有交易记录但无实际现金）。当储蓄所几天之后进一步与开户行联系时，发现存款已经分别于6日、11日被人从兰州、西安两地取走37.81万元。

定西公安局十分重视此事，立即成立专案组，全力侦查此案。专案组对会宁邮政局进行了调查，发现该局系统维护人员张少强最近活动异常。暗查发现，其办公桌上有一条电缆线连接在了不远处的邮政储蓄专用网络上。专案组基本确认，张少强正是这起金融盗窃案的主谋。11月14日22

时，张少强在其住所被专案组抓获。

张少强交代了全部犯罪事实：10 月 5 日，张少强在会宁利用笔记本电脑侵入邮政储蓄网络后，非法远程登录访问临洮太石邮政储蓄所的电脑，破译对方密码之后进入操作系统，以营业员身份向自己 8 月末预先在兰州利用假身份证开设的 8 个活期账户存入了 11 笔共计 83.5 万元的现金，并在退出系统前，删除了营业计算机的打印操作系统，造成机器故障。第二天，他在兰州 10 个储蓄网点提取现金 5.5 万元，并将 30.5 万元再次转存到他所开设的虚假账户上。10 月 11 日，张少强乘车到西安，利用 6 张储蓄卡又提取现金 1.8 万元。至此，这起远程金融盗窃案告破。

讨论：为什么一名普通的系统维护人员，能够闯入邮政储蓄专用网络，从容地实施犯罪？

一、计算机网络安全威胁

知识准备

由于网络的开放性和安全性本身即是一对固有矛盾，无法从根本上予以调和，再加上基于网络的诸多已知和未知的人为与技术安全隐患，网络很难实现自身的根本安全。目前。计算机信息系统的安全威胁主要来自于以下方面：

1. 计算机病毒

随着计算机网络技术的发展，计算机病毒技术也在快速地发展变化之中，而且在一定程度上走在了计算机网络安全技术的前面。专家指出，从木马病毒的编写、传播到出售，整个病毒产业链已经完全互联网化。对于数量继续暴增的计算机病毒来说，防护永远只能是一种被动应对，而计算机感染上病毒后，轻则使系统工作效率下降，重则造成系统死机或毁坏，使部分或全部数据丢失，甚至造成计算机主板等部件的损坏，导致硬件系统完全瘫痪。据公安部调查结果显示，计算机病毒仍然呈现出异常活跃的态势，互联网站被大量“挂马”成为病毒木马传播的主要方式，最近就出现了一个令人诧异的现象，黑客网站黑狼基地被“挂马”了。同时，目前计算机病毒、木马等绕过安全产品的发现、查杀甚至破坏安全产品的能力也增强了。可见，当前计算机系统遭受病毒感染的情况相当严重。

2. 黑客的威胁和攻击

计算机信息网络上的黑客攻击事件越演越烈，据《2008 瑞星中国大陆地区互联网安全报告》披露，以牟利为目的的黑客产业链已经形成并成为新的暴利产业。一旦成为被攻击的对象，黑客就可以在该被控制的电脑上恣意妄为。同时，作为技术能力比较弱的中国，遭受境外黑客攻击破坏也十分严重。两年前，据媒体披露，一些中国重要部门的电脑就遭遇了一次“滑铁卢”，一些政府部门、国防机构、军工企业等重要单位，遭到境外大规模的网络黑客攻击。

3. 内部威胁

上网单位由于对内部威胁认识不足。所采取的安全防护措施不当，导致了内部网络安全事故逐年上升。不论是有意的还是偶然的，内部威胁一直是一个最大的安全威胁。如果网络的安全策略是未知的或不能执行的，用户点击电子邮件中的恶意链接，或者不对敏感数据加密等行为都将继续不知不觉地扮演着安全炸弹的角色。而随着人员的流动性越来越强，利用未加密的移动设备使用网络也大大增加了“暴露”的风险，给犯罪分子留下可乘之机。另外，一机两用甚至多用情况普遍。计算机在内外网之间频繁切换使用，许多用户将在 Internet 上使用过的计算机在未经许可的情况下擅自接入内部局域网络使用，造成病毒的传入和信息的泄露。公安部调查结果显示，攻击或病毒传播源来自内部人员的比例同比增加了 21%，涉及外部人员的同比减少了 18%，说明连网单位绝大部分是出于防御外部网络攻击的考虑，导致来自内部的威胁同时呈上升态势。然而，内部威胁通常会造成致命后果。

4. 网络犯罪

网络犯罪是非常容易操作的，不受时间、地点、条件限制的网络诈骗、网络战简单易施、隐蔽性强。能以较低的成本获得较高的效益。再加上网络空间的虚拟性、异地性等特征，在一定程度上刺激了犯罪行为的增长。尤其是受到全球经济危机的影响，网络犯罪将成倍增长，除了给社会造成负面影响外，网络犯罪造成的经济损失巨大，追踪匿名网络犯罪分子的踪迹非常困难。网络犯罪已成为严重的全球性威胁。据有关方面统计，现在每天因全球网络犯罪导致的资金流失高达数百亿、甚至上千亿美元。

5. 系统漏洞

许多网络系统都存在着这样那样的漏洞，这些漏洞有可能是系统本身所有的。如 Windows NT、UNIX 等都有数量不等的漏洞。另外，局域网内网络用户使用盗版软件。随处下载软件及网管的疏忽都容易造成网络系统漏洞。这不但影响了局域网的网络正常工作，也在很大程度上把局域网的安全性置于危险之地，黑客利用这些漏洞就能完成密码探测、系统入侵等攻击。

以上只是网络安全威胁中的一小部分。从中可以看出，解决网络安全威胁，保证网络的安全，需要寻求综合解决方案，以应对这种日渐严重的危机。

思　考

你知道计算机犯罪的行为有哪些吗？请举例说明。

二、商务安全交易威胁

知识准备

把传统的商务活动移到 Internet 上进行，由于 Internet 本身的特点，存在着很多安全威胁，给电子商务带来了安全问题。Internet 的产生源于计算机资源共享的需求，具有很好的开放性，但正是由于它的开放性，使它产生了更严重的安全问题。

Internet 存在以下安全隐患：

1. 开放性

开放性和资源共享是Internet最大的特点，但它带来的问题却不容忽视。正是这种开放性给电子商务带来了安全威胁。

2. 缺乏安全机制的传输协议

TCP/IP 协议建立在可信的环境之下，缺乏相应的安全机制，这种基于地址的协议本身会泄露口令，根本没有考虑安全问题；TCP/IP 协议是完全公开的，其远程访问的功能使许多攻击者无须到现场就能够得手，连接的主机基于互相信任的原则等这些性质使网络更加不安全。

3. 软件系统的漏洞

随着软件系统规模的不断增大，系统中的安全漏洞或“后门”也不可避免地存在。例如 Cookie 程序、JAVA 应用程序、IE 浏览器等这些软件与程序都有可能给我们开展电子商务带来安全威胁。

4. 信息电子化

电子化信息的固有弱点就是缺乏可信度，电子信息是否正确完整是很难由信息本身鉴别的，而且在 Internet 传递电子信息，存在着难以确认信息的发出者以及信息是否被正确无误地传递给接收方的问题。

思　考

交易环境的安全包括哪些内容？你有这样的亲身经历吗？

三、网络威胁给电子商务带来的安全问题

知识准备

计算机网络安全威胁与商务交易安全威胁给电子商务带来的安全问题有以下几类：

1. 信息泄露

在电子商务中表现为商业机密的泄露，以上计算机网络安全威胁与Internet的安全隐患可能使得电子商务中的信息泄露，主要包括两个方面：一方面是交易一方进行交易的内容被第三方窃取；另一方面是交易一方提供给另一方使用的文件被第三方非法使用。

2. 信息篡改

正是由于以上计算机网络安全威胁与Internet的安全隐患，电子的交易信息在网络上传输的过程中，可能被他人非法修改、删除或重放（指只能使用一次的信息被多次使用），这样就使信息失去了真实性和完整性。

3. 身份识别

正是由于电子商务交易中交易两方通过网络完成交易，双方互不见面、互不认识，计算机网络的安全威胁与Internet的安全隐患，也可能致使电子商务交易中出现交易身份伪造的问题。

4. 信息破坏

计算机网络本身容易遭到一些恶意程序的破坏，如计算机病毒、特洛伊木马程序、逻辑炸弹等，导致电子商务中的信息在传递过程中被破坏。

5. 破坏信息的有效性

电子商务中的交易过程中是以电子化的信息代替纸面信息，这些信息我们也必须保证它的时间的有效与本身信息的有效，必须能确认该信息确是由交易一方签发的，计算机网络安全威胁与Internet的安全隐患，使得我们很难保证电子商务中的信息有效性。

6. 泄露个人隐私

隐私是参与电子商务的个人非常关心的一个问题。参与到电子商务中的个人就必须提供个人信息，计算机网络安全威胁与Internet的安全隐患有可能导致个人信息泄露，损害个人隐私。

思 考

网上个人信息泄露的原因是什么？如何预防？

练习与实践

一、选择题

参考答案

1．如 Windows NT、UNIX 等都有数量不等的（　　）。

A．计算机病毒　　B．黑客的威胁和攻击
C．网络犯罪　　D．内部威胁
E．系统漏洞

2．Internet 存在以下安全隐患（　　）。

A．开放性　　B．缺乏安全机制的传输协议
C．软件系统的漏洞　　D．信息电子化

3．电子的交易信息在网络上传输的过程中，可能被他人非法修改、删除或重放，这体现的是（　　）问题。

A．信息泄露　　B．篡改
C．身份识别　　D．信息破坏
E．泄露个人隐私

二、简答题

1．简述商务安全交易威胁。

2．简述计算机网络安全威胁与商务交易安全威胁给电子商务带来的安全问题。

三、实践活动

（1）活动内容

通过探究电子商务训练活动，使学生进一步正确认识电子商务信息安全存在的问题。

（2）活动要求

1）教师将学生分成若干组，每组4～6人，并选出组长。

2）要求每名学生熟悉任务2的导入案例，并对案例进行深入分析，对问题做出解答。

3）学生要端正态度，严肃认真，积极参与。讨论发言要从容、自信，口齿清晰，声音洪亮。

（3）活动评价

根据考核标准对探究电子商务训练活动考核评价，填写评价表（见下表）。

考核标准及分数 / 评价方式	遵守纪律（2分）	态度端正、严肃认真（2分）	积极参与、大胆发言（2分）	分析透彻、观点正确（4分）	分数汇总（10分）
自我评价					
小组评价					
教师评价					

拓展提升

学校机房下载免费的费尔托斯特安全软件，网址为http://www.filseclab.com/download/downloads.htm，下载费尔个人防火墙专业版和离线升级包，了解防火墙原理，掌握防火墙软件的下载、安装等各种操作，掌握防火墙参数设置。

任务3　掌握电子商务的安全对策

案例导入

熊 猫 烧 香

被告人李俊于2003年开始自学计算机编程技术，并经常向自己的好朋友、也是本案被告人之一的雷磊请教。2006年10月，被告人李俊从武汉某软件技术开发培训学校毕业后，便将自己以前在国外某网站下载的计算机病毒源代码调出来进行研究、修改，在对此病毒进行修改的基础上完成了“熊猫烧香”电脑病毒的制作，并采取将该病毒非法挂在别人网站上及赠送给网友等方式在互联网上传播。“熊猫烧香”病毒具有本机感染功能、局域网感染功能及U盘感染功能，并能中止许多反病毒软件和防火墙的运行，中了该病毒的电脑会自动链接访问指定的网站、下载恶意程序等。2006年11月中旬，李俊在互联网上叫卖该病毒，同时也请被告人王磊及其他网友帮忙出售该病毒。李俊、王磊及其网友一共卖出了约三十个“熊猫烧香”病毒。其中，王磊帮李俊卖出了三个，并先后分三次共汇款给李俊人民币1450元。此外，李俊还赠送给其他网友约十个“熊猫烧香”病毒。随着病毒的出售和赠送给网友，“熊猫烧香”病毒迅速在互联网上传播，导致自动链接访问李俊个人网站的流量大幅上升。王磊得知此情形后，提出为李俊卖“流量”，并联系被告人张顺购买李俊网站的“流量”，所得收入由王磊和李俊平分。为了提高访问李俊网站的速度，减少网络拥堵，王磊和李俊商量后，由王磊化名董磊为李俊的网站在南昌锋讯网络科技有限公司租了一台 2GB 内存、百兆独享线路的服务器，租金由李俊、王磊每月各负担 800 元。张顺购买李俊网站的流量后，先后将九个游戏木马（也就是盗号木马）通过互联网发给王磊，王磊将这九个游戏木马转发给李俊，然后由李俊将这九个游戏木马挂在其个人网站上，盗取自动链接访问其网站的游戏玩家的“游戏信封（即含有游戏账号和密码的电子邮件）”，游戏木马将盗取的“游戏信封”自动发给张顺，张顺则将盗取的“游戏信封”进行拆封、转卖，从而获取利益。

从 2006 年 12 月至 2007 年 2 月，通过“熊猫烧香”病毒的传播，李俊获利 145 149 元，王磊获利 80 000 元，张顺获利 12 000 元。“熊猫烧香”病毒的传播，导致北京、上海、天津、山西、河北、辽宁、广东、湖北等省市众多单位和个人的计算机不能正常运行。2007 年 2 月 2 日，李俊将其网站关闭，之后再未开启该网站。

公诉机关认为，被告人李俊、王磊、张顺、雷磊故意制作、传播计算机病毒，影响计算机系统的正常运行，后果严重，其行为均已构成破坏计算机信息系统罪。

讨论：常见的网络风险有哪些？如何预防？

知识准备

电子商务中利用的重要工具——计算机网络，存在着很多的安全威胁，计算机网络的建立是我们开展电子商务的基础，我们要保证电子商务的安全，首先就要保证计算机网络的安全。

1. 计算机网络安全技术

安全技术不是单一的技术，技术的综合应用是保证电子商务安全的一个重要方面，因此应当加大技术应用环节的投入。

（1）防火墙技术

防火墙是指隔离在本地网络与外界之间的一道防御设施，是这一类防范措施的总称。它能够限制他人进入内部网络，过滤掉不安全服务和非法用户；允许内部网的一部分主机被外部网访问，另一部分被保护起来；限定内部网的用户对互联网上特殊站点的访问；为监视互联网安全提供方便。对于我们营造安全的电子商务环境目前最安全的方法就是利用双防火墙双服务器方式。

（2）入侵检测系统（IDS）

防火墙虽然好，但也存在很多的不足，比如防火墙不能防范不经由防火墙的攻击、防火墙不能防范新的网络安全问题。为了弥补防火墙的不足，我们可以利用入侵检测系统，来保证计算机网络的安全。入侵检测（intrusion detection），顾名思义，便是对入侵行为的发觉。它通过对计算机网络或计算机系统中的若干关键点收集信息并对其进行分析，从中发现网络或系统中是否有违反安全策略的行为和被攻击的迹象。入侵检测的软件与硬件的组合就是入侵检测系统（intrusion detection system，IDS）。

（3）虚拟专用网（VPN）技术

虚拟专用网（virtual private network，VPN）是一门网络新技术。顾名思义，虚拟专用网不是真的专用网络，它利用不可靠的公用联网网络作为信息传输媒介，通过附加的安全隧道，用户认证和访问控制等技术实现与专用网络相类似的安全功能，从而实现对重要信息的安全传输。利用虚拟专用网技术，我们可以营造一个相对安全的网络环境。

（4）病毒防治技术

电子商务中的计算机网络不断受到病毒攻击的危害，为了把计算机病毒的危害减到最小，我们可以从以下几方面入手：一是高度重视计算机病毒；二是安装计算机病毒防治软件，不断更新病毒库。

2. 商务交易安全技术

为了营造一个安全的电子商务环境，我们一定要保证传统的商务活动在互联网上进行的安全，我们就应该建立一个电子商务的安全体系:

（1）基本加密技术

将明文数据进行某种变换，使其成为不可理解的形式，这个过程就是加密，这种不可理解的形式称为密文。解密是加密的逆过程，即将密文还原成明文。采用密码技术对信息进行加密，是最常用的安全手段。在电子商务中，获得广泛应用的现代加密技术有以下两种：对称加密体制和非对称加密体制。基本加密技术是电子商务安全体系的基础，也是安全认证手段和安全协议的基础，利用它可以保证电子商务中信息的保密性。

（2）安全认证手段

利用基本加密技术只能保证电子商务中信息的保密性，为了营造安全的电子商务环境，我们还必须保证电子商务信息的完整性，通信的不可抵赖、不可否认，交易各方身份的认证，信息的有效性，这就得利用以基本加密技术为基础开发的安全认证手段：①利用数字信封技术保证电子商务中信息的保密性。②利用以 Hash 函数为核心的数字摘要技术保证电子商务中信息的完整性。③建立 CA 认证体系给电子商务交易各方发放数字证书，保证电子商务中交易各方身份的认证。在电子商务中，为了使众多的认证机构 CA（certification authority）具有一个开放的标准，使它们之间能够互联、互相认证，实现安全的 CA 管理，这就需要建立公钥基础设施（public key infrastructure，PKI）。④利用数字时间戳保证电子商务中信息的有效性。⑤利用数字签名技术保证电子商务中通信的不可抵赖、不可否认，信息的有效性。

（3）安全协议

要保证电子商务环境的安全，必须把安全认证手段跟安全协议配合起来建立电子商务安全解决方案。目前电子商务中有两种安全认证协议被广泛使用，即安全套接层（secure sockets layer，SSL）协议和安全电子交易（secure electronic transaction，SET）协议。

3. 制定电子商务安全管理制度

电子商务安全管理制度是用文字形式对各项安全要求所做的规定，这些制度应该包括人员管理制度、保密制度、跟踪审计制度、系统维护制度、数据备份制度、病毒定期清理制度等。

4. 加强诚信教育，建立社会诚信体系

电子商务中的很多安全问题，比如交易的抵赖、否认、个人隐私权的破坏，说到底还是人的诚信问题，为了促进电子商务更好地发展，打消消费者对电子商务的安全顾虑，我们应该加强诚信教育，建立社会诚信体系。

5. 有关网络安全政策的法律法规

作为全球信息化程度最高的国家，美国非常重视信息系统安全，把确保信息系统安全列为国家安全战略最重要的组成部分之一，采取了一系列旨在加强网络基础架构保密安全方面的政策措施。因此，要保证网络安全有必要颁布网络安全法律，并增加投入、加强管理，确保信息系统安全。除此之外，还应注重普及计算机网络安全教育，增强人们的网络安全意识。

我国为加强对计算机病毒的预防和治理，保护计算机信息系统安全，保障计算机的应用与发展，不仅在硬件与软件方面采取了一定措施，而且有网络监察方面的法律依据。

思　考

你认为身份认证有什么现实的意义？请举例说明。

练习与实践

一、选择题

1．IDS 指（　　）。

A．防火墙技术　　B．入侵检测系统

C．虚拟专用网技术　　　　　D．病毒防治技术

2．病毒防治，我们可以从（　　）入手。

参考答案

A．高度重视计算机病毒

B．安装计算机病毒防治软件，不断更新病毒库

C．不浏览网页

D．不下载任何软件

3．SSL 是指（　　）。

A．公钥基础设施　　　　　B．安全套接层协议

C．安全电子交易协议　　　D．电子传输数据

4．在《中华人民共和国计算机信息系统安全保护条例》中，根据第六条，任何单位和个人不得从事下列危害计算机信息网络安全的活动（　　）。

A．未经允许，进入计算机信息网络或者使用计算机信息网络资源的

B．未经允许，对计算机信息网络功能进行删除、修改或者增加的

C．未经允许，对计算机信息网络中存储、处理或者传输的数据和应用程序进行删除、修改或者增加的

D．故意制作、传播计算机病毒等破坏性程序的

5．《计算机病毒防治管理办法》第六条规定，任何单位和个人不得有下列传播计算机病毒的行为（　　）。

A．故意输入计算机病毒，危害计算机信息系统安全

B．向他人提供含有计算机病毒的文件、软件、媒体

C．销售、出租、附赠含有计算机病毒的媒体

D．其他传播计算机病毒的行为

二、简答题

1．简述计算机网络安全技术。

2．简述电子商务交易安全技术。

三、实践活动

（1）活动内容

通过探究电子商务训练活动，使学生进一步培养电子商务安全对策能力。

（2）活动要求

1）教师将学生分成若干组，每组 4～6 人，并选出组长。

2）要求每名学生熟悉任务 3 的导入案例，并对案例进行深入分析，对问题做出解答。

3）学生要端正态度，严肃认真，积极参与。讨论发言要从容、自信，口齿清晰，声音洪亮。

（3）活动评价

根据考核标准对探究电子商务训练活动考核评价，填写评价表（见下表）。

考核标准及分数 / 评价方式	遵守纪律（2 分）	态度端正、严肃认真（2 分）	积极参与、大胆发言（2 分）	分析透彻、观点正确（4 分）	分数汇总（10 分）
自我评价					
小组评价					
教师评价					

拓展提升

通过登录数字证书认证中心（www.myca.cn）网站，学习数字证书的申请、下载、使用等过程，并在 Windows 中对证书进行如导入、导出、删除等管理，加深对电子商务安全认证的了解，掌握数字证书的申请和使用过程，了解数字证书的工作原理。

项目小结

电子商务的安全性，是阻碍电子商务发展的一个重要瓶颈。电子商务信息安全主要是指用户方和产品服务提供方的订货和付款信息等不能为他人获知，并且商务活动一旦达成，相关信息未经双方协定，不可更改，不能否认。电子商务面临的安全威胁导致了对电子商务安全的需求，也是真正实现一个安全电子商务系统所要求做到的各个方面，主要包括机密性、完整性、认证性和不可抵赖性。

计算机网络安全威胁主要有计算机病毒、黑客攻击、内部威胁、网络犯罪、系统漏洞等。商务安全交易主要源于 Internet 本身开放、共享的特点。它们给电子商务带来的安全问题有：信息泄露、篡改，身份识别，信息破坏，破坏信息的时效性，泄露个人隐私等。

要保证电子商务的安全，首先要保证计算机网络的安全。计算机网络安全技术有防火墙技术、入侵检测系统、虚拟专用网技术、病毒防治技术。商务交易安全技术有基本加密技术、安全认证手段、安全协议。另外要制订规范的电子商务安全管理制度。

项目 8
开展网络营销与传播

通过网络找到并开发自己的潜在客户、开拓市场，这已经成为产品生产者推销产品的必由之路。网上巨大的消费群体特别是居民消费习惯的变化，给网络营销（on-line marketing 或 E-marketing）提供了广阔的空间。网络营销的潜在力量，将对整个营销市场产生巨大的冲击。同时由于网络营销拥有传播广、信息量大等特点，使其已经成为企业的另一种营销手段，网络的可视化与互动性，使企业的品牌变得更加突出，品牌意义同时得到提升，成为企业实现盈利的必要手段。

学习目标

【知识目标】

- 掌握网络营销的概念及特点；
- 理解市场和营销理念的变迁；
- 掌握网络营销策略；
- 掌握网络营销的主要手段；
- 理解网络环境下的商业信息传播；
- 理解网络广告的概念及主要形式。

【能力目标】

- 对网络营销的基本概念和理论有初步的认识；
- 培养正确识别网络广告的能力；
- 培养正确选择网络营销信息传播方式的能力。

【情感目标】

- 具备自主探究学习的意识，培养创新精神；
- 具备良好的职业道德，培养学生科学严谨的作风。

任务1 走进网络营销

案例导入

韩都衣舍的成长发展之路

韩都衣舍电商集团创立于2006年，是中国最大的互联网时尚品牌运营集团，凭借“款式多，更新快，性价比高”的产品理念，深得全国消费者的喜爱和信赖。

2010年获得“十大网货品牌”以及“最佳全球化实践网商”的荣誉称号；2012~2014年，在国内各大电子商务平台，连续三年女装排名第一位。2014年，韩都衣舍女装取得了天猫历史上第一个全年度、“双十一”“双十二”“三冠王”，男装取得了天猫原创年度第一名，童装取得了天猫原创年度第三名。

2011年3月，获得IDG近千万美元投资。2014年9月，获得由李冰冰、黄晓明、任泉三人成立的StarVC投资，成为其首个投资项目。

通过内部孵化、合资合作及独立孵化，韩都衣舍品牌集群达到28个，包含女装品牌HSTYLE、男装品牌AMH、童装品牌米妮·哈鲁、妈妈装品牌迪葵纳、文艺女装品牌素缕、箱包品牌猫猫包袋等知名互联网品牌，包括韩风系、欧美系、东方系等主流风格，覆盖女装、男装、童装、户外、箱包等全品类。韩都衣舍独创的“以产品小组为核心的单品全程运营体系(IOSSP)”是企业利用互联网提升运营效率的一个成功案例，入选清华大学MBA、长江商学院、中欧商学院以及哈佛商学院EMBA教学案例库。

2014年4月，韩都衣舍签约韩国巨星“国民女神”全智贤，10月签约“国民弟弟”安宰贤，2015年3月，签约新生代“亚洲女神”朴信惠，10月签约韩国实力派明星池昌旭，成为中国拥有国际明星代言人最多的互联网企业。

讨论：韩都衣舍的迅速发展得益于什么？

一、网络营销与电子商务

知识准备

1. 认识网络营销

网络营销就是以互联网为基础，利用数字化的信息和网络媒体的交互性来辅助实现营销目标的一种新型的市场营销方式。简单来说，网络营销就是以互联网为主要手段进行的，为达到一定营销目的的营销活动，较之传统的市场营销，其所依托的平台和渠道有所不同。

2. 网络营销与电子商务之间的关系

电子商务和网络营销既有区别又有联系。电子商务的核心是线上交易，强调交易方式和交易全过程的各个环节；而网络营销注重以互联网为主要手段的营销活动，主要研究的是交易前的各种宣传推广。电子商务的重点是实现电子化交易；而网络营销的重点在于交易前的宣传和推广。电子商务可看作网络营销的高级阶段，企业在开展电子商务前可开展不同层次的网络营销活动。

不过，对于绝大多数中小企业而言，电子商务的核心就是网络营销。

思　考

（1）结合以往所学习的知识点，说出电子商务的具体概念是什么。

（2）电子商务的特征有哪些？对比之下想一想网络营销会有哪些特点。

二、网络营销的特点

知识准备

网络营销作为一种新型的营销方式，它的产生与发展给人们带来了新的生活方式，其主要特点是成本低、效率高、效果好，具体有以下几方面的特点：

1. 超时空限制

随着互联网的广泛应用，现代人们已经不用去担心时间的差异和空间的阻隔，从而使得市场营销突破时空限制进行交易变成可能，企业可以每天 24 小时随时随地在全球的任何角落进行营销活动。

2. 多媒体交互

网络营销改变了传统营销方式不能实现的多媒体交互式使用，借助互联网等现代技术可以传输多媒体信息，如文字、声音、图像等信息，一方面带给人们身临其境的营销体验，另一方面，可以充分发挥营销人员的创造性和能动性。

3. 无障碍沟通

企业通过网站等多种网络营销工具实现供需互动与双向沟通。消费者可以快捷地查询商品信息，接受全方位的售后服务；同时，商家可以进行产品测试与消费者满意度调查等活动，从而达到互利双赢的效果。

4. 经济成本低

通过网络进行信息交换与促销宣传，一方面可以实现无店面销售，免交租金，节约水电费用与人工成本，另一方面可以减少由于迂回多次交换带来的损耗。

5. 柔性化营销

网络营销的方法多样，工具灵活，对消费者能够做到一对一的人性化营销服务，便于与消费者建立长期良好的关系。互联网是一种功能强大的营销工具，它同时兼具渠道、促销、电子交易、互动顾客服务以及市场信息分析与提供等多种功能。它所具备的一对一的营销能力，符合定制营销与直复营销的未来趋势。

6. 高技术支持

网络营销是建立在高技术支撑的互联网的基础上的，企业实施网络营销必须有一定的技术投入和技术支持。因此，要能成功地实施网络营销，必须有懂营销与计算机技术的复合型人才。

思　考

结合自己的网购体验，谈一谈你所感受到的网络营销的特点。

三、网络营销的策略

知识准备

在网络营销环境下，人们的营销理念发生了重大的变化，促使企业采取的营销策略也发生了重大变化。

1. 市场和营销理念的变化

（1）时空观念的重组和电子时空观

当今社会正由传统工业化社会向信息化社会过渡。在这个过渡期内，人们要受到两种不同时空观念的影响。一是我们赖以生活和工作的基础，是建立在工业化社会顺序和精确的物理时空观之上的。二是反映我们生活和工作基础的信息。需求是建立在后信息化（即网络化）社会可变性以及没有物理距离的时空观之上的。

（2）信息传播模式的变化

1）双向的信息传播模式。在网络环境下，信息的传播将改变目前单向的传播模式，逐步演变成一种双向的信息需求和传播模式。

2）推拉互动的信息供需模式。一方面，人们根据个性化的信息需求，主动上网搜寻所需要的信息（即所谓“拉”的模式）。另一方面，信息源推出所有素材上网（即所谓“推”的模式）。未来信息的供需模式将演变成为一种推拉互动的方式。

3）多媒体信息传播模式。现有的信息传播模式是分离的。即电视台主要传播的是视频信息，电台主要传播的是音频信息，而报纸、杂志主要传播的是文字信息。而今后这三者将会在网络上统一，形成多媒体信息传播模式。

（3）市场性质的变化

1）生产厂商和消费者的直接网上交易。在电子商务环境下，生产厂商和消费者可以通过网络直接进行交易。这种交易避开了某些传统的商业流通环节，因而更加直接、面对面和自由化。它对以传统商业运作为主的市场模式产生了巨大的冲击。

2）市场的多样化、个性化和时代化。原有的市场，将部分地被基于网络的电子设备取代。市场将趋于多样化。不同的企业、系统和产品将千方百计地在网上营造自己的营销模式以吸引客户。由于当代信息网络具有双向和动态的特点，这时的市场更显个性化和时代化。

3）市场细分的彻底化。随着市场环境和运作方式的发展，目前的市场经历了从同质市场到市场细分，再到利基（niche）市场的变化过程。目前市场变化主要体现在市场的划分越来越细和越来越个性化这两个方面。在网络环境下，电子商务把这两个方面的趋势推向极致，演变成为针对每个消费者的营销，即“微营销”（micro-marketing）。

（4）商品流通和交易方式的改变

在电子商务环境下，商品流通和交易方式的改变主要表现在中间商（即传统商业）地位的减弱（见图 8-1）、直接交易过程的出现以及营销全球化、实务操作无纸化和支付过程的无现金化（即完全通过电子货币的方式支付）等方面。

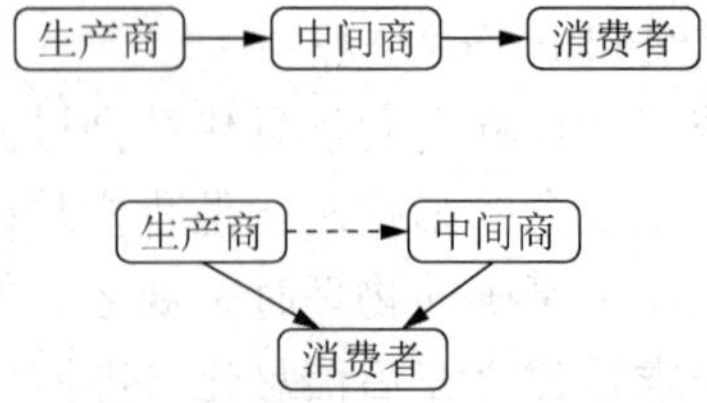

图 8-1　商品交易和流通的方式

(5)消费者概念和行为的变化

1)消费者从大众中分离。传统营销理论中的消费者通常是指一般大众,即在现实生活中,任何一个人都是潜在的消费者,都是营销策略所针对的对象。电子商务系统为消费者提供了全方位的商品信息展示和多功能的商品信息检索机制。商品的消费者一旦有了需要,就会立刻上网主动搜寻有关商品信息,于是,消费者开始从大众中分离出来。在这种情况下,只有上网主动搜寻商品信息的人才是真正意义上的消费者。

2)消费者直接参与生产和商业流通环节。传统的商业流通循环是由生产者、商业机构和消费者三者组成的。其中,商业机构在中间起着非常重要的作用。对于生产者来说,所谓市场向导是在商业机构所提供的范畴内进行的。生产者难以直接了解市场需要,消费者也不能直接向生产者表达对产品的需要。因此,在理论上,这种流通模式无论如何分析,总会存在一定的盲目性。而在未来网络环境下,这种情况将会改变。

3)大范围的选择和理性的购买。在电子商务环境下,由于网络和电子商务系统巨大的信息处理能力,为消费者在挑选商品时提供了空前规模的余地。这样,消费者将可以理智地进行购物;而对于生产者来说,生产优质并适合于消费者需要的产品才是唯一的出路。

2. 网络营销策略

(1)4P’s 与 4C’s

1)4P’s 营销模式。美国密歇根州立大学的麦卡锡将企业经营、市场分析和营销策略归纳为市场营销策略中的产品(product)、价格(price)、渠道(place)、促销(promotion),简称 4P’s 营销模式。

2)4C’s 营销模式。4C’s 的基本原则是以顾客为中心进行企业营销活动规划设计,从产品到如何实现顾客需要(consumer’s needs)的满足,从价格到综合权衡顾客购买所愿意支付的成本(cost),从促销的单向信息传递到实现与顾客的双向交流和沟通(communication),从产品流动到实现顾客购买的便利性(convenience),简称 4C’s 营销模式。

3)从 4P’s 到 4C’s 营销模式。网络环境和电子商务彻底改变了传统市场营销策略的基础,从 4P’s 为基础的市场营销策略组合过渡到以 4C’s 为基础的市场营销策略组合,极大地拓展了原有的市场和营销的概念,如图 8-2 所示。

(2)从产品策略到满足需要策略

1)产品从物质到理念的变化。传统意义上的产品是一种物质的概念。在信息化社会,产品的概念是一个综合服务和满足需要的概念。传统企业售出的是产品,现代企业售出的是理念。

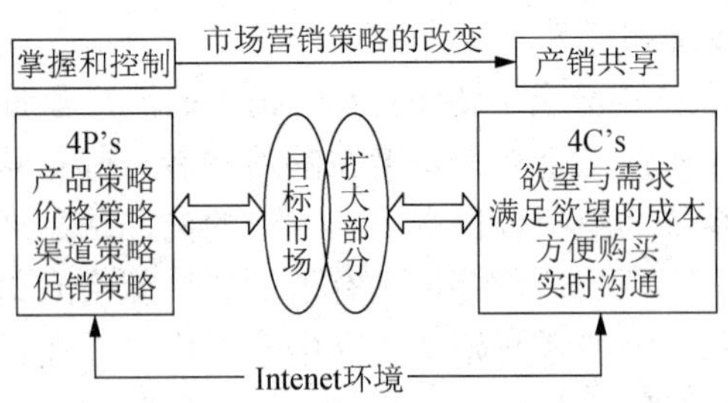

图 8-2　市场营销策略的改变

2）产品生命周期。产品生命周期就是产品从进入市场到退出市场所经历的市场生命循环过程，进入和退出市场标志着周期的开始和结束。产品生命周期分为五个阶段：投入期、生长期、成熟期、饱和期和衰退期。

在传统的环境中，厂家由于不直接接触消费者，所以很难把握新产品研制的正确投向。另外，在老产品已进入饱和期和衰退期时，新产品的开发总会不可避免地发生滞后。

在网络环境下，由于能在网上及时了解消费者的意见，因此产品一投放市场，企业就知道了应改进和提高的方向。于是，老产品还处在成熟期时企业就开始了下一代新产品的研制，使新产品可在原有产品的饱和期就实现产品接替，保证企业永远朝气蓬勃。

（3）从成本定价到满足需要定价

1）成本定价。成本定价的过程：产品及功能设计→生产成本+生产利润+商业利润+品牌系数→产品价格。在成本定价中，生产厂家对价格起着主导作用。这种价格能否为消费者和市场接受是一个具有很大风险的未知数。

2）满足需要定价。满足需要定价的过程：消费者需要→产品功能→生产与商业成本→市场可以接受的性能价格比。满足需要定价是根据消费者和市场的需要设计产品功能、计算产品的产量和成本。由此开发出来的产品和制定出来的产品价格的风险相对是较小的。

（4）从传统商业运作模式到现代商业运作模式

1）传统商业运作模式。在传统商业运作模式中，有强烈的地域限制。企业在制定各种营销策略时，不得不考虑营销渠道和地域的问题。而商家在制定营销策略时，一定会受到所在地区的商业覆盖范围，消费者的收入、消费水平、特点和职业结构等多种因素的限制。

在传统商业运作模式中，另一个很重要的问题就是企业必须通过层层批发和储运过程来保存实物。这样做不但费时、费力，不利于企业对市场和消费趋势的快速反应，而且大大地增加了经营成本。

2）现代商业运作模式。在现代商业运作模式中，企业和商业营销过程中的地域概念日渐淡化，营销渠道和宣传的一部分通过电子商务进行。营销策略中要考虑的重要问题就是如何在网络上用丰富的商品信息资源吸引用户，如何使所开发出的电子商务系统既安全又方便。商品从供应厂家到消费者或客户手中可以由专业的物流配送公司完成。

（5）网络在线的实时沟通

在电子商务环境中，网络可以实现厂家、商家和消费者之间的在线实时沟通。企业可以利用这一技术特点与各界建立广泛的沟通，以达到提高经营效率和赢得更大利润的目的。

思　考

结合自己的网购体验，谈一谈企业网络营销策略发生了哪些转变。

四、网络营销的主要手段

知识准备

网络营销的手段有很多，常见的主要有口碑营销、网络广告、媒体营销、事件营销、搜索引擎营销、E-mail 营销、数据库营销、短信营销、电子杂志营销、病毒式营销、问答营销、QQ 群营销、博客营销、论坛营销、社会化媒体营销、B2B 商务平台信息发布营销等。我们主要看一下以下几种营销手段：

1. 口碑营销

为消费者提供需要的产品和服务，从而让人们通过口碑了解产品、树立品牌、加强市场认知度，最终达到企业销售产品和提供服务的目的。

2. 网络事件营销

网络事件营销是企业、组织主要以网络为传播平台，通过精心策划、实施可以让公众直接参与并享受乐趣的事件，并通过这样的事件达到吸引或转移公众注意力，改善、增进与公众的关系，塑造企业、组织良好形象，以谋求企业的更大效益的营销传播活动。

事件营销具有以下要素：重要性、接近性、显著性、趣味性。目前社会出现的网络红人和汶川地震时的“封杀王老吉”都属于成功的网络事件营销典型案例。

3. 搜索引擎营销

搜索引擎营销，简写为SEM是目前最主要的网站推广营销手段之一，尤其是基于自然搜索结果的搜索引擎推广，因为是免费的，因此受到众多中小网站的重视，搜索引擎营销方法也成为网络营销方法体系的主要组成部分。搜索引擎营销的主要方法包括：竞价排名、分类目录登录、搜索引擎登录、付费搜索引擎广告、关键词广告、搜索引擎优化、地址栏搜索、网站链接策略等。

4. 许可 E-mail 营销

E-mail 营销是在用户事先许可的前提下，通过电子邮件的方式向目标用户传递有价值信息的一种网络营销手段。E-mail 营销有三个基本因素：基于用户许可、通过电子邮件传递信息、信息对用户是有价值的。三个因素缺少一个，都不能称之为有效的 E-mail 营销。

5. 病毒式营销

病毒式营销利用的是用户“口碑传播”的特点，在互联网上，这种“口碑传播”更为方便，可以像病毒一样迅速蔓延，因此病毒式营销成为一种高效的信息传播方式，而且，由于这种传播是用户之间自发进行的，因此几乎是不需要费用的网络营销手段。

病毒式营销可以采取的具体策略有：免费的服务、便民服务、节日祝福、通过“口头传播”信息、通过人际关系传播信息、通过营造事件传播话题。

6. 博客营销

博客营销是通过博客网站或博客论坛接触博客作者和浏览者，利用博客作者个人的知识、兴趣和生活体验等传播商品信息的营销活动。

博客营销本质在于通过原创专业化内容进行知识分享争夺话语权，建立起个人品牌，树立自己“意见领袖”的身份，进而影响读者和消费者的思维和购买行为。

7. BBS 营销

BBS 营销又称论坛营销，就是“利用论坛这种网络交流平台，通过文字、图片、视频等方式传播企业品牌、产品和服务的信息，让目标客户更加深刻地了解企业的产品和服务。最终达到宣传企业品牌、产品和服务的效果、加深市场认知度的网络营销活动”。

8. SNS 营销

SNS，全称 social networking services，即社会性网络服务，譬如，中国人人网、开心网等都是 SNS 型网站。这些网站旨在提供帮助人们建立社会性网络的互联网应用服务。SNS 营销，随着网络社区化而兴起的营销方式。SNS 社区在中国快速发展时间并不长，但是 SNS 现在已经成为备受广大用户欢迎的一种网络交际模式。SNS 营销就是利用 SNS 网站的分享和共享功能，在六维理论的基础上推行的一种营销模式。通过病毒式传播的手段，让企业的产品、品牌、服务等信息被更多的人知道。

以上便为企业常用的网络营销的几种形式。未来 30 年谁能营销网络，谁就能营销市场。如果企业现在还没有开始做网络营销，那它真的会像网络上说的那样："您将错过的不是一个机会，而是错过一个时代。"

思　考

学习小组成员之间交流经验，谈一谈你所知道的网络营销手段实例。

练习与实践

一、选择题

1．关于满足需要定价过程，下列表述正确的是（　　）。

A．产品及功能设计→生产成本+生产利润+商业利润+品牌系数→产品价格

B．消费者需要→生产与商业成本+生产利润+商业利润→市场可以接受的性能价格比

C．消费者需要→产品功能→生产与商业利润→品牌系数→市场可以接受的性能价格比

D．消费者需要→产品功能→生产与商业成本→市场可以接受的性能价格比

2．在网络环境下，信息的传播将演变成为一种推拉互动的信息供需模式。下列选项中，属于"推"的模式的是（　　）。

A．李明在苏宁易购网站上查询某品牌新款手机的信息

B．李红把土特产的图片上传至她的淘宝网店

C．王刚从网站上下载更新杀毒软件

D．张立在美团网上搜索查询某酒店的信息

3．在网络环境下，未来信息的供需模式将演变成一种"推拉"互动的

模式，下列选项中，属于“拉”的模式的是（　　）。

A．三星集团在其网站上为新款手机做广告

B．格力空调在电视上做促销广告

C．小刘在京东商城网站上搜寻某款冰箱的价格信息

D．腾讯公司在其网站上向用户推介新开发的游戏软件

4．网上商店可以每天 24 小时随时随地提供全球性营销服务，这体现了网络营销（　　）。

A．多媒体交互　　B．无障碍沟通

C．超时空限制　　D．高技术支持

二、简答题

参考答案

1．什么是网络营销？

2．请写出成本定价和满足需要定价的过程。

3．网络营销的主要手段有哪些？

三、实践活动

（1）活动内容

杭州花溪公司是一家专业制造扇子的企业，公司每年有上百种扇子销往全国各地。为了拓展销售市场，在对网络市场进行了一番调查分析之后，公司于 2011 年投资建设了自己的电子商务网站。经过一年多的努力，公司在线销售额虽有增长，但远未达到预期目标。为了把公司的电子商务做大做强，2012 年底，花溪公司专门成立电子商务部，并从职业学校招聘电子商务专业的毕业生，为公司注入了“新鲜血液”。花溪公司正在成长为国内电子商务行业的一颗新星。

根据以上内容回答下列问题：

1）按照交易对象分类，消费者从花溪公司网站购买扇子属于哪种类型的电子商务？

2）从传统市场环境到网络市场环境，你认为市场性质发生了哪些变化？

3）假如你是花溪公司电子商务部的负责人，你认为华溪公司要在 Internet 上取得成功，必须关注哪几个环节？

通过探究以上电子商务实例活动，使学生进一步正确认识电子商务的类型、市场性质的变化。

（2）活动要求

1）教师将学生分成若干组，每组 4～6 人，并选出组长。

2）要求每名学生熟悉上述案例，并对案例进行深入分析，对问题做出解答。

3）学生要端正态度，严肃认真，积极参与。讨论发言要从容、自信，口齿清晰，声音洪亮。

（3）活动评价

根据考核标准对探究电子商务训练活动考核评价，填写评价表（见下表）。

考核标准及分数 / 评价方式	遵守纪律（2 分）	态度端正、严肃认真（2 分）	积极参与、大胆发言（2 分）	分析透彻、观点正确（4 分）	分数汇总（10 分）
自我评价					
小组评价					
教师评价					

拓展提升

在教师指导下，学生通过实际的上机操作体验网络营销的特点、策略及主要手段。

任务 2　网络营销的信息传播

案例导入

正确的信息传播规划成就京东商城的霸主地位

京东是中国最大的自营式电商企业，2015 年第一季度在中国自营式 B2C 电商市场的占有率为 56.3%。目前，京东集团旗下设有京东商城、京东金融、拍拍网、京东智能、O2O 及海外事业部。京东创始人刘强东将担任京东集团 CEO。2014 年 5 月 22 日，京东在纳斯达克挂牌，股票代码 JD，成为仅次于阿里巴巴、腾讯、百度的中国第四大互联网上市公司 。2015 年 11 月 12 日，京东商城入选 MSCI 中国指数。

可以说京东商城的迅速发展，离不开京东商城正确的信息传播规划。让所有的人都知道“京东商城是中国最大的 3C 产品网上商城”是其信息传播规划的目标，在品牌层面，拔高品牌高度，提高知名度和美誉度，在用户层面使有效用户激增。为实现此目标，京东商城借助 E-marketing（包括网络博客、论坛、搜索引擎、浮游广告、电子杂志等）、AD（包括户外广告、网络广告、电台广告等）、PR（包括平面媒体、网络媒体等）、EVENT（包括新闻活动、节日活动等）等营销组合方案成就了其霸主地位。

讨论：案例中传播了京东的哪些信息？京东采用的信息传播方式有哪些？

一、企业需要传播的信息

知识准备

1. 商品宣传信息

企业最终的目的就是将商品推销给最终客户，获得经济效益，商品的信息越翔实和生动，越能打动消费者。因此商品宣传信息是企业最主要也是最重要的传播信息。

2. 企业文化信息

企业如果能在消费者心里树立一个良好和正面的形象，那么会对企业经济效益的提高和企业的生存发展有很大的促进作用。让消费者第一时间了解企业的文化，能够使消费者产生身为企业一分子的感觉，同时积极的企业文化信息可以提升顾客忠诚度，留住老顾客，发展新顾客。

3. 服务支持信息

在 21 世纪，售后服务越来越成为企业营销活动的一个重要组成部分。服务支持信息不仅可以实现一对一营销，让顾客感觉自己是被企业重视的，又能够在第一时间解决企业商品的售前、售中和售后服务。

4. 消费者反馈信息

网络的一大优势就是买卖双方的交流是相互的、无障碍的。消费者的反馈信息可以快速、真实地传递到企业手中，为企业的产品改进和新产品开发活动提供可靠的依据。

5. 客户互动信息

客户之间的交流和互动不论是好的还是坏的，都是针对企业商品而言的，因此，企业网站的客户交流是一种行之有效的营销工具，企业应当合理、充分利用。

思　考

（1）观看海尔冰箱的视频广告（其他广告亦可），说说广告中传播了企业的哪些信息。

（2）企业可以通过哪些途径获得消费者的反馈信息？

二、网络营销的信息传播方式

知识准备

1. 商务网络站点

要想开展网络营销，企业就必须创建自己的商务网络站点（Web Site）。企业的经营者必须千方百计地推销自己的网站，使更多的用户能够很方便地进入该企业的网站。

推销商务网站的两种途径：一种是通过传统广告媒体宣传网站，另一种是通过一些著名的搜索系统 “曝光”和推销网站。

2. 设置访问计数器

在网站中设置访问计数器是一种通常的做法。通过访问计数器可以帮助企业分析和了解市场以及消费趋势。

知识窗

对各主题访问人次的统计分析可以折射出访问者（即潜在的消费者）的需要和兴趣；对同行业访问人次的统计分析可以了解本企业在市场中的地位和所占的比例；对主页访问人次和各主题访问人次分布规律的分析可以了解企业网络营销的效果。

3. 利用电子邮件（E-mail）传递商务单证

在 Web Site 的设计过程中，表格是通过屏幕设计的结构和内容完成的，而表格中的内容可以通过电子邮件以报文方式传送。

4. 用动画和图像制作广告

商务网站通常用动画和图像制作广告（见图 8-3）突出宣传企业的最新产品、最新服务或特色产品、特色服务，从而达到营销策略和推销的目的。

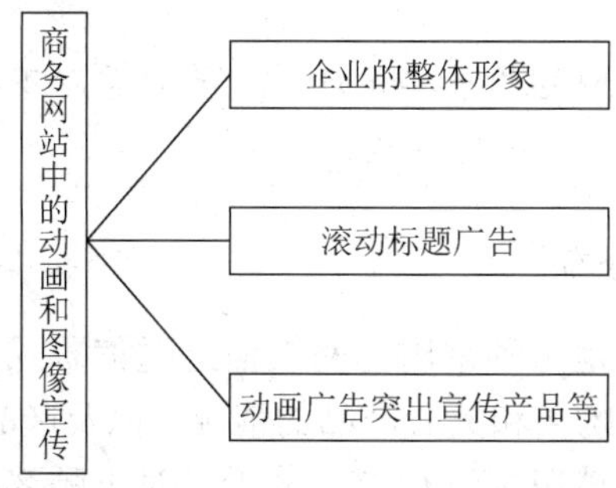

图 8-3 商务网站中的动画和图像宣传

5. 通过电子公告板吸引客户

企业商务网络中开设电子公告板（BBS）的主要目的是，吸引客户了解市场动向和引导消费市场。为实现这些目的，企业商务网站的电子公告板常以开办热门话题论坛或开办网上俱乐部（沙龙）的形式出现。

6. 导航器和搜索引擎

（1）导航器

导航器是一个统称，凡是有助于方便用户浏览网站信息、获取网站服务，并且在整个过程中不至于迷失、在发现问题时可以及时找到在线帮助的所有形式都可以称为导航器。

（2）搜索引擎

企业提供搜索引擎的主要目的是，通过提供各种逻辑组合信息查询方法帮助客户找到其所需要了解的新产品（商品）信息，以及企业所希望向用户推荐的信息。

7. 数据库

数据库是能够进行查询和修改的数据集。数据库是整个信息系统的基础，也是定量分析工作的基础，目前网站开发工具大部分都提供了相应的数据库功能。企业商业网站要充分利用这些数据库功能，分类保存有用的商务信息，为各种类型的经营分析提供支付。

8. 菜单

菜单是网页上的导购员，是各种信息系统最常用的技术部件之一。

知识窗

商务网站的数据库主要包括客户数据库、产品数据库、相关产品供需信息数据库。

在考虑企业商务网站的菜单设计时，要注意以下要点：营销策略、组织与管理、经营特色、扁平化结构。

9. 广播式信息分布

广播式信息发布是一种常用的网络信息通信方式。通常的做法是：根据客户数据库中客户购买和关心产品的情况，以及产品数据库中相关产品、配套产品和新产品的情况，进行综合分析。对于顾客感兴趣的产品，就通过系统以广播的形式向所有相关客户的电子邮箱发送有关产品信息，以达到推销的目的。

思 考

结合实例，谈一谈你对网络营销策略传播方式的认识。

练习与实践

一、选择题

1．在网站中设置访问计数器是一种常见的做法。要了解本企业在市场中的地位和所占比例，应主要统计分析（　　）。

A．同行业的访问人次　　B．各主题的访问人次

C．主页的访问人次　　D．各主题访问人次的分布规律

参考答案

2．企业商务网络中开设电子公告板的主要目的是（　　）。

A．统计分析对各主题的访问人次

B．为各种类型的经营分析提供支持

C．方便用户浏览网站信息、获取网站服务

D．吸引客户了解市场动向和引导消费市场

3．要想开展营销，企业必须创建自己的（　　）。

A．商务网络站点　　B．计数器

C．搜索引擎　　D．数据库

4．通过（　　）可以帮助企业分析和了解市场以及消费趋势。

A．菜单　　B．广播式信息发布

C．访问计数器　　D．电子公告板

5．电子公告板的简称是（　　）。

A．BBS　　B．BBA

C．IWS　　D．CAD

6．企业网站的（　　）是行之有效的营销工具。

A．消费者反馈　　B．服务支持

C．企业文化　　D．客户互动信息

二、简答题

1．企业需要传播的信息有哪些？

2．简述商业信息的传播方式。

三、实践活动

（1）活动内容

通过探究电子商务训练活动，使学生进一步正确认识电子商务的信息传播方式。

（2）活动要求

1）教师将学生分成若干组，每组 4～6 人，并选出组长。

2）要求每名学生熟悉任务 2 的导入案例，并对案例进行深入分析，对问题做出解答。

3）学生要端正态度，严肃认真，积极参与。讨论发言要从容、自信，口齿清晰，声音洪亮。

（3）活动评价

根据考核标准对探究电子商务训练活动考核评价，填写评价表（见下表）。

考核标准及分数 / 评价方式	遵守纪律（2 分）	态度端正、严肃认真（2 分）	积极参与、大胆发言（2 分）	分析透彻、观点正确（4 分）	分数汇总（10 分）
自我评价					
小组评价					
教师评价					

拓展提升

在教师指导下，学生为某企业制作一个信息传播策划规划方案。

任务 3　认知网络广告

案例导入

中文世界强劲的互联网品牌——搜狐

搜狐是中国领先的网络新媒体，是中文世界强劲的互联网品牌，也是企业界和广大网民首选的中文搜索引擎。它每日的网页浏览量已达 1.2 亿。搜狐公司从中国首家大型分类搜索引擎发展成为最受用户喜爱的综合性门户网站，其网络广告也具备了相当的规模和影响。

搜狐提出量体裁衣的广告服务思想，突出行业特点、地方特色和企业特色，并积极帮助广大的中小客户和个人客户在搜狐网站上做广告。搜狐在广告技术上不断更新，对广告服务不断更新。分类搜索页面中的广告，采用了新的按点击次数计费的方式。这是一种准确合理的广告服务计费方式。在分类搜索产品的原材料收集、半成品加工、成品形成和销售的全过程中，搜狐都是利用机会给客户插播广告。除了线上的广告宣传，在线下，客户也可以通过每月一期的《搜狐世界》和不定期印制的宣传印刷品，享受搜狐的广告服务。

讨论：搜狐在广告策划中遵循了哪些原则？你在搜狐网页上见到过哪些形式的网络广告？

一、认识网络广告

知识准备

1. 网络广告的概念

网络广告就是在网络上做的广告。利用网站上的广告横幅、文本链接、多媒体的方法，在互联网刊登或发布广告，通过网络传递到互联网用户的一种高科技广告运作方式。

与传统的四大传播媒体（报纸、杂志、电视、广播）广告及近来备受垂青的户外广告相比，网络广告具有得天独厚的优势，是实施现代营销媒体战略的重要部分。Internet 是一个全新的广告媒体，速度最快效果很理想，是中小企业扩展壮大的很好途径，对于广泛开展国际业务的公司更是如此。

2. 理解网络广告

1）五大构成要素：
广告主：指发布网络广告的企业、单位或个人；
广告费用；
广告媒体：网络（互联网）；
广告受众：是网络广告指向的广告对象或称网络广告的接受者；
广告信息：指网络广告的具体内容。

2）发源于美国，是越来越受到企业青睐的有效促销手段。

3）网络广告之所以获得了飞速的发展，是因为网络广告与传统广告相比拥有以下优点：

① 网络广告是多维广告。它能将文字、图像和声音有机地结合在一起，传递多感官的信息，让顾客身临其境般感受商品的绚丽或服务的温馨。网络广告的载体基本上是多媒体、超文本格式文件，广告受众可以对其感兴趣的产品信息进行更详细的了解，能亲身体验产品、服务和品牌。这种图、

文、声、像相结合的广告形式，将大大增强网络广告的实效。

② 网络广告拥有最有活力的消费群体。分析结果表明，网络广告的受众是最年轻、最具活力、受教育程度最高、购买力最强的群体，所以网络广告可以帮助商家直接命中最有可能购买的潜在客户。

③ 网络广告制作成本低，传播速度快，更改灵活。网络广告制作周期短，即使在较短的周期进行投放，也可以根据客户的需求很快完成制作，而传统广告制作成本高，投放周期固定。另外，在传统媒体上做广告发布后很难更改，即使可以改动，往往也须付出很大的经济代价。而在互联网上做广告能够按照客户需要及时变更广告内容。这样，经营决策的变化就能得到及时实施和推广。

④ 网络广告具有交互性和纵深性。交互性是互联网媒体最大的优势，它不同于传统媒体的单向传播，而是信息互动传播。通过链接，用户只需要简单地点击鼠标，就可以从厂商的相关站点中得到更多、更详尽的信息。另外，用户可以通过广告位直接填写并提交在线表单信息，厂商可以随时得到宝贵的用户反馈信息，进一步缩短了用户和厂商之间的距离。同时，网络广告可以满足进一步的产品查询需求。

⑤ 网络广告能进行完善的统计。网络广告通过及时和精确的统计机制，使广告发布者能够直接对广告的浏览量进行在线监控。而传统的广告形式只能通过并不精确的收视率、发行量等来统计投放的受众数量。同时，网络广告使广告发布者能够更好地跟踪广告受众的反应，及时了解用户和潜在用户的情况。

⑥ 网络广告的投放更具有针对性。通过提供众多的免费服务，网站一般都能建立完整的用户数据库，包括用户的地域分布、年龄、性别、收入、职业、婚姻状况、爱好等。这些资料可帮助分析市场与受众，根据广告目标受众的特点，有针对性地投放广告，并根据用户特点做定点投放和跟踪分析，对广告效果做出客观准确的评价。另外，网络广告还可以提供有针对性的内容环境。不同的网站或者同一网站不同的频道所提供的服务是不同质且具有很大区别的，这就为密切迎合广告目标受众的兴趣提供了可能。

⑦ 网络广告的受众关注度高。据资料显示，电视并不能集中人的注意力，电视观众中40%的人同时在阅读，21%的人同时在做家务，13%的人在吃喝，12%的人在玩赏他物，8%的人在打电话。而网上用户 55%在使用计算机时不做其他事，只有 6%的人同时在打电话，5%的人在吃喝，4%的人在写作。

⑧ 网络广告缩短了媒体投放的进程。广告主在传统媒体上进行市场推广一般要经过三个阶段：市场开发期、市场巩固期和市场维持期。而互联网将这三个阶段合并在一次广告投放中实现，消费者看到网络广告，点击

后获得详细信息，并填写用户资料或直接参与广告主的市场活动，甚至直接在网上实施购买行为。

⑨ 网络广告具有最广阔的传播范围，网络广告的传播不受时间和空间的限制，广告信息 24 小时不间断地传播到世界各地。而且只要具备上网条件，任何人在任何地点都可以阅读到广告内容。这是传统媒体无法比拟的。

⑩ 网络广告具有可重复性和可检索性，网络广告可以将文字、声音、画面完美地结合在一起。之后供用户主动检索，重复观看。而与之相比，电视广告却是让广告受众被动地接受广告内容。如果错过广告时间，就不能再得到广告信息。另外，显而易见，与网络广告的检索相比较，平面广告的检索要费时、费力得多。

另外，网络广告还具有价格优势。从价格方面考虑，与报纸、杂志或电视广告相比，目前网络广告费用还是较为低廉的。虽然中国的互联网广告在 1997 年才开始出现，但是经过这几年的发展，网络广告已经成为中国互联网站的最主要的收入形式，也成了企业市场推广必不可少的高效途径。

思　考

结合实际认知，谈一谈网络广告有哪些优势。

二、网络广告的主要形式

知识准备

常见的网络广告形式有以下几种：

1. 旗帜广告

以限定尺寸表现商家广告内容的图片形式，最醒目的旗帜广告出现在网站主页的顶部，也称网幅广告、页眉广告。

2. 标志广告

标志广告用于显示公司或产品的图标，点击后链接到公司的站点。

3. 按钮广告

按钮广告类似于旗帜广告和标志广告（logo），但经常表现为不同的图形。

4. 文本链接广告

文本链接广告是以一排文字作为一个广告，点击可以进入相应的广告页面。这是一种对浏览者干扰最少，但却较为有效的网络广告形式。有时候，最简单的广告形式效果却最好。

5. 巨幅广告

一般要占到整个屏幕三分之一以上空间，多采用 Flash 动画格式，能够从多方位展示企业的产品信息。

6. 全屏广告（网页广告）

此类广告覆盖全屏，具有强烈的感召力。

7. 插播式广告（弹出式广告）

访客在请求登录网页时强制插入一个广告页面或弹出广告窗口。它们有点类似电视广告，都是打断正常节目的播放，强迫受众观看。插播式广告有各种尺寸，有全屏的也有小窗口的，而且互动的程度也不同，从静态的到全部动态的都有。浏览者可以通过关闭窗口不看广告（电视广告是无法做到的），但是它们的出现没有任何征兆，而且肯定会被浏览者看到。

8. 分类广告

分类广告集中了同行业的大量信息，便于同类产品间的比较。

9. 电子邮件广告

电子邮件广告具有针对性强（除非你肆意滥发）、费用低廉的特点，且广告内容不受限制。特别是针对性强的特点，它可以针对具体某一个人发送特定的广告，为其他网上广告方式所不及。

10. 关键词广告

通过在搜索引擎注册，企业信息能够出现在用户的相关搜索结果中。

11. 对联广告

对联广告采用传统的对联形式，一般对称出现在网页的左右两侧空白位置。

12. 超级流媒体广告

超级流媒体广告画面优美，声音悦耳，在画面底部设有播放按钮，用户可自行关闭或重放。

13. 飘移广告

此类广告不停地在网页上飘移，以引起网页浏览者的注意。

14. 定向广告

是指网络服务商利用网络追踪技术（如 cookies）搜集整理用户信息，按年龄、性别、职业、爱好、收入、地域分类，储存用户的 IP 地址，然后利用网络广告配送技术，向不同类别的用户发送内容不同的广告。

15. 擎天柱广告

利用网站页面左右两侧的竖式广告位置而设计的广告形式。这种广告形式可以直接对客户的产品和产品特点进行详细说明，并可以进行特定的数据调查、有奖活动。

16. 撕页广告

撕页广告是一种新的广告形式，打开浏览页面的同时，广告自动伸展成大尺寸，于 2～3 秒表现后自动还原至 80×80 像素小图标缩至页面左上角或右上角，鼠标经过广告版面点击可重复观看并了解详细内容。

思　考

打开任一网站，谈一谈该网站上的网络广告形式有哪些。

三、网络广告策划

知识准备

1. 网络广告策划的基本原则

网络广告的策划总体上来讲与传统广告的策划在本质上没有明显的区别，都是以满足顾客需要为前提，以本企业目标为基础，通过各种手段进行市场调查，提出不同的广告方案，进一步地进行分析、筛选、修改、试行，从而选出最满意的广告方案，并且进一步付诸实施。网络广告在策划方式和角度上与传统广告有异曲同工之妙，但在具体实施网络广告策划时，它又是一个相对独立、完整的过程，必须有调查、目标确定、广告地位，经费预算、制作、发布、效果评估等步骤。因此，在网络广告策划中也要遵循一定的基本原则。

（1）创新性

作为一种新型的广告形式，网络广告应强调出奇制胜，寻求超越传统广告的描述和表现方式。

网络广告借助多媒体手段，较之报纸、杂志、广播、电视等传统媒体传播手段，更为丰富和立体。而网络的交互性，使得广告制作者和观赏者的地位是相对平等的，网民在相当大的程度上掌握了信息接收的选择权。一旦网络广告无法在第一时间吸引受众的眼球，受众就会忽视或关闭广告，转而进行其他活动，使广告效果得不得实现。因此，没有新颖性的网络广告策划，吸引不到注意力，更谈不上转化为相应的点击率，也就没有什么促销效果。

从网络广告发布形式来看，网络广告处于不断创新之中。为了让消费者注意到广告传达的信息，各种新奇的广告形式应运而生。现在的网络广告可谓千姿百态：可以用 Flash 做成小动画；动态广告画面在屏幕上来回移动显示，而且随时可以从中获取进一步的信息；打开一个网页时，马上会弹出一幅将平面广告与电视广告完美结合的动态广告画面；可以用 Java 技术制作各式各样的广告效果；网络电视广告也越来越普及。

（2）系统性

网络广告的策划是一项系统性的活动，每个环节都要保持目标的明确、各环节的统一。网络广告策划的系统原则包括两个方面的含义。

一是采用多种形式宣传同一商品或服务的网络广告在广告目标、广告策略、广告表现等方面必须协调一致。

小案例

百事可乐的在线广告，采用了巨幅广告、横幅广告和流媒体广告等多种形式，无论是发布在 1996 年正式开通的百事可乐网站上，还是投放到 MTV、雅虎和奥斯卡的官方网站上，这些在线广告都强调作为年轻人的代言人的产品形象，服从于百事可乐品牌传播的总体定位。

二是网络广告与线下广告相协调。大多数广告主，特别是消费品的广告主并不是单独使用网络广告的，而是把网络广告与传统广告配合起来使用，也就是网络广告策划要站在企业全局的立场上进行，从系统角度考虑问题，要求网络广告在广告目标、广告策略、广告表现等方面要和传统媒体广告协调一致。

小案例

百事可乐和可口可乐的网络广告，基本上延续了二者线下广告的产品定位与表现风格。可口可乐的广告比较传统，以红、白色块为主，字体线条流畅，针对各个年龄段、各个阶层的消费者，从图片设计到广告用语均强调“生活”二字；广告传达“生活是美好的”这一品牌理念，传播“创造一段值得一生铭记的回忆”市场策划，营造一种贴心的亲切感，尽力缩短产品与消费者的距离。百事可乐的网络广告则较为活泼，无论是画面构图还是动画运用，都着意传达一种“酷”的感觉。百事可乐善于制造“名人效应”，经常请青少年的偶像作为自己的代言人，不断捕捉青少年的兴趣点和关注点。这两个品牌的网络广告的表现策略与传统广告的整体策略是一脉相承的。

2. 网络广告策划的主要内容

不管是在直接进行卖点诉求还是在树立品牌形象，网络广告最终的意义就在于传播广告信息以影响销售状况。如何让网络广告更为有效，一直都是广告主和代理商共同关心的问题。高效的网络广告必须依赖好的策划，做到让合适的网络广告展现在合适的对象面前，从而吸引公众点击和浏览，并参与广告信息活动。网络广告的策划包括如下内容。

第一，明确网络广告的目的，根据目的的不同选择不同类型的网络广告。如果是宣传品牌，应该在访问量大、美誉度高、访问群体与目标消费者符合的综合门户网站或行业门户网站投放广告；如果是为某个产品促销或建设渠道，适宜在行业门户网站投放广告；而如果是推广在线业务，则适宜在搜索引擎购买关键字排名，实现精准的网络广告投放。

第二，根据企业的特点和实力确定费用预算。不同类型的网络广告和网站平台的费用差距非常大，新浪、QQ 等网站的日广告费用在数万到数十万，小的专业门户的价格在数千到数万，搜索关键字排名一般按点击量收费，每次点击费用在几角到几元不等，广告联盟的价格相对便宜，但投放的网站多是个人网站，信誉度不高。应针对自己的推广目的，选择性价比最好的广告投放形式，确定出合理的费用预算。

第三，制定符合本企业网络广告特色的投放策略。例如，是在一个网站投放，还是多个网站投放；是单一广告展示，还是专门建立推广网站；投放的最佳时间段是什么时候；如何控制广告费用的消耗；广告效果不佳时如何调整；是否需要专门的客服人员应对访问者咨询等。这些问题都需要事前做出方案。

第四，构思引人入胜的广告并建立有创意的制作团队。创意好、设计精美、定位准确的广告能吸引更多的用户浏览和访问，可以大大提高广告的效果，而制作粗劣的广告则会降低广告的效果，甚至可能让大笔的广告费付诸流水。而这一切取决于广告制作团队。

第五，设计精准的网络广告投放操作。广告投放的操作一般由网站完成，有些平台如广告联盟、搜索引擎关键字广告提供客户操作的后台，这样更容易控制广告的投放过程。在投放之前，需要操作人员详细了解操作步骤，及时发现问题。

第六，进行快速准确的网络广告效果监测。网络广告的效果到底如何，需要通过监测相关数据并进行后期分析。一般主要监测广告的展示量、点击量、平均访问页数、地域分布等。要根据这些数据去平均广告效果，改进广告投放策略，以便于下次投放时参考。

练习与实践

一、选择题

参考答案

1. 如果是为某个产品促销或建设渠道适宜在（　　）投放广告。
   A．综合门户网络　　B．行业门户网站
   C．搜索引擎　　D．普通网站平台
2. 网络广告效果如何，主要监测的内容不包括（　　）。
   A．展示量　　B．点击量
   C．平均访问页数　　D．访问者咨询
3. 广告主和代理商共同关心的话题是（　　）。
   A．如何让网络广告有效　　B．树立品牌形象
   C．广告制作团队　　D．卖点诉求

二、简答题

1. 简述网络广告策划的内容。
2. 简述网络广告的形式。

三、实践活动

（1）活动内容

通过探究电子商务训练活动，使学生进一步正确认识网络广告的形式及策划内容。

（2）活动要求

1）教师将学生分成若干组，每组 4～6 人，并选出组长。

2）要求每名学生熟悉任务 3 的导入案例，并对案例进行深入分析，对问题做出解答。

3）学生要端正态度，严肃认真，积极参与。讨论发言要从容、自信，口齿清晰，声音洪亮。

（3）活动评价

根据考核标准对探究电子商务训练活动考核评价，填写评价表（见下表）。

考核标准及分数 评价方式	遵守纪律（2分）	态度端正、严肃认真（2分）	积极参与、大胆发言（2分）	分析透彻、观点正确（4分）	分数汇总（10分）
自我评价					
小组评价					
教师评价					

拓展提升

在教师指导下，学生为自己的学校制作一则网络广告，说明选择哪种形式的广告，并说明原因。

项目小结

网络营销作为一种新型的营销方式，它的产生与发展给人们带来了新的生活方式，其主要特点是成本低、效率高、效果好，具体有超时空限制、多媒体交互、无障碍沟通、经济成本低、柔性化营销、高技术支持的特点。

网络营销的手段常见的主要有口碑营销、网络广告、媒体营销、事件营销、搜索引擎营销、E-mail营销等。

企业需要传播的有商品宣传信息；企业文化信息、服务支持信息、消费者反馈信息、客户互动信息。

网络营销的信息传播方式有商务网络站点、设置访问计数器、利用电子邮件（E-mail）传递商务单证、用动画和图像制作广告、通过电子公告板吸引客户、导航器和搜索引擎、数据库、菜单、广播式信息分布。

网络广告有很多形式，在进行策划时要遵循创新性和系统性的原则。

项目 9
熟悉电子商务法律与法规

目前，中国成为全球规模最大的电子商务市场，电子商务产业成为最具发展潜力、最有国际竞争力的产业。但是与电子商务迅猛发展的实践相比，中国至今尚未对电子商务进行专门立法，实践中指导、规范电子商务发展主要依靠部门规章。电子商务现有法律法规亟待梳理、修改、补充和完善，促进电子商务持续健康发展迫切需要加强立法。

学习目标

【知识目标】

- 理解电子商务法的概念和特征；
- 了解全球电子商务立法概况；
- 了解电子签名和电子支付法律制度；
- 理解电子商务安全法律制度；
- 了解电子商务隐私权保护；
- 了解电子商务与消费者权益保护。

【能力目标】

- 培养学生运用电子商务法律分析并解决电子商务实践中遇到的相关法律问题的能力；
- 使学生了解电子商务法律相关知识，为以后从事电子商务活动提供法律保障。

【情感目标】

- 让学生具有守法意识和维权意识；
- 具有诚实守信的职业道德和敬业精神。

任务 1　电子商务法概述

案例导入

当前，以计算机网络为核心的信息技术的迅猛发展和因特网的迅速普及，极大地改变了人类数千年的传统生活方式。电子商务作为全球经济一体化背景下的一种全新的商业机制应运而生。它以高效率、无疆界、无时限和低成本等特点，受到全球各国政府和企业界的广泛重视，并获得迅速发展。2015 年全球电子商务的总贸易额达到 20.8 万亿美元。电子商务已被普遍认为将成为 21 世纪初全球经济最大增长点之一。电子商务的跨越式发展，也给现行国际法律体系带来了新的挑战。

讨论：国际电商贸易为什么发展这么快？如何保证消费者网上贸易的合法权益？

一、电子商务法的概念和特征

知识准备

1. 电子商务法的概念

法律是国家制定或认可的，由国家强制力保证实施的，以规定当事人权利和义务为内容的具有普遍约束力的社会规范。电子商务法是指调整平等主体之间通过电子行为设立、变更和消灭财产关系和人身关系的法律规范的总称。电商立法主要解决目前出现的信息安全、知识产权保护、虚拟财产保护、支付等问题。

2. 电子商务法的特征

1）国际性。

2）技术性。

3）虚拟性。

4）安全性。

5）政府参与和管理。

Internet 是一个信息资源服务共享的集合。对于 Internet 这种公众资源，没有政府的参与、协调和管理是无法形成的。

思　考

谈一谈你对电子商务法的认识。

二、电子商务法的基本原则和作用

知识准备

1. 电子商务法的基本原则

（1）中立原则

中立原则包括以下几个方面：技术中立、媒介中立、实施中立。

（2）意思自治原则

当事人意思自治，是民事法律中的一项基本原则。当事人意思自治的核心是尊重当事人自主的意思选择，从法律上承认当事人可以自由决定相互之间的法律关系。电子商务活动主体有权决定自己是否进行交易、和谁交易。

（3）功能等同原则

电子商务法对商家与消费者、国内当事人与国外当事人等，都应尽量做到同等保护。因为电子商务市场本身是国际性的，在现代通信技术条件下，割裂的、封闭的电子商务市场是无法生存的。

（4）安全原则

保障电子商务活动的安全，既是电子商务法的重要任务，也是电子商务法的基本原则。

2. 电子商务法的作用

随着电子商务的广泛应用，电子商务法的主要作用表现在以下几个方面：

1）为电子商务的规范发展提供良好的竞争环境，这是电子商务法的根本任务。

2）促进新技术在电子商务中的广泛应用。

3）有效地遏制侵犯电子商务交易安全的行为，目前企业发展电子商务的最大顾虑是安全性问题，电子商务网上交易的安全不仅要靠技术保障措施，更重要的要靠电子商务立法来规范。

4）建立用户和消费者的信任。

小案例

海南经天公司 1998 年投资 180 万元完成开发并出版发行的《中国大法规数据库》，被海口网威公司 2000 年解密后，复制到其经营的《司法在线》

网站上。经天公司将该侵权的网上法规数据库下载，经过公证后将其作为证据，向海口市中级人民法院起诉。

问题：海口网威公司是否侵犯了海南经天公司的著作权？为什么？

分析：海口网威公司对《中国大法规数据库》侵权事实成立。《中国大法规数据库》1998 年已获国家版权登记，依法享有版权。网威公司的法规库与经天公司的法规库基本相同。网威公司的法规库与其他法规库只有某些特征相符，因此并不能排除其抄袭经天公司法规库的可能性，其抗辩不能说明任何问题。

思 考

谈一谈，电子商务法对我们的日常生活有没有影响？有哪些影响？

练习与实践

一、选择题

电子商务法的基本原则是（　　）。

A．中立原则　　B．意思自治原则

C．功能等同原则　　D．安全原则

参考答案

二、简答题

1．简述电子商务法的基本原则。

2．简述电子商务法的特征。

3．简述电子商务法的作用。

三、实践活动

（1）活动内容

通过调查收集电子商务活动中消费者合法权益受侵害的案例，使学生进一步认识电子商务法的重要性。

（2）活动要求

1）教师将学生分成若干组，每组 4～6 人，并选出组长。

2）要求每一个小组收集 2 个案例，并整理出解决问题的办法。

3）学生积极参与。讨论发言要从容、自信，口齿清晰，声音洪亮，教师指导学生解决问题。

（3）活动评价

根据考核标准对学生案例收集分析进行考核评价，填写评价表（见下表）。

评价方式 \ 考核标准及分数	遵守纪律（2分）	态度端正、严肃认真（2分）	积极参与、大胆发言（2分）	分析透彻、观点正确（4分）	分数汇总（10分）
自我评价					
小组评价					
教师评价					

拓展提升

自己上网查询《中华人民共和国电子签名法》，了解此法的条文内容，并思考它不能解决当下电子商务活动中的哪些问题。

任务 2　了解全球电子商务立法概况

案例导入

中国电子商务立法现状

近几年中国电子商务交易规模一直保持较快增速，日益成为拉动国民经济增长的重要动力和引擎。但是我国在电子商务立法方面相对滞后。

《中华人民共和国电子签名法》由中华人民共和国第十届全国人民代表大会常务委员会第十一次会议于 2004 年 8 月 28 日通过，自 2005 年 4 月 1 日起施行，被认为是中国首部真正电子商务法意义上的立法、中国首部真正意义上的信息化法律，自此电子签名与传统手写签名和盖章具有同等的法律效力。

讨论：《中华人民共和国电子签名法》是否就是电子商务法？你有没有遇到过网购过程中自己的合法权益受到侵害，却无法依法维护自己合法权益的事情？

一、国际电子商务立法

知识准备

1. 国际电子商务立法发展

（1）国际电子商务立法的早期

20 世纪 80 年代初，由于计算机技术已有相当发展，一些国家和企业开始大量使用计算机处理数据，从而引起了一系列计算机数据的法律问题，例如计算机数据的“无纸化”特点与商业文件的“纸面”要求的冲突。为此，联合国国际贸易法委员会（Uncitral）于 1984 年向联合国秘书长提交了《自动数据处理的法律问题》的报告，建议审视有关计算机记录和系统的法律要求，从而揭开了电子商务国际立法的序幕。

（2）国际电子商务立法高速发展期

20 世纪 90 年代初随着因特网商业化和社会化的发展，传统的产业结构和市场的运作方式被颠覆。以因特网为基础的电子商务出现了前所未有的迅速发展。联合国国际贸易法委员会于 1996 年 6 月通过了《联合国国际贸易法委员会电子商务示范法》（以下简称《示范法》)。《示范法》的颁布为逐步解决电子商务的法律问题奠定了基础，为各国制定本国电子商务法规提供了框架和示范文本。自 1996 年以来，在联合国《电子商务示范法》制定之后，一些国际组织与国家纷纷合作，制定各种法律规范，形成了国际电子商务立法的高速发展期。

2. 国际电子商务立法主要涉及的内容

1）市场准入。

2）税收。

3）电子商务合同的成立。

4）安全与保密。在电子数据传输的过程中，安全和保密是电子商务发展的一项基本要求。

5）知识产权，全球电子商务的迅速普及，使现行知识产权保护制度面临新的更加复杂的挑战，对版权、专利、商标、域名等知识产权的保护成为国际贸易与知识产权法的突出问题。

6）隐私权保护。满足消费者在保护个人资料和隐私方面的愿望是构建全球电子商务框架必须考虑的问题。

7）电子支付。利用电子商务进行交易必然会涉及支付。电子支付是目前电子商务发展的一个重点。

3. 当今世界电子商务立法的特点

1）立法的速度快。

2）立法的范围广。

3）立法的实践强。

4）立法的不平衡。

总之，电子商务是未来世界经济发展的潮流，在不断完善电子商务立法的同时，如何实施和运用电子商务法已经成为国际社会的当务之急。

思　考

通过网络，了解不发达国家的电子商务立法状况。

二、部分地区和国家的电子商务立法

知识准备

1. OECD、欧盟的电子商务立法

一些地区性组织和国家积极制定各项电子商务的政策。目前已经或正在制定电子商务政策的主要是经济合作与发展组织（OECD）、欧盟等地区性组织。1998 年 10 月，OECD 公布了 3 个重要文件：《OECD 电子商务行动计划》《有关国际组织和地区组织的报告：电子商务的活动和计划》《工商界全球商务行动计划》，作为 OECD 发展电子商务的指导性文件。

欧盟则于 1997 年提出《关于电子商务的欧洲建议》，1998 年又发表了《欧盟电子签字法律框架指南》和《欧盟关于处理个人数据及其自由流动中保护个人的指令》（或称《欧盟隐私保护指令》），1999 年发布了《数字签名统一规则草案》。这些地区性组织通过制定电子商务政策，努力协调内部关系，并积极将其影响扩展到全球。

2. 部分国家的电子商务立法

俄罗斯是世界上最早进行电子商务立法的国家，1994 年俄罗斯开始建设俄联邦政府网，1995 年俄国家杜马审议通过了《俄罗斯信息、信息化和信息保护法》。

美国作为电子商务的主导国家，其电子商务法立法是以各州的立法行动为先导的。1995 年美国犹他州制定了世界上第一个《数字签名法》，是美国乃至全世界范围的第一部全面确立电子商务运行规范的法律文件。

马来西亚是亚洲最早进行电子商务立法的国家。20 世纪 90 年代中期提出建设“信息走廊”的计划，1997 年颁布了《数字签名法》，极大地促进了电子商务的发展。

韩国 1999 年的《电子商务基本法》是最典型的综合性电子商务立法。

日本 2000 年制定的《电子签名与认证服务法》，主要的篇幅用于规范认证服务，从几个方面对认证服务进行了全面细致的规定；该法还明确了指定调查机构的权利与义务，形成了独特的监管模式。

印度 1998 年推出《电子商务支持法》，并在 2000 年针对电子商务的免税提出实施方案，促进了信息产业和相关产业的持续增长。

3. 中国的电子商务立法

1999 年 3 月，九届人大二次会议颁布了新《中华人民共和国合同法》，其中合同形式条款部分涉及数据电文这一新的电子交易形式，为电子商务立法奠定了良好的基础，对电子商务活动的开展具有积极的意义。

2005 年 4 月 1 日，《中华人民共和国电子签名法》正式实施。电子签名法的出台为我国电子商务发展提供了基本的法律保障，解决了电子签名的法律效力这一基本问题，并对电子认证机构、电子签名的安全性、签名人的行为规范、电子交易中的纠纷认定等一系列问题做出了明确的规定。

2007 年 3 月，商务部发布了《关于网上交易的指导意见（暂行）》，明确了电子商务的交易主体资格以及网上交易的基本原则，而且分别从电子商务的各个层面进行了规范，包括信息传播、交易行为、支付行为、配送行为、保障措施和组织领导等。

2007 年底，商务部正式公布《关于促进电子商务规范发展的意见》，指出“我国电子商务发展还处于起步阶段，整体应用水平比较低，交易环境有待改善，社会公众对电子商务的认知度和认可度有待提高，电子商务信息披露、资金支付和商品交付等行为还有待规范”。

2008 年 4 月，商务部《电子商务模式规范》和《网络购物服务规范》出台征求意见稿，对实名制、支付交易和信息记录等都做出具体规定。这两份管理办法涵盖了对商家法人资格、备案执照、经营行为、支付方式、服务体系等各个环节的考核要求，适用于 B2B（企业对企业）、B2C（企业对个人）、C2C（个人对个人）和 G2B（政府对企业）4 种形式的网上交易，对网上交易规范提出了较为详细的要求。

2012 年 6 月，由国家工商总局牵头发起《网络商品交易及服务监管条例》的立法工作全面启动，并已被列入国务院“二类立法”计划。这意味着我国首部电子商务监管立法已进入制定阶段。

思 考

查阅资料，分组讨论电子商务立法对一个国家电子商务发展的作用。

小案例

韩某在网上发现一辆二手帕萨特汽车起拍价只有 10 元人民币，参加了竞拍。成交价是 116 元。网站通过电子邮件进行了确认，并给他发来了电子合同。韩某根据网站提供的电话，与一家卖二手车汽车经销公司联系，公司也收到了网站发来的那份电子合同，但是坚决不同意交车，理由是这份合同无效，因为汽车的起拍价是10万元而不是10元，在网站上显示的10元起拍价是其工作人员输入失误造成的；同时他们认为116元就把车卖了，这样一个合同是不公平的。韩某的手上有三份证据：一份是网络公司给他发来的电子确认书，第二份是电子合同，另外还有一份整个交易过程的证据。经多次交涉无果，韩某最后只好把汽车经销公司告上法庭。

问题：这个网上竞拍的电子合同是否有效?为什么?

分析：该竞拍合同有效。因为依法成立的合同，自成立时生效。但是汽车经销公司因工作人员的失误，误将10万元写成10元，实际上不是卖主的真实意思表达，属于重大误解，依照《合同法》第五十四条的规定可以请求变更或者撤销。

练习与实践

一、选择题

参考答案

1．世界上最早进行电子商务立法的国家是（　　）。

A．俄罗斯　　B．美国

C．德国　　D．日本

2．全世界范围的第一部全面确立电子商务运行规范的法律文件《数字签名法》是哪国的？（　　）。

A．俄罗斯　　B．美国

C．德国　　D．日本

3．亚洲最早进行电子商务立法的国家是（　　）。

A．马来西亚　　B．韩国

C．印度　　D．日本

二、简答题

1．简述国际电子商务立法主要涉及的内容。

2．简述当今世界电子商务立法的特点。

三、实践活动

（1）活动内容

上网查阅资料，描述我国电子商务立法的过程。

（2）活动要求

1）教师将学生分成若干组，每组4～6人，并选出组长。

2）要求每一个小组把我国电子商务立法的过程用PPT展示出来。

3）学生积极参与。讨论发言要从容、自信，口齿清晰，声音洪亮。教师指导学生解决问题。

（3）活动评价

根据考核标准对学生的展示作品进行考核评价，填写评价表（见下表）。

考核标准及分数 评价方式	遵守纪律（2分）	过程完整、内容充实（2分）	积极参与、大胆发言（2分）	制作精美、实用性强（4分）	分数汇总（10分）
自我评价					
小组评价					
教师评价					

拓展提升

自己上网查询《中华人民共和国合同法》，了解合同法数据电文的内容，讨论在网络上签订合同时应注意的问题。

任务3　熟悉电子签名和电子支付法律制度

案例导入

近年来，交通银行浙江省分行紧紧把握浙江地区互联网业务发达、互联网金融和金融互联网浪潮兴起的机遇，创新服务，进一步在网络空间中真正发现、发展、营销、服务、经营“完全电子银行”，率先推出了一系列互联网创新业务，成效明显，受到了上级行和社会的好评。

讨论：你如何理解下面这句话？

互联网浪潮是时代的趋势，谁也无法阻挡，只有顺势而为才能抓住先机、走得更远。

一、电子签名法律制度

知识准备

1. 电子签名

电子签名是现代认证技术的泛称，就是通过密码技术对电子文档的电子形式的签名。凡是能在电子通信中起到证明当事人的身份、证明当事人对文件内容认可的电子技术手段，都可被称为电子签名，它是电子商务安全的重要保障手段。随着互联网的发展，电子签名应用十分广泛。

数字签名就是只有信息的发送者才能产生的，别人无法伪造的一段数字串，它同时也是对发送者发送的信息的真实性的一个证明。在书面文件上签名是确认文件的一种手段，数字签名同传统的手写签名相比有许多特点。

首先，数字签名中的签名同信息是分开的，需要一种方法将签名与信息联系在一起，而在传统的手写签名中，签名与所签署之信息是一个整体。

其次，在签名验证的方法上，数字签名利用一种公开的方法对签名进行验证，任何人都可以对其进行检验。而传统的手写签名的验证，是由经验丰富的接收者，通过同预留的签名样本相比较而做出判断的。

最后，在数字签名中，有效签名的复制同样是有效的签名，而在传统的手写签名中，签名的复制是无效的。

2. 电子认证

（1）电子认证的概念

电子认证是以数字证书为核心技术的加密技术，它以 PKI 技术为基础，对网络上传输的信息进行加密、解密、数字签名和数字验证。电子认证是电子政务和电子商务中的核心环节，可以确保网上传递信息的保密性、完整性和不可否认性，确保网络应用的安全。电子认证以电子签名为前提，是基于电子签名而产生的一项保证电子商务和其他电子交易安全的法律措施。电子认证具有防止欺诈、防止否认的作用。

（2）认证机构

为了保证电子签名的真实性，保障交易安全，发件人在做电子签名前，签署者必须将他的公共密钥送到经合法注册、具有从事电子认证服务许可证的第三方，即电子认证机构（CA 认证中心）登记并由该认证中心签发电子印鉴证明。认证机构的业务范围包括证书的颁发、证书的管理、证书的中止与撤销、认证信息的保存等。

（3）认证机构的义务

我国《电子签名法》规定其义务如下：依法申请许可资格，遵守国务院信息产业部的管理规则，并接受信息产业部的监督；公开义务或信息披露义务；谨慎审核义务；电子认证服务提供者有关保证义务；妥善保存与认证相关的信息义务；妥善解决认证人暂停或终止服务后续工作的义务。

（4）认证服务的法律责任

包括过错赔偿责任；违法提供电子认证业务的法律责任；对电子认证服务提供者违法行为的处罚；电子认证服务提供者在境外签发的电子签名认证证书的法律效力；对电子认证服务监管部门的规定。

思 考

上网查询电子认证机构的含义，系统地了解电子认证的有关知识。

二、电子支付法律制度

知识准备

随着电子商务的发展，电子支付发展非常迅速，新兴的电子支付工具不断出现，电子支付的交易量不断提高，支付过程中出现的问题也越来越多，交易安全成为大家十分关注的问题。

1. 电子支付的概念

电子支付是指单位、个人直接或授权他人通过电子终端发出支付指令，实现货币支付与资金转移的行为。

2. 电子支付的工具

1）信用卡。
2）电了支票。
3）电子现金。

3. 电子支付的安全协议

目前常用的电子支付安全交易标准主要有SSL协议和SET协议。
1）SSL协议，又称安全套接层协议。
2）SET协议，又称安全电子交易协议。

4. 电子支付的主要法律当事人的构成

1）网络银行，具体可分为网上银行和虚拟银行。在电子支付法律关系中，按银行所承担角色的不同，将其划分为：
① 付款人银行，即直接接受付款人支付指令的银行；
② 收款人银行，即直接向收款人支付资金的银行；
③ 中介银行，即介于付款人银行和收款人银行之间的银行；
④ 始发银行，即在一系列付款指令中，第一个向其他银行发出指令的银行；
⑤ 终点银行，即在一系列付款指令中，最后收到其他银行指令的银行。
2）认证机构，是交易各方都信任的公正的第三方中介机构，它主要负责为参与电子交易活动的各方发放和维护数字证书，以确认各方的真实身

份，保证整个电子交易过程安全稳定地进行。

3）客户，电子商务中的客户通常包括消费者、生产企业和商家。他们可以被划分为：

① 付款人，即在整个电子支付活动中第一发出资金支付指令的人；

② 收款人，即在整个电子支付活动中收取所支付资金的受益人。

资金按指令被划拨至收款人处则一个电子支付过程结束。

4）电子支付当事人之间的权利义务关系：

① 银行与客户之间的权利义务；

② 银行之间的法律关系；

③ 客户之间的法律关系；

④ 认证机构与用户之间的权利与义务。

5. 电子货币的概念

电子货币是能够在互联网上或通过其他电子通信方式进行支付的手段。这种货币没有物理形态，为持有者的金融信用。电子货币具有转账结算、储蓄、兑现、消费贷款等功能。

在我国，只有中国人民银行或国务院银行业监督管理机构批准的金融机构，才有权发行电子货币。其他金融机构在获得批准后，要接受国务院银行业监督管理机构的监督管理。

6. 网上银行

包含两个层次的含义：一个是机构概念，指通过信息网络开办业务的银行；另一个是业务概念，指银行通过信息网络提供的金融服务，包括传统银行业务和因信息技术应用带来的新兴业务。我们提及网上银行，更多的是第二层次的概念，即网上银行服务的概念。

网上银行有如下优势：提高了金融服务的质量，且大大缩短了资金在途时间，提高了资金利用率；打破了地域和时间限制；扩宽了金融服务领域；有效地降低了客户的交易成本。

思　考

（1）进行一次网购活动，注意网购的支付环节，记录支付的收款银行和认证机构等信息，思考商家是从哪几个角度来保证用户电子支付的安全性的。

（2）如果在电子商务活动中省去数据加密、电子签名环节，是否活动效率更高呢？

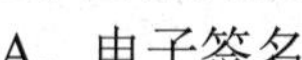

一、选择题

参考答案

1．在数字签名中，有效签名的复制是_____的签名，在传统的手写签名中，签名的复制是________的。

A．有效　无效　　B．无效　有效

C．有效　有效　　D．无效　无效

2．电子认证以（　　）为前提，是基于其而产生的一项保证电子商务和其他电子交易安全的法律措施。

A．电子签名　　B．电子支付

C．电子银行　　D．电子货币

二、简答题

1．数字签名有哪些特点？

2．电子认证服务的法律责任有哪些？

3．电子支付工具有哪些？

4．网上银行的优势有哪些？

三、实践活动

（1）活动内容

到银行了解开通个人网上银行的步骤，有条件的同学开通个人网上银行，并了解个人与银行间开通网银的协议内容。

（2）活动要求

1）教师将学生分成若干组，每组 4～6 人，并选出组长。

2）要求每一个小组把开通个人网银协议的内容整理出来，了解个人的权利和义务以及银行的义务。看看不同的银行协议的异同。

3）学生积极参与。讨论发言要从容、自信，口齿清晰，声音洪亮。教师指导学生解决问题。

（3）活动评价

根据考核标准对学生的展示作品进行考核评价，填写评价表（见下表）。

考核标准及分数 / 评价方式	遵守纪律（2 分）	过程完整、内容充实（2 分）	积极参与、大胆发言（2 分）	内容全面、显示异同（4 分）	分数汇总（10 分）
自我评价					
小组评价					
教师评价					

拓展提升

上网查询，了解网上银行业务的发展情况，并分析出现这种情况的原因。

任务4　熟悉电子商务安全法律制度

案例导入

少年非法入侵网吧主机充值判刑8个月

近日，上海市徐汇区法院对一起新类型的刑事案件做出判决，被告人丁某构成网络盗窃，被判处有期徒刑8个月，并处罚金2000元。

年仅19岁的丁某在网络游戏房内泡吧成瘾，对本市近郊的一家网吧的技术资料相当熟悉。去年11月至12月间，他在网络上学会了一种软件应用技术，于是数次利用该黑客软件，非法侵入该网吧主机，在不到一个月的时间里，为自己或朋友的会员卡充值金额就累积达4000余元。

法院认为，利用软件侵入主机，在自己的卡上充值是一种新类型的刑事犯罪。被告人虽然没有直接接触现金实物等，但这样的犯罪同样是以非法占有为目的，秘密窃取他人的合法财产，符合盗窃罪的构成要件。

讨论：如何保护网上交易过程中自己的资金安全？

一、电子商务的安全问题

知识准备

电子商务需要信息流、资金流、物流的协调统一，“三流”中以信息流为核心，最为重要。计算机网络的安全必将影响电子商务中“信息流”的传递，势必影响电子商务的开展。计算机网络存在以下安全威胁：

1. 黑客攻击

黑客攻击是指黑客非法进入网络，非法使用网络资源。目前黑客攻击已成为了电子商务中计算机网络的重要安全威胁。

2. 计算机病毒的攻击

病毒是能够破坏计算机系统正常运行，具有传染性的一段程序。随着互联网的发展，病毒利用互联网，使得病毒的传播速度大大加快，它侵入网络，破坏资源，成了电子商务中计算机网络的又一重要安全威胁。

3. 拒绝服务攻击

拒绝服务攻击是一种破坏性的攻击，它是一个用户采用某种手段故意占用大量的网络资源，使系统没有剩余资源为其他用户提供服务的攻击。

思 考

分析个人网上信息遭到破坏会带来什么后果。

二、电子商务领域的违法犯罪及法律责任

知识准备

1. 电子商务领域犯罪的表现形式

（1）危害电子商务信息系统安全犯罪

电子商务信息所涉及的内容包括：交易内容、双方身份密钥、电子货币存取密码、信用卡密码、库存资料、商业秘密等等。这类犯罪又可分为：

1）电子商务盗窃犯罪。

2）电子商务诈骗犯罪。

3）侵犯商业秘密犯罪。

4）侵犯知识产权犯罪，目前网络上存在着许多未经许可将传统作品搬上网络，或直接转用他人网上作品的情况，这些均属侵权行为。

5）对电子商务信息系统的单纯攻击性行为。

（2）以电子商务运行模式为作案工具的犯罪

1）非法交易。犯罪嫌疑人利用电子交易方式的跨国性、便捷性、隐蔽性等特点，将传统的毒品交易、军火交易转移到网上，形成一个网上地下交易市场。

2）网上走私。

3）网上色情服务。主要表现为网络服务供给商、非法网站经营者、个人在网上传播色情信息以及卖淫中介服务等。

4）利用电子交易方式网上洗钱。

5）扰乱网上正常交易秩序。

6）电子商务逃税。

电子商务犯罪的表现形式是多样的，有的与传统形式犯罪相比只存在手段上的差异，有的是全新型的犯罪形式，需要我们进一步熟悉研究。

2. 电子商务犯罪的主要特征

1）内部人员犯罪可能性大。

2）犯罪高智能性。

3）共同犯罪居多。

4）犯罪隐蔽性强。

5）社会危害性大。

3. 违反电子商务安全法的法律责任

（1）违反电子商务安全法的民事责任

1）违反电子商务安全法承担的违约责任形式：①支付违约金；②损害赔偿；③继续履行；④其他补救措施。

2）违反电子商务安全法的侵权责任：①停止侵害；②排除妨碍；③消除危险；④返还财产；⑤恢复原状；⑥损害赔偿；⑦消除影响、恢复名誉；⑧赔礼道歉。

（2）违反电子商务安全法的行政责任

①警告；②罚款；③没收违法所得；④责令停产停业；⑤扣押或吊销许可证、扣押或吊销执照；⑥行政拘留；⑦法律、法规规定的其他行政处罚。

（3）违反电子商务安全法的刑事责任

①非法侵入计算机信息系统罪；②破坏计算机信息系统功能罪；③破坏计算机信息系统数据和应用程序罪；④制作、传播计算机破坏性程序罪。

思　考

你听说过网上赌博吗？谈一谈你对网上赌博的认识。

练习与实践

一、选择题

它是一种破坏性的攻击，是一个用户采用某种手段故意占用大量的网络资源，使系统没有剩余资源为其他用户提供服务的攻击。“它”指的是（　　）。

A．拒绝服务攻击　　B．黑客攻击

C．计算机病毒攻击　　D．人为攻击

二、简答题

参考答案

1．计算机网络安全威胁有哪些？

2．计算机网络安全威胁与商务交易安全威胁给电子商务带来了哪些安全问题？

3．违反电子商务安全法承担的违约刑事责任有哪些？

4．电子商务领域犯罪的表现形式有哪些？

5．电子商务犯罪的主要特征是什么？

三、实践活动

（1）活动内容

收集网络病毒和黑客攻击的案例，并分析其危害性。

（2）活动要求

1）教师将学生分成若干组，每组4～6人，并选出组长。

2）要求每一个小组把收集的案例内容整理，了解个人案例的具体内容和危害。

3）学生积极参与。讨论发言要从容、自信，口齿清晰，声音洪亮。教师指导学生解决问题。

（3）活动评价

根据考核标准对学生的展示作品进行考核评价，填写评价表（见下表）。

考核标准及分数 / 评价方式	遵守纪律（2分）	过程完整、内容充实（2分）	积极参与、大胆发言（2分）	内容全面、显示异同（4分）	分数汇总（10分）
自我评价					
小组评价					
教师评价					

拓展提升

上网查询收集电子商务网上犯罪的案例，分析其社会危害性。

任务5　熟悉电子商务的其他法律问题

案例导入

程某于2013年向某网络公司账号内汇款1000元，用于订购“2013年蛇年后五同号生肖纪念钞十连号对钞”。直到 2015 年，网络公司仍未向程某供货，货款亦未退还。2015 年 4 月，程某又向网络公司付款 980 元，变更为以 1960 元和 20 元快递费，共计 1980 元的价格向网络公司订购两套“2015 年羊年和 2014 年马年后三同号生肖纪念钞十连号对钞”。同年 5 月 15 日，网络公司工作人员以短信方式通知程某，程某所订购号段的纪念钞没有找到货源，并提出可以更改为其他号段纪念钞，双方未能达成协议。2015 年 7 月，程某诉至法院，要求网络公司赔偿 5940 元并退还预付款 1980 元。

法院经审理认为，网络公司构成违约，支持网络公司返还预付款 1980 元的请求。因双方就交易内容达成合议，程某预先支付货款订购商品时，应当知道网络公司处尚无商品现货的情况，而且程某也没有证据证实网络公司彼时有商品现货而不向其出售，或未履行为其寻找货源义务的情形，亦无法证实网络公司的行为存在欺诈，且其亦未提交存在任何实际损失的证据，所以程某要求网络公司赔偿三倍损失的请求，不予支持。

讨论：如果你是程某，你将如何保护自己的合法权益？

一、电子商务的隐私权保护

知识准备

1. 电子商务中的隐私权问题

隐私是一种与公共利益、群体利益无关，当事人不愿他人知道或他人不便知道的信息，当事人不愿意他人干涉或他人不便干涉的个人私事，以及当事人不愿意他人侵入或者他人不便侵入的个人领域。隐私权是自然人享有的对其个人的、与公共利益无关的个人信息、私人活动和私有领域进行支配的具体人格权。基本内容包括以下四项权利：隐私隐瞒权、隐私利用权、隐私维护权、隐私支配权。

2. 电子商务中的隐私安全对策

1）加强网络隐私安全管理。

2）加快网络隐私安全专业人才的培养。

3）开展网络隐私安全立法和执法。

4）抓紧网络隐私安全基础设施建设。

5）建立网络风险防范机制。

6）强化网络技术创新，重点研究关键芯片与内核编程技术和安全基础理论。

7）注重网络建设的规范化。

思 考

结合自己的生活实际，讨论个人隐私权保护的重要性。

二、电子商务与消费者权益保护

知识准备

1. 消费者权益

所谓消费者权益，是指消费者依法享有的权利及该权利受到保护时而给消费者带来的应得利益。

2. 电子商务环境中的消费者权益保护立法

1）国际经济合作与发展组织在《经合组织关于电子商务中消费者保护指南的建议》中，从多个方面构筑了一个庞大的消费者保护体系。

第一，信息透明的、有效的保护。参与电子商务的消费者应该享有不低于在其他商业形式中享有的透明的和有效的保护水平。

第二，公平的商业、广告及销售行为。

第三，在线信息披露。信息披露是确保交易透明和消费者知情权的重要措施。“指南”从商业信息、商品或服务的信息、交易信息3个方面列出了在线经营者应当披露的信息。

第四，交易信息。从事电子商务的企业应提供充足的有关交易的条款、条件及成本的信息，以使消费者在充分的信息基础上就是否缔结交易做出决定。

第五，确认过程。为了避免消费者购买意思的模糊，消费者应该能够在决定购买之前准确地确认他想购买的商品或服务。

第六，争议解决和救济。对消费者提供良好及时的争议解决方式也是确保消费者信任的重要措施。

第七，隐私。

2）我国的《消费者权益保护法》。

我国《消费者权益保护法》对消费者所享有的权利做出了规定。①人身财产安全的权利；②知情权；③选择自主权；④公平交易权；⑤获得赔偿的权利；⑥退货权。

其中，消费者的知情权和退货权在电子商务交易中具有更重要的意义。但是和其他国家的立法相比，我国的消费者权益保护立法明显滞后。

思　考

你网购过程中有没有买到过不满意的货物？你是如何保护自己的合法权益的？

练习与实践

一、选择题

参考答案

隐私权基本内容包括以下四项权利： 隐私隐瞒权、隐私利用权、隐私维护权和（　　）。

A．隐私支配权　　B．隐私所有权

C．隐私交易权　　D．隐私获得权

二、简答题

1．简述电子商务中的隐私安全对策。

2．我国《消费者权益保护法》对消费者所享有的权利规定有哪些？

三、实践活动

（1）活动内容

查阅《消费者权益保护法》，了解消费者应有的权益。

（2）活动要求

1）教师将学生分成若干组，每组 4～6 人，并选出组长。

2）要求每一个小组把消费者权益内容整理出来，分析当合法权益受到侵害时应当如何维权。

3）学生积极参与。讨论发言要从容、自信，口齿清晰，声音洪亮，教师指导学生解决问题。

（3）活动评价

根据考核标准对学生的展示作品进行考核评价，填写评价表（见下表）。

考核标准及分数 / 评价方式	遵守纪律（2 分）	过程完整、内容充实（2 分）	积极参与、大胆发言（2 分）	合法权益、维权方法（4 分）	分数汇总（10 分）
自我评价					
小组评价					
教师评价					

四、拓展提升

上网查询，了解国外消费者权益立法保护现状。

项目小结

本项目主要介绍了电子商务法的概念和特征、全球电子商务立法概况、电子签名和电子支付法律制度、电子商务安全法律制度、电子商务隐私权保护、电子商务与消费者权益保护。通过本项目的学习，同学们了解了国际电子商务立法现状和我国的电子商务立法情况，有助于学生增强法律意识。同学们在学习过程中要多查阅资料，结合自身实际学以致用，做到学会用法律武器维护自己的合法权益。

项目 10
搭建网上商店

时下，网上开店已经成为一种潮流，学生、白领、农民纷纷开起了自己的网店，同时，由于网上开店投入不大、经营方式灵活，可以为经营者提供不错的利润空间，使之成为许多人的创业首选。因此，了解网上商店的基本知识、网上开店的基本条件、基本流程、店铺装修的技巧尤为重要。

学习目标

【知识目标】

- 了解网上商店的概念及形式；
- 掌握网上商店的种类；
- 了解网上开店需要具备的软件和硬件条件；
- 掌握网上开店的基本流程；
- 了解拍摄图片的基本器材和常用的图片处理软件；
- 掌握拍摄宝贝靓照的技巧；
- 掌握图片美化和抠取的技巧；
- 掌握设计制作店铺公告栏、店标、宝贝描述模板的方法。

【能力目标】

- 对网上商店的基本概念和理论有初步的认识；
- 培养初步开设网上商店的能力。

【情感目标】

- 具备自主探究学习的意识，培养创新精神；
- 具备良好的职业道德，培养学生科学严谨的作风。

任务 1　初识网上商店

案例导入

大学生网上开店，两年成“款姐”

在校大学生创业已不是新鲜的话题，大学生网上开店是个热门行业。武汉体育学院大四学生秦芳经过短短两年的经营，身家已达 20 万元。

（1）生意滚雪球，两年身家 20 万元。

在菊乐路的一家茶坊，一身休闲打扮的秦芳眼神里透着精明，“给我创业灵感的是同寝室的一帮姐妹，她们经常讨论穿着打扮，偶然得知网上开服装店，可免房租、装修、税收，投入人力不大。在联系其他省外城市的中学校友做了调查后，东拼西凑了两千多元钱就在易趣网上注册了店铺”。

“2001 年 8 月，我的店刚开张，接到南京和上海两位店户的订单，也许是高兴过了头，我把货发错了。”秦芳叹了一口气，为了维护诚信，她不仅发了几封电子邮件道歉，还横下心对客户做了赔偿。后来，她的生意开始滚起了雪球，在全球最大的中文商品交易网站易趣网上拥有 3 家连锁店，总资产大概有 20 万元。秦芳的同学刘艳说，秦芳在她们系里已是小有名气的“款姐”。

（2）程序很简单，但也不乏辛苦。

“开店很简单，按网站的规矩，300 元的开店费，月租 50 元，不用上税，投入非常少。”秦芳说，在网上开店并不比开个实体店铺轻松多少，她专门去学了 Photoshop 的图片制作软件，买来数码相机。制作程序很简单，但不乏辛苦。首先进货很辛苦，每天早上 4 点多起床，拿回商品挨个照相、量尺寸。发货也是个艰巨的任务，生意好的时候，每天卖出去几十件衣服，得自己逐个写单子，发快递。

（3）悟出小窍门，网上开店卖“艺术”。

当然，在网上开店，不仅商品本身要有档次，还要给每件商品写上好的说明，这说明不是普通的标价，而是要给商品赋予艺术性的语言，一定要符合网络顾客的口味。“忙碌的都市生活让很多人在网上购物，顾客多为 30 岁以下的中等收入男女，商品的包装要体现韵味和成熟。针对北方的顾客，要在商品中体现出一种秀美和灵巧。比如一双高帮鞋的制图，除了制图确保显眼，还可在鞋帮上用玫瑰花点缀等。”秦芳说，这些小窍门是她逐渐悟出的。

讨论：什么样的商店可以被称为网上商店？如何才能拥有一家属于自己的网上商店？怎样才能使自己的网上商店获得更多的利润呢？

一、探究网上商店

知识准备

1. 网上商店的概念

网上商店又称“虚拟商店”“网上商场”“电子空间商店”或“电子商场”，是电子零售业的典型组织形式，是建立在互联网上的商场，是开设在互联网上的店面，是一个可以让顾客从家里的计算机购物、商人可以贩卖产品服务，又可以缩减维护实际店面营销成本的地方。虚拟商店存在于因特网中大家熟知的全球信息网，只要在浏览器中输入网址（称为URL），便可以进入虚拟商店。

知识窗

统计显示，中国是世界上网民最多的国家，超过 4 亿；其次是美国，为 2.1 亿；日本的网民人数为 8600 万，位居第三。排名第四至第十的分别是德国、印度、巴西、英国、韩国、法国和意大利。在宽带上网用户人数排行榜中，美国、中国、日本和德国仍位居前四名，印度和巴西被挤出前十名。排名第五至第十的分别是韩国、英国、法国、意大利、加拿大和西班牙。同时据艾瑞统计数据显示，2014 年初，中国电子商务市场交易额已突破 10 亿元人民币大关。而随着国内上网费用的下调，网民总数及网上购物的网民比例将有更大的提高。可见在中国开展电子商务，即在网上开店的时机已经趋于成熟，有眼光的商家已经或正在纷纷建立自己的网上商店。

网上商店的好处很多。第一，价格比传统的商业模式要低；第二，花样品种的选择较多；第三，对于某些商品来说，比如书籍和音像制品网上搜寻和选择更为便利；第四，送货上门，方便快捷。网上商店是最为简单的一种电子商务模式，其实只不过是将传统商务模式中的商店或超市直接搬到了网上，产品的制造商可以运营这种电子商务模式，中间商也可以运营这种电子商务模式。

2. 网上商店的形式

网店主要形式有两种，一种是二级域名网店，一种是独立域名网店。两种形式的网店主要有以下不同：

（1）在宣传推广方面

二级域名网店主要侧重在其平台上的宣传，网店平台的流量就是决定其生意好坏的重要标准。独立域名网店，主要宣传平台是以独立域名为主的综合性网络推广和营销，具有独立性和很强的可控制性。

（2）在技术支持方面

二级域名网店的主要技术支持在平台方，成熟的聚合平台，一般来说很少出现大规模的技术问题，而少量的技术问题可以通过店主自己学习掌握，所要求的网络知识不多。独立域名网店的主要技术支持是店主本身，或者开发网店系统的网络公司，在技术维护、服务器安全方面都有一定的要求。

（3）在网络交易安全方面

二级域名网店一般是归属于网店平台本身的诚信服务体系，一般都有第三方保障工具。独立域名网店往往是靠本身的自由品牌来保证用户的交易和货物质量的。总体来说，网店是一种新兴的网络商业形式，这样的形式伴随着网络的发展而逐渐发展壮大并有很强的生命力，在网络时代网店会作为国民经济的重要组成部分并且提供大量的就业机会。

3. 网上商店的种类

（1）综合商城

它有庞大的购物群体，有稳定的网站平台，有完备的支付体系，诚信安全体系（尽管仍然有很多不足），促进了卖家进驻卖东西，买家进去买东西。如同传统商城一样，自己是不卖东西的，是提供了完备的销售配套。

这种商城在线下是以区域划分的，每个大的城市总有三五个大的商城。而互联网这一领域，也注定了三五家综合商城独大。线上的商城，在人气足够，产品丰富，物流便捷的情况下，有其成本优势，二十四小时的不夜城，无区域限制，更丰富的产品等等优势，体现着网上综合商城即将获得交易市场的一个角色。

（2）百货商店

这种商店是有自有仓库，会库存系列产品，以备更快地物流配送和为客户服务。这种店甚至会有自己的品牌。

（3）垂直商店

这种商城的产品存在着更多的相似性，要么是满足于某一人群的，要么是满足于某种需要，要么是某种平台的（如电器）。

（4）复合品牌店

类似这种店，随着电子商务的成熟，会有越来越多的传统品牌商加入电商战场，以抢占新市场，扩充新渠道，优化产品与渠道资源为目标，其发展势头很足。

（5）轻型品牌店

轻型的品牌店是可行的，关键是要找出自己核心的竞争力。

（6）服务型网店

服务型的网店越来越多，都是为了满足人们不同的个性需求，甚至是帮你排队买电影票这样的小事，都有人交易。

（7）导购引擎型

比如导购类型的网站是使购物的趣味性、便捷性大大增加，同时诸多购物网站都推出了购物返现，少部分推出了联合购物返现，这些都用来满足大部分消费者的需求，许多消费者以不单单满足直接进入B2C网站购物了，购物前都会先浏览网购导航网站。

思　考

1. 结合自己的网购经历，谈一谈有哪些类型的网上商店。
2. 在网购时，面对琳琅满目的商品你是如何进行选择的？

二、探究网上开店

知识准备

1. 网上开店需要具备的条件

网上开店的目的当然是赚钱，要通过在网上开店赚到钱还必须具备一定的条件，这些条件分为硬件条件和软件条件。

（1）硬件条件

尽管网上开店十分简单，投资又少，但是也要具备最基本的条件和资金。网上开店需要一些必要的硬件设施，这些硬件主要包括以下几种。

1）电脑和网络。电脑的配置无须高档，能上网，能进行简单的图片处理或网页设计即可。目前市场上的主流电脑都能满足网上开店的要求。

2）自己独立的工作室地址。开网店首先需要有一个办公场所。如果自己在家办公，那就可以写上自己的家庭住址。网上开店，也要正规地开，工作室地址是一定要有的。

3）方便与客户联系的移动电话。很多时候网上联系并不能解决全部问题，还需要手机、固定电话来帮忙。电话也是网上开店常用的工具，因为网络联系受制于电脑的限制而无法随身携带。

4）可以清晰地拍摄产品图片的数码照相机。开网店，数码照相机是必备的。照片使买家更容易产生直观的感受和了解，也使物品更受关注。没有照片的货物很难销售，因为没有照片这种直观的“货品”，商品便很难引起买家的注意，而且还会让买家怀疑该物品是否存在。因此，好的数码相机和娴熟的拍摄技术就显得尤其重要。

5）收发文件的传真机。一些文件需要通过传真机接收，如果自己的网店进入实际操作阶段，会有很多客户需要和你签订合同。这也是法律方面的保证，同时很多资料的收发也离不开传真机，所以生意做大的时候，传真机也是很重要的一件装备。

6）打印机。虽然打印机并不是很重要的，但是平时也离不了，打印一些产品相关资料也是很有用的，有时还可以打印商品的照片看效果。

以上是网上开店的一些基础硬件设备。因为网上开店经营的策略有很多种，所以根据不同的经营策略，也可以选择其中的某几种设备进行组合。

（2）软件条件

网上开店有很多软件方面的要求。有些软件要求较为复杂，这里主要介绍一些常用的软件及软件方面要求，卖家可以根据自己的经营策略进行取舍。

1）基本的网络操作要熟练。熟练的网络操作技术更有利于开展网上销售，如果你连自己网店的网页都打不开，那么即使你具备了开网店的一切硬件条件，也没有能力把生意做成，更不要说在网上开店了。

2）必须能熟练收发电子邮件。网上开店要拥有自己常用的专门的电子邮箱，卖家可以到网易、新浪等大型网站上申请，并应学会如何管理自己的电子邮件。网上开店做生意，电子邮件还是一种比较重要的沟通方式。

3）需要熟练地运用聊天软件。如果卖家能够熟练地运用一些聊天工具，比如自己的 QQ 等，会更加有利于卖家与顾客进行沟通。还有其他网站平台自带的聊天工具，比如淘宝网站的淘宝旺旺，也很有用。

4）学会应用 Word 软件。Word 是入门级的文字编辑软件，学会基本的操作以后，卖家可以很方便地编写合同，编写自己的产品宣传文案。文案编写得好坏对销售有很大的影响。

5）学会基本的网站建设软件。需要学习网站设计软件，因为至少可以知道网上商店的建设原理，并且还可以为自己的商店设计几个漂亮的广告页面，这样一个功能齐全的网上商店再配合几个漂亮的广告页面，效果会更好。

开网店时，使用的网站设计软件主要是 Office 系列软件中的 FrontPage，以及 Dreamweaver，前者很适合初学者使用，当然后者的优势就是更专业了。

6）学会使用作图软件 Photoshop。网上开店除了文案编写，另外一个非常重要的部分就是要有精美的商品图片和宣传图片，因为客户主要是通过图片了解产品的，质量差的图片会导致网店失去大部分的客户。因此是否能做出合适的商品图片，对于网上开店来说是一个至关重要的因素，现在的作图软件有很多种，卖家只需要熟练地操作一种作图软件就可以了。

这里给卖家推荐一种非常有用的学习软件——Photoshop。

2. 网上开店的基本流程

开网店之前，首先要知道网上开店的流程。通过总结，网上开店流程应该包括以下几方面。

（1）确定卖什么

开店前需要想好自己要开一家什么样的店，这一点上网店与传统的店铺没有区别，寻找好的市场让自己的商品有竞争力才是成功的基石。

（2）选择开店的平台或者网站

需要选择一个能提供个人店铺平台的网站，注册为用户。这一步很重要。大多数网站会要求用真实姓名和身份证等有效证件进行注册。在选择网站的时候，人气旺盛和是否收费以及收费情况等都是很重要的指标。

知识窗

网上开店平台的选择主要分为三种：专业的C2C拍卖类网站，可以注册个人卖家会员的综合型购物网站，可以注册个人卖家会员的单项购物网站。

目前，中国提供网上开店服务的大型购物网站有上百家，真正有一定影响力的则数量不多。目前常见的网上开店平台分别是淘宝网、天猫商城、拍拍网和易趣网。

（3）向网站申请开设店铺

要详细填写自己店铺所提供商品的分类，例如要出售时装、手表，那么应该归类在“珠宝首饰、手表、眼镜”中的“手表”一类，以便让你的目标用户可以准确地找到。然后你需要为自己的店铺起个响亮的名字，人们在列表中选择哪个店铺，更多取决于名字是否吸引人。

（4）进货

可以从自己熟悉的渠道和平台进货，控制成本和低价进货是关键。

（5）登录产品

卖家需要把每件商品的名称、产地、所在地、性质、外观、数量、交易方式、交易时限等信息填写在网站上，最好搭配商品的图片。名称应尽量全面，突出优点，因为当别人搜索该类商品时，只有名称会显示在列表上。为了增加吸引力，图片的质量应尽量好一些，说明也应尽量详细，如果需要邮寄，最好声明谁负责邮费。登录时还有一项非常重要的事情，就是设置价格。

（6）营销推广

为了提升自己店铺的人气，在开店初期，应适当地进行营销推广，但只限于网络上是不够的，要线上线下多种渠道一起推广。

（7）售中服务

顾客在决定是否购买商品的时候，很可能需要很多你没有提供的信息，他们随时会在网上提出，卖家应及时并耐心地回复。

（8）交易

成交后，网站会通知双方的联系方式，根据约定的方式进行交易，可以选择见面交易，也可以通过汇款、邮寄的方式交易，但是应尽快，以免对方怀疑你的信用。是否提供其他售后服务，也视双方的事先约定。

（9）评价或投诉

信用是网上交易中很重要的因素，为了共同建设信用环境，如果对交易满意，最好给予对方好评，并且通过良好的服务获取对方的好评。如果交易失败，应给予差评，或者向网站投诉，以减少损失，并警示他人。如果对方投诉，应尽快处理，以免为自己的信用留下污点。

（10）售后服务

完善周到的售后服务是生意保持经久不衰的非常重要的因素，与客户保持联系，做好客户管理工作。不管是技术支持还是退换货服务，都要做到位，这才是一名好卖家。只有做好售后服务，才能赢得回头客。

小案例

创新才是经营之道

浏览网络商店，已成年轻“网民”的嗜好。重庆有一家网上商店，月销售衣服已达 300 多件，做到“四钻”级别，这家店从零到一钻，用了一年时间；从一钻到四钻，也用了一年时间。

店主冀双 24 岁，毕业不久，读书时开始做起服装，她先靠 3 万元开办时尚网店起家，再将网店与实体店结合，做到现在资本已翻了几番。

经商最难的是资金。她的秘诀是：东拼西凑 3 万元后，赌一把，精选几个款式，大批量进货，以降低进货成本；略加利润，吸引消费者购买……通过提高资金周转率，加快款式更新速度，最终形成良性循环。刚开张，由于款式新，加之当时竞争不大，连朋友带新老顾客，一个多星期就差不多卖光了。

尝到甜头的冀双并非一帆风顺，曾遭受一次严重打击。一次，她向厂家订了一款好看的衣服，由于厂家赶时间，做工比较粗糙，发到手里的货签了合同又不能退，更不敢把次品拿来卖，所以自己亏掉 5000 多元。那时 5000 元相当于自己一年的学费，对于刚起步的生意来讲也是毁灭性的打击，她为此伤心地大哭了一场。从那以后，冀双意识到进货的重要性，更加注重与供货商的沟通和筛选。

尽管冀双现在拥有一个网店，两个实体店，她认为，要想经营好，仍然需要进一步学习多种知识，以便能更多地吸引消费者的眼球。

（资料来源：http://www.xjzsks.com/chuangye/a/28654.html）

思　考

谈一谈冀双的事例给了你哪些启发。

练习与实践

一、选择题

1. 有着庞大的购物群体，有着稳定的网站平台，有着完备的支付体系，诚信安全体系（尽管仍然有很多不足），促进了卖家进驻卖东西、买家进去买东西的网上商店是（　　）。

参考答案

A．综合商城　　B．百货商店
C．垂直商店　　D．复合品牌店

2. 在网上开店的流程中，控制成本和低价进货是关键的步骤的是（　　）。

A．登录产品　　B．进货
C．营销推广　　D．售中服务

3. 以下平台不适合个人网上开店的是（　　）。

A．专业的 C2C 拍卖类网站
B．可以注册个人卖家会员的综合型购物网站
C．可以注册个人卖家会员的单项购物网站
D．可以注册团体买家会员的综合型购物网站

二、简答题

1. 什么是网上商店？
2. 简述网上商店的两种形式。
3. 网上开店需要哪些硬件和软件条件？
4. 网上开店的基本流程是什么？

三、实践活动

（1）活动内容

通过探究电子商务训练活动，使学生进一步正确认识网上商店。

（2）活动要求

1）教师将学生分成若干组，每组 4～6 人，并选出组长。

2）要求每名学生熟悉任务 1 的导入案例，并对案例进行深入分析，对问题做出解答。

3）学生要端正态度，严肃认真，积极参与。讨论发言要从容、自信，口齿清晰，声音洪亮。

（3）活动评价

根据考核标准对探究电子商务训练活动考核评价，填写评价表（见下表）。

考核标准及分数 / 评价方式	遵守纪律（2 分）	态度端正、严肃认真（2 分）	积极参与、大胆发言（2 分）	分析透彻、观点正确（4 分）	分数汇总（10 分）
自我评价					
小组评价					
教师评价					

拓展提升

在教师指导下，学生通过学校的网上购物平台感受网上开店的硬件及软件条件，再总结网上开店的基本流程。

任务 2　网上店铺装修

案例导入

粉儿要擦在脸上

新手卖家在开通淘宝店铺后，首先想到的就是装修自己的小店。可是由于毫无经验，不知道从何下手。但对于淘宝用户来说，对韩都衣舍应该都有所耳闻。位于淘宝女装销量排名前列的韩都衣舍，2013 年目标销售额就锁定在了 10 亿元。作为淘宝女装经营最成功的店铺之一，在店铺运营的方方面面自然都有着过人之处，今天，我们就一起来看看韩都衣舍的店铺页面吧。

进入韩都衣舍的店铺介绍页面，映入眼帘的就是一句简洁的标语“韩都衣舍荣获 2012 年度天猫女装销量第一”。虽然简单，却铿锵有力，足以让人看到其实力。在写店铺介绍时，就应该突出自己最强的优势（图 10-1）。

图 10-1　韩都衣舍店铺页面（一）

接下来就是“韩都宣言”，从价格、品质、服务三方面做了承诺。这三个方面正是店铺生存的根基。只有做到这三点才能使店铺长久发展。搭配上图片，更加美观（图 10-2）。

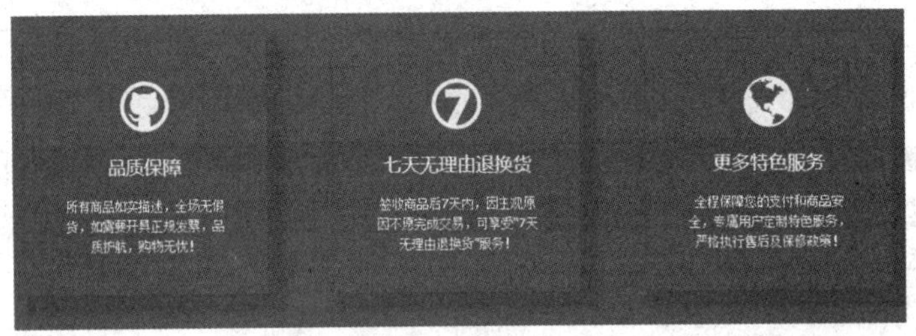

图 10-2　韩都衣舍店铺页面（二）

再往下看，就是韩都衣舍的品牌简介，还包括了旗下的男装、童装品牌等（图 10-3）。

图 10-3　韩都衣舍店铺页面（三）

最后，则介绍了设计师、品牌特色、发展历程等，更加丰富了介绍内容，更贴近了买家（图 10-4）。

图 10-4　韩都衣舍店铺页面（四）

讨论：在韩都衣舍的店铺介绍中，各种各样的图片起到了什么样的作用？怎样才能拍出如此美观的照片呢？整个店铺又应该如何设计和装修才能更好地吸引住买家呢？

一、给产品拍靓照

知识准备

图片是网店的灵魂，优质产品图片是网店的基础。开网店一个重要因素是图片的展示，好的产品图片能给你带来更大的成交量。但作为网商，很多人都不具备专业的摄影技术，也不愿意花很多钱请专业的摄影师和购买专业的摄影设备，那怎样才能给宝贝拍出令人满意的图片呢？

1. 拍摄图片的基本器材

（1）数码相机

商品的特点不同，对相机性能的要求也不一样。拍摄绝大部分的商品，我们只需要拥有一台如图 10-5 所示的家用卡片式数码相机，甚至连像素也没有特别的要求。

一张商品标题图片常用的尺寸是 500×500 像素，即 25 万像素，一张商品描述图片常用的尺寸是（500～700）×（500～700）像素，最大也就是 49 万像素。而目前市面上的数码相机动辄就是千万像素，300 万像素的相机已经难寻踪迹。也就是说几乎市面上所有的数码相机都可以满足图片的像素要求。

图 10-5　数码相机

但是在拍摄网络零售行业使用的商品图片时，所需相机需要有一个基本的功能，那就是微距拍摄功能。因为几乎所有的商品描述图片都需要表现商品的细节之处，目前 80%以上的数码相机都具备微距拍摄功能。

服饰类的商品图片很容易出现色差。如果你是服饰类商品的卖家，建议你尽量选择带有 M 挡的相机拍摄商品图片。M 挡即手动挡，具有 M 挡的相机可以随意调节光圈、快门、曝光值、白平衡等参数，这些参数的设置可以影响图片和实物的差异。在拍摄服饰类商品和其他对真实性要求比较高的商品时，特别需要使用能随意调节拍摄参数的相机。目前市场上大部分 1000 元以上的相机都可以达到这个要求，不过在购买的时候还是要留心相机是否具有 M 挡。

（2）三脚架

在拍摄商品图片过程中，不少卖家由于双手拿相机的时候没有拿稳或者有抖动，而导致所拍摄的照片模糊不清，而使用三脚架能很好地解决此类问题，可以增加稳定性，如图 10-6 所示。

图 10-6　三脚架

选择三脚架的时候，建议使用带有伸缩支架和云台的三脚架，其拍摄的俯角更大，拍摄出来的商品更全面大气。

（3）灯光设备

如果在室外拍摄，使用的光源为自然光；如果在室内进行拍摄，此时使用的光源就是各种灯光。节能灯、摄影灯以及外置闪光灯等都是室内用光的上选，如图 10-7 所示。

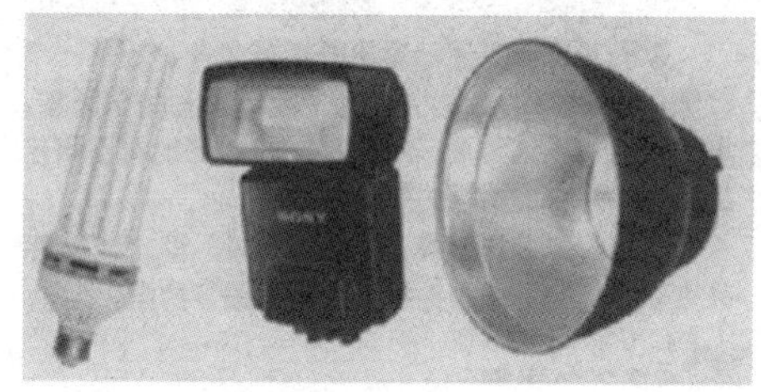

图 10-7　灯光设备

（4）摄影棚

专业的柔光摄影棚是拍摄小件商品的好道具，在购买时，一定要买专业的、品牌的，因为柔光布的好坏直接影响了利用摄影棚拍出的照片效果，摄影棚图片如图 10-8 所示。

图 10-8　摄影棚

（5）背景纸或者背景布

很多新手在拍摄产品的时候，往往忽略背景，只求产品拍得清晰，到后面修图的时候才发现，要抠掉原来的背景，换一个干净的背景是多么费工夫的事情。其实在拍摄之初，可以根据产品的颜色、特点等，将它放置在一个合适的背景里进行拍摄，也许会事半功倍。我们常使用的背景道具有各种颜色的背景纸和背景布，可以让商品有一个明快、干净的背景，背景布图片如图 10-9 所示。

图 10-9　背景布

2. 掌握拍摄产品靓照的技巧

卖家可以去网上找相关产品图片，也可以请摄影师拍产品图。但是，网上的图片大多带有 logo，并且很多图片的效果都很差；而请摄影师拍摄是一笔不小的开支，对于个人网店来说成本太高。显而易见，自食其力拍好产品图是最好的选择，这就需要我们学习一些拍摄产品的基本技巧。

（1）搭建摄影棚

要想拍好产品图，首先必须搭建一个拍静物的摄影棚。如果主要拍小件的产品，只需要搭建一个比较小的摄影棚，如图 10-10 所示；如果要拍类似衣服之类的产品，则需要搭建一个比较大的摄影棚，前期投资也就会相应提高。

图 10-10　小型摄影棚

不过，如果实在没有条件搭建摄影棚，也可以利用自然光进行拍摄，但这就只能在白天拍。不建议在普通灯光环境下拍产品，这样很难拍出效果。

所以，如果真想拍好产品，最好还是自己在家搭建一个小型摄影棚，投资两三千元即可。

（2）器材的准备

要想拍好产品图，器材的选择也有讲究。微单照相机的镜头选择太少不做考虑，单电照相机倒是可以考虑，但本着节约成本的原则，它的价格还是偏高。最好的选择是入门级单反照相机，标准套机通常只需要 3000 多元就能入手，还能节约出一些钱另外购买一支微距镜头。入门单反照相机如图 10-11 所示。

图 10-11　佳能入门单反相机

很多时候我们需要拍产品的特写图，标准变焦镜头的最近对焦距离太大，很难拍好这样的特写图片，这就需要用到微距镜头。

微距镜头的价格也不高，3000 元以内就有很多选择。由于是拍产品，就尽量选择焦段小一些的微距镜头，比如图 10-12 所示的索尼 DT 30mm F2.8 MACRO SAM 微距镜头。

图 10-12　索尼 DT 30mm F2.8 MACRO SAM 微距镜头

（3）控制好畸变和景深

有了摄影棚和器材，接下来就是展示摄影技术的时候了。但是，淘宝上售卖的产品多种多样，而每种产品的拍摄方法都不尽相同，要怎样才能拍好各种产品呢？

虽然每种产品的拍摄方法都不一样，但拍摄的基本要素是一样的，那就是控制好畸变和景深。在有了摄影棚的前提下，布光不成问题，我们需要注意的地方就是畸变和景深。

1）控制畸变。由于镜头边缘失真的原因，拍产品图很容易出现畸变，也就是产品变形，看上去不好看。弥补的方法是离被摄体远一些（遵循透视的近大远小原理），用长焦端拍摄产品（畸变最严重的地方是广角端）。如果需要拍摄产品的正面图，则完全正对着水平拍摄产品，因为倾斜也会产生非常明显的畸变。

2）控制景深。单反的景深很小，可以营造出非常漂亮的虚化背景，但在拍摄产品时我们需要注意控制景深，不然产品前半截是实的，后半截是虚的，那就很难看了。我们通常需要增大景深，其方法也非常简单，缩小光圈即可，光圈缩至 F8 就能获得很大的景深。

有了柔和的布光，再控制好畸变和景深，拍出漂亮的产品图就非常简单了。

3. 常用的图片处理软件

要想得到完美的照片，离不开后期的编辑。即使经验十分丰富的摄影师也不可能拍出每张都十全十美的照片，后期处理软件为我们弥补了这一不足。下面简单地介绍几款常用的图片后期处理软件。

（1）Adobe Photoshop 图像处理软件

Adobe Photoshop 简称“PS”，是由 Adobe systems 开发和发行的图像处理软件。Photoshop 主要处理由像素构成的数字图像。使用其众多的编修与绘图工具，可以有效地进行图片编辑工作。Photoshop 有很多功能，在图像、图形、文字、视频、出版等各方面都有涉及。Photoshop 支持多种图像格式以及多种色彩模式，使用 Photoshop 可以设计网店 logo、设计网店宣传广告等图片。图 10-13 所示为 Photoshop CS6 的工作界面。

（2）光影魔术手

光影魔术手（nEO iMAGING）是一个对数码照片画质进行改善及效果处理的软件。它简单、易用，不需要任何专业的图像处理技术，就可以制作出专业胶片摄影的色彩效果，是摄影作品后期处理、图片快速美容、数码照片冲印整理时必备的图像处理软件。光影魔术手是国内最受欢迎的图像处理软件之一。

图10-13 Photoshop CS6的工作界面图

（3）佳能专业照片处理软件

佳能单反数码相机配套的专业照片处理软件 Digital Photo Professional（DPP），是处理佳能EOS系列单反数码相机所拍摄RAW文件的官方软件，由于各家相机厂商对于其RAW均做加密处理，任何其他处理RAW格式的程序均为逆向运算，所以对于需要获得高精度的专业摄影师来说，DPP是处理RAW图像最好的也是唯一的选择。

对于采用佳能单反照相机拍照的网店店主而言，这款软件自然需要经常用到，毕竟它最贴合佳能的数码照相机。

思 考

1．熟悉Adobe Photoshop图像处理软件的使用方法。

2．借用数码照相机，熟悉其简单的使用方法。

二、照片的美化与处理

知识准备

在顾客浏览店铺的页面时，图片是最吸引顾客眼球的。相对于文字来说，顾客更愿意浏览图片。所以卖家应该努力把握好图片的质量，对前期拍摄的图片进行一定的美化与处理。

1．图片的基本处理

精心处理过的产品照片能给人赏心悦目的感觉，从而激发顾客的购买欲望，下面介绍 Photoshop 处理图片的基本方法。

（1）调整照片的角度

在拍照时，有时候会把照片拍歪，这时候就需要用图片处理软件将其调正，具体操作步骤如下：

1）打开 Photoshop 界面，执行“文件”→“打开”命令，打开要处理的图片。

2）执行“图像”→“图像旋转”→“任意角度”命令，如图 10-14 所示。

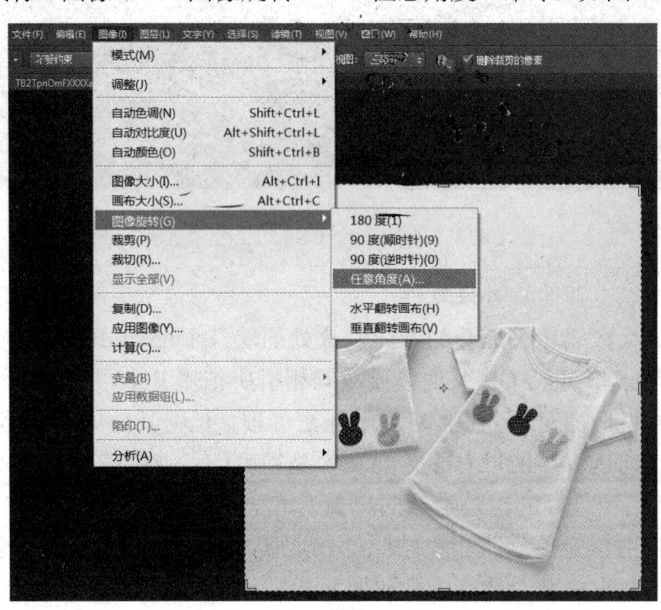

图 10-14　打开 Photoshop

3）在弹出的“旋转画布”对话框内，将旋转角度设置为 30°，选择逆时针方向，如图 10-15 所示。

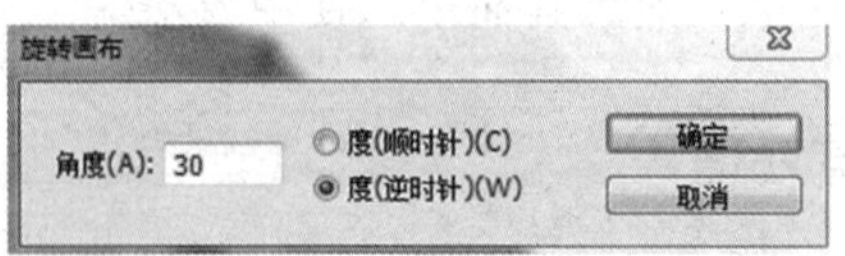

图 10-15　设置旋转角度

4）单击“确定”按钮，即可完成图像调整，如图 10-16 所示。

（2）提高照片清晰度

有时由于光线不好或其他原因导致拍出的照片不够清晰，这时就需要使用图片处理功能提高照片的清晰度，具体操作步骤如下：

1）打开不清晰的图片，如图 10-17 所示。

图 10-16　图像调整效果

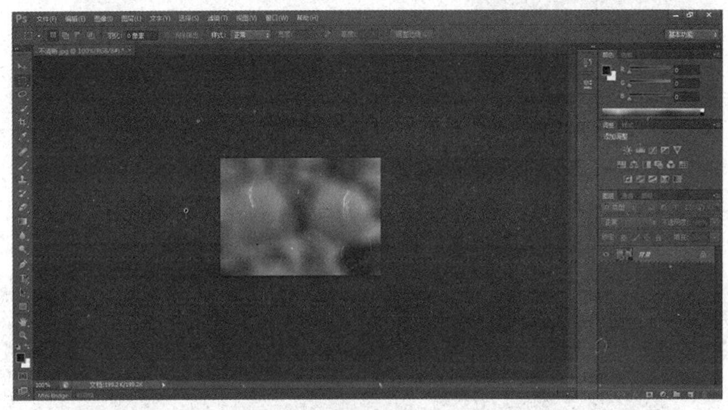

图 10-17　打开图片

2）执行“图像”→“模式”→“Lab 颜色”命令，如图 10-18 所示。

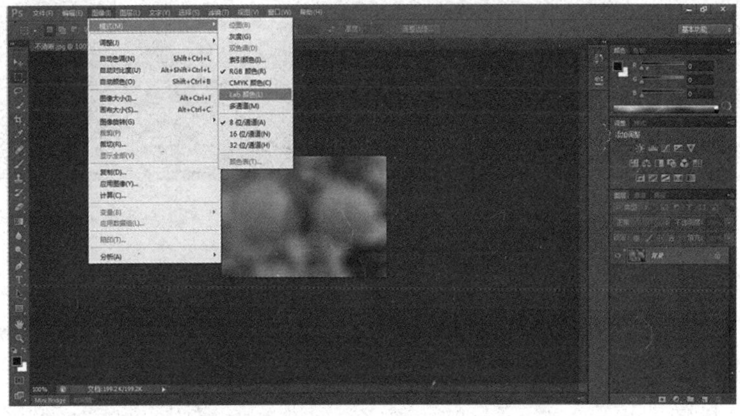

图 10-18　执行“Lab 颜色”命令

3）打开图层面板，将“背景”图层拖动到“创建新图层”按钮上，即可复制背景图层，如图 10-19 所示。

4）执行“滤镜”→“锐化”→“USB 锐化”命令，弹出如图 10-20 所示的“USB 锐化”窗口。

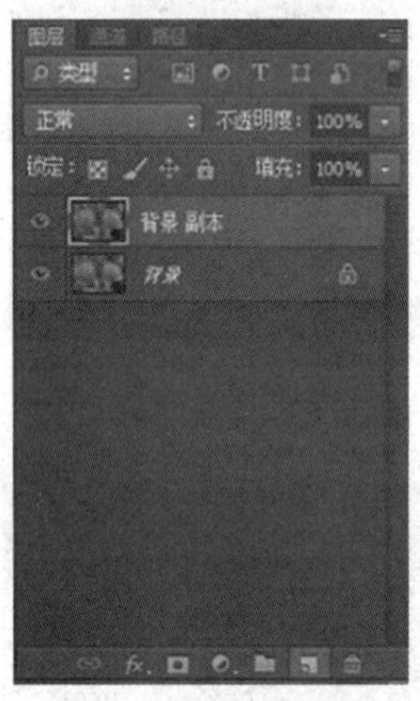

图 10-19　复制背景图层

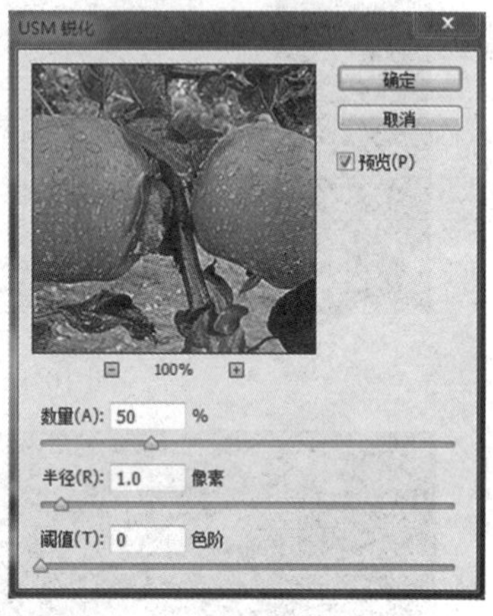

图 10-20　“USB 锐化”窗口

5）将图层模式设置为柔光，不透明度设置为 90%，如图 10-21 所示。

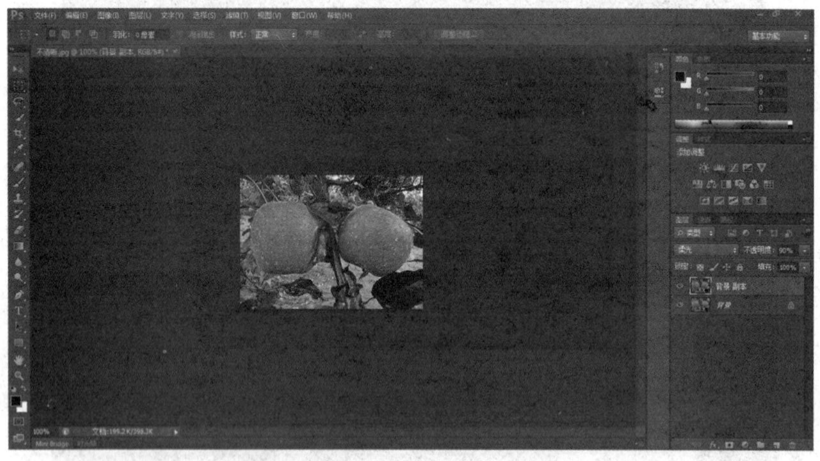

图 10-21　调整图层模式

（3）裁切图片

有时，我们只想选取照片的一部分，这时就需要利用图片处理软件对照片进行裁切，具体步骤如下：

1）执行“文件”→“打开”命令，打开需要裁切的照片，如图 10-22 所示。

图 10-22 打开要裁切的图片

2）在工具栏中选择“裁切”工具，在图像中选择要裁切的区域，如图 10-23 所示。

图 10-23 选择区域

3）双击选中的区域，即可裁切图像，如图 10-24 所示。

图 10-24 完成裁切

2. 照片的美化

现在图片的来源较为广泛，有照相机拍摄、网上下载和扫描仪扫描等，这些图片往往需要用图片处理软件进行美化才能使用，下面介绍几种常用的 Photoshop 美化图片功能。

（1）照片调色

图片色调的调整步骤如下：

1）执行“文件”→“打开”命令，打开一幅需要美化的照片，如图 10-25 所示。

图 10-25　打开图片

2）执行“图像”→“调整”→“曲线”命令，弹出“曲线”窗口，如图 10-26 所示。

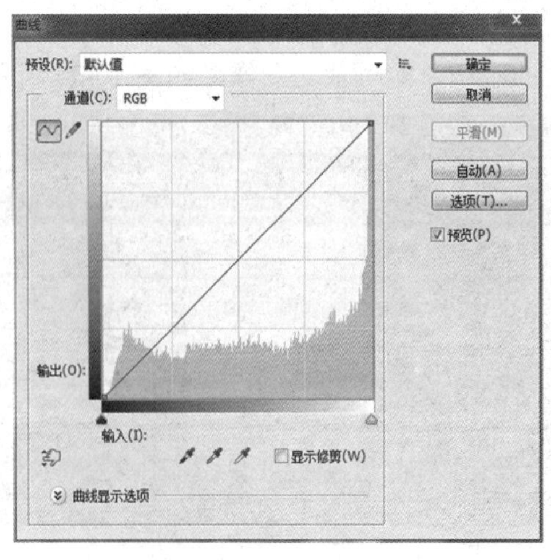

图 10-26　“曲线”窗口

3）在弹出的窗口对曲线进行调整，如图 10-27 所示。

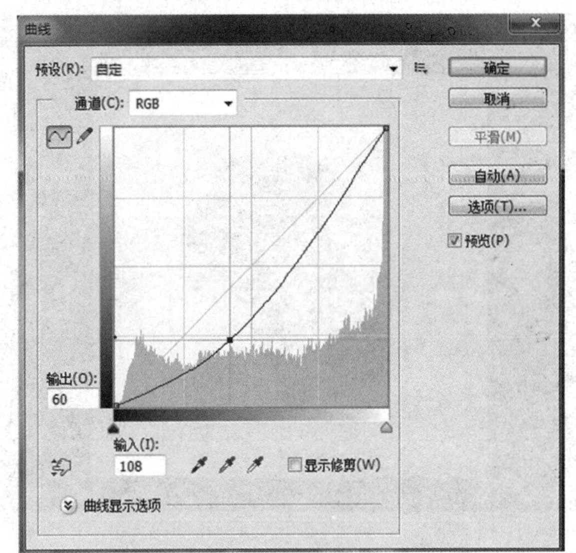

图 10-27　调整曲线

4）单击“确定”按钮，完成对图像色调的调整，如图 10-28 所示。

图 10-28　调整后的效果

（2）给照片加水印

很多时候，我们辛辛苦苦拍下的照片，会被别人盗用，防止别人盗用最有效的办法就是给照片加水印，具体步骤如下：

1）执行“文件”→“打开”命令，打开图片，如图10-29所示。

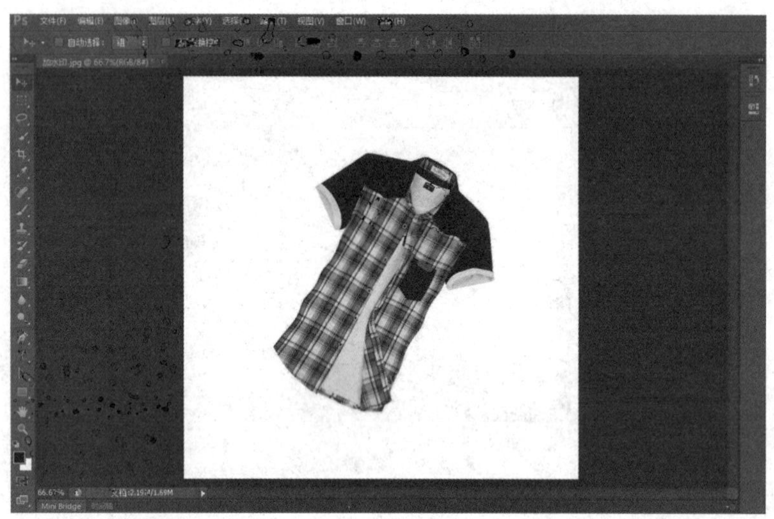

图10-29　打开图片

2）单击工具栏中的文字工具，在图片中输入文字“我的服饰”，如图10-30所示。

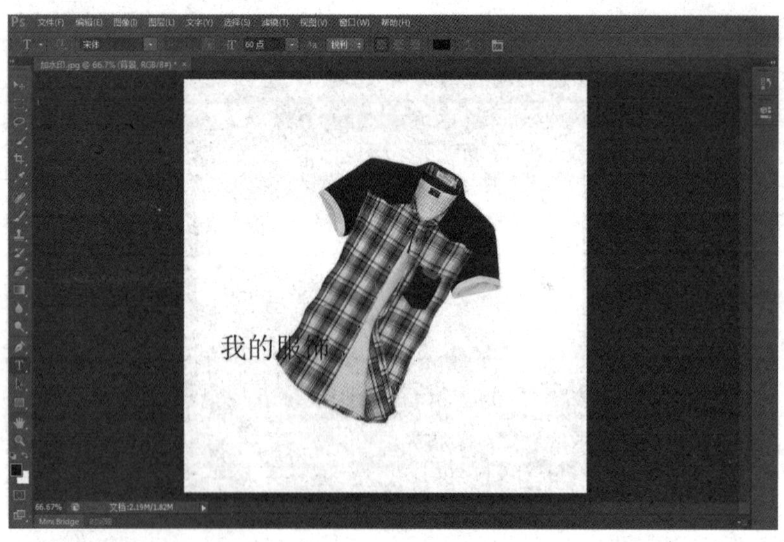

图10-30　输入文字

3）执行“图层”→“图层样式”→“投影”命令，弹出“图层样式”窗口，如图10-31所示。

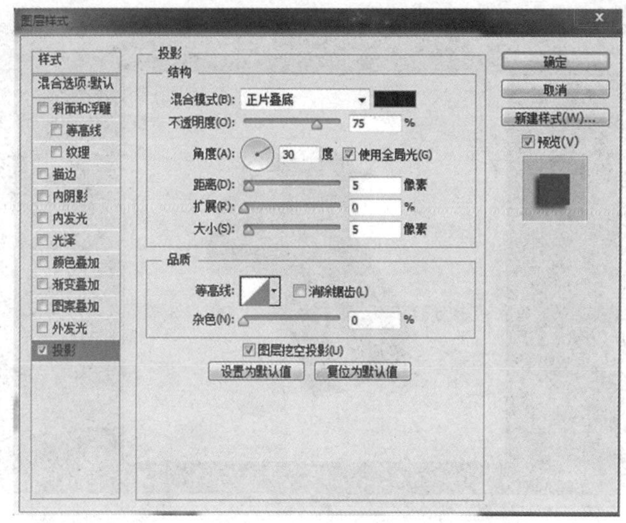

图 10-31　“图层样式”窗口

4）在该窗口设置相应的参数，单击“确定”按钮，如图 10-32 所示。

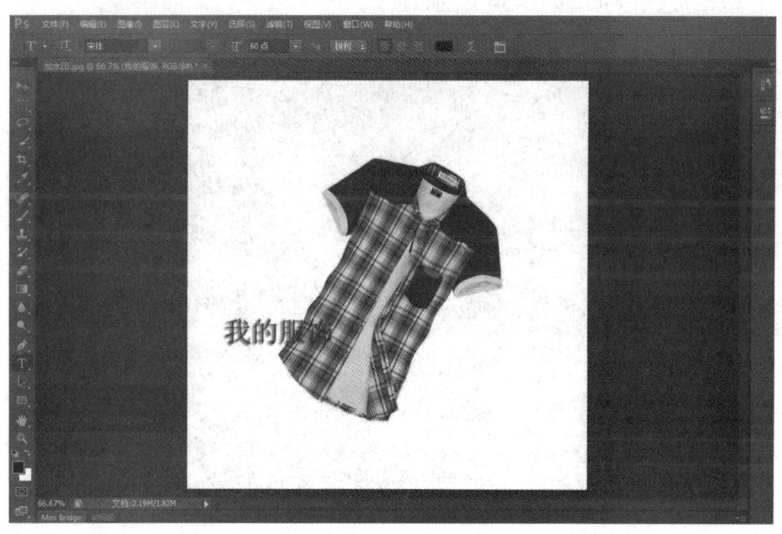

图 10-32　设置图层样式

5）在“图层”面板中，将不透明度设置为 50%，如图 10-33 所示。

3. 快速抠取图像

抠取图像是图像处理中最常用到的技术之一。使用 Photoshop 抠取图像有三种方法，本文介绍最快速的抠取图像的方法——利用“快速选择工具”抠取图像。

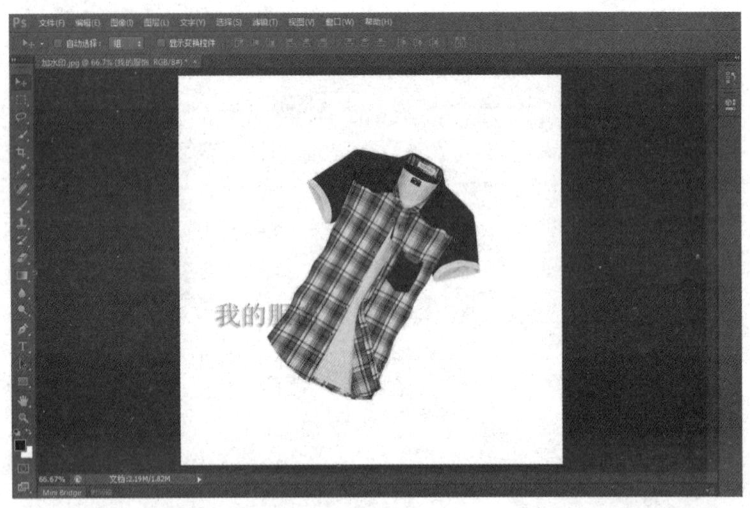

图 10-33　设置不透明度

1）在 Photoshop 中打开一幅背景为单色的图像，在工具栏单击“快速选择工具”按钮，如图 10-34 所示。

图 10-34　单击“快速选择工具”

2）在图像中单击背景处，同时按住 Shift 键，再单击没有被选中的背景，直到将所有背景都选择为止，如图 10-35 所示。

3）执行“选择”→“反向”命令，将图片中的向日葵选中，如图 10-36 所示。

图 10-35　选择背景

图 10-36　选中图片

4）执行“编辑”→“拷贝”命令，复制图像，打开一幅新的图片作为新背景，执行“编辑”→“粘贴”命令，将复制的图像粘贴到新背景中，如图 10-37 所示。

图 10-37　粘贴图像

5）执行“编辑”→“自由变换”命令，将图层1缩放至理想状态，如图10-38所示。

图10-38　缩放图片

思　考

使用数码相机照一张自己喜欢的图片，进行基本的图片处理，并对其进行美化和抠取图像。

三、店面的设计与装修

知识准备

正所谓“三分长相七分打扮”，网店的页面就像是附着了店主灵魂的销售员，让买家从视觉上感觉到店主对店铺的用心，并且能最大限度地提升店铺的形象，有利于网店品牌的形成，提高浏览量。在诱人的装饰品的衬托下，好的商品会使人更加有购买欲，有利于促成交易。

1. 设计制作公告栏

公告栏位于普通店铺首页的右上角，店主可以随时发布滚动的文字信息，也可以通过网页代码发布图文配合的公告信息，让公告栏更清晰、美观，并且可以加入动画让效果更醒目。这是宣传推广最新发布的新产品、公告店铺最新促销信息、发布重要通知的好工具。

（1）制作公告栏的注意事项

1）淘宝普通店铺的公告栏具有默认样式，因此卖家只能在默认的公告栏样式下添加公告内容；

2）淘宝普通店铺的公告栏设置了默认滚动效果，在设计制作公告栏时无须再为公告栏设置滚动效果；

3）公告栏的宽度不可超过 480 像素，否则将无法显示超出的部分，公告栏的高度可随意设置。

（2）制作图片公告

1）卖家在店铺页面单击“管理我的店铺”。

2）在店铺公告栏页面上单击“编辑”超链接。

3）弹出“店铺公告设置”窗口，这里写入店铺公告文字、最新商品发布信息。

4）打开你所调用的图片所在的网页，鼠标右键单击图片，选择复制。

5）返回“店铺公告设置”窗口中，再次单击右键“粘贴”把挑选的图片复制到公告区。

6）点击上方查看“我的店铺”，在首页右上方即可看到漂亮的图片公告。

2. 设计制作风格独特的店标

店标是店铺的标志，一个好的店标可以给顾客留下深刻的印象，让买家更容易记住店铺。在此我们简单了解一下制作店标的方法，例如我们使用 Photoshop 制作一个静态的网店店标，可以采用如下步骤：

1）打开 Photoshop 软件，新建一个 100×100 像素的图像文件。

2）打开一幅图像文件。

3）在工具箱中选择“矩形选框工具”在图像上选择大小合适的区域。

4）执行“编辑”“拷贝”命令，返回新建的空白图像窗口，执行“编辑”“粘贴”命令。

5）执行“编辑”“变换”“缩放”命令，此时图像周围出现调整节点，将图像调整到合适大小，选择工具箱中的移动工具，将图片移动到合适的位置。

6）按 Enter 键，应用变换。选中图层面板中的“背景”图层，单击面板底部的“创建新的图层”按钮，在背景图层上方创建一个新的图层。

7）单击工具栏中的“设置背景色”按钮，打开“拾色器”对话框，在该对话框中选取颜色。

8）用“矩形”工具在图像上绘制矩形。

9）在选择图形面板中“矩形 1”图层，把不透明度设置为 60%。

10）在工具栏选择“画笔工具”，在工具栏选项栏设置画笔的大小和样式。

11）新建一个图层，在图像的两角绘制深色区域。

12）使用工具箱中的“文字工具”，在图像上输入文字，会出现一定的效果图。

3. 将店标放进商铺

在图标设计完成后，商家就可以通过淘宝的店铺管理工具将店标图片发布到店铺上了，具体步骤如下：

1）登录淘宝网，进入“我的淘设置”单击“我是卖家”下的“店铺基本设置”；

2）在店铺设置页面，单击“上传店标”按钮；

3）弹出“打开文件”对话框，选择店标图片文件，单击“打开”按钮；

4）单击页面下的“保存”按钮，即可完成店标发布。

4. 制作宝贝描述模板

卖家可以根据宝贝描述的要求，使用 Photoshop 制作一个模板的版面，然后将版面切割成网页保存，之后使用 Dreamweaver 软件进行排版，将排版后的网页保存，将网页的 HTML 代码复制到宝贝描述中，这里复制 HTML 代码一定要在“编辑源文件”模式下进行。使用 Photoshop 制作宝贝描述模板的可以采用如下步骤：

1）打开 Photoshop 软件，新建一个 750×1200 像素的空白区，使用工具栏中的“矩形选框”工具，在空白文档中绘制一个矩形框，并填充颜色（颜色根据需要自由选择），如图 10-39 所示。

图 10-39　填充颜色

2）打开另一个图片文档，将图像抠取后，粘贴到新建的文档中，如图 10-40 所示。

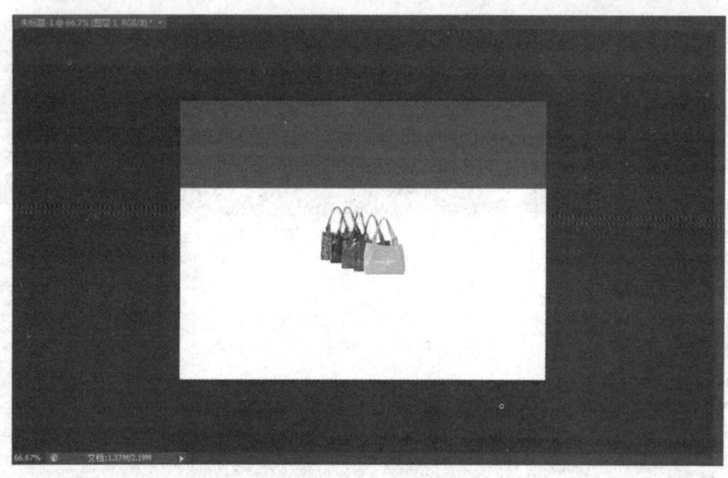

图 10-40　粘贴图像

3）选择工具箱中的“移动”工具，对图像位置进行调整，如图 10-41 所示。

图 10-41　调整图像位置

4）执行“编辑”→“变换”→“缩放”命令，将图像缩放至合适大小，如图 10-42 所示。

5）选择工具栏中的“文字工具”，在图像中输入文字，如图 10-43 所示。

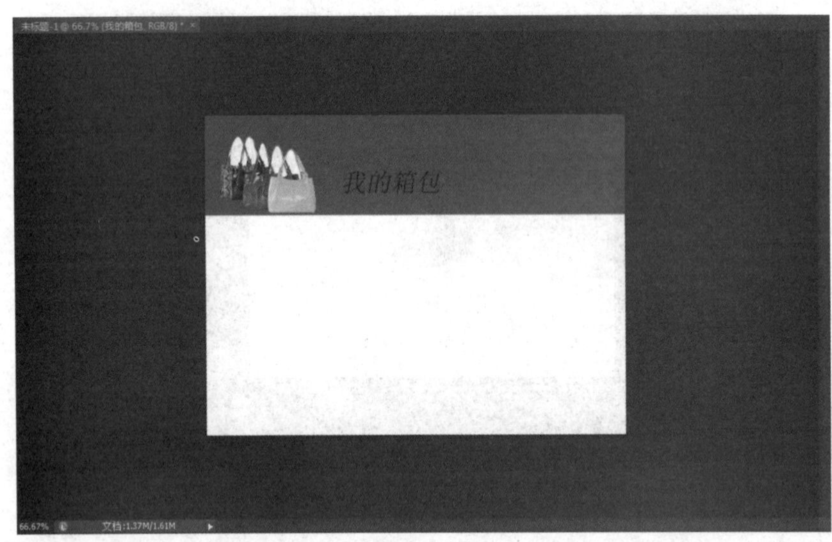

图 10-42 图像缩放效果

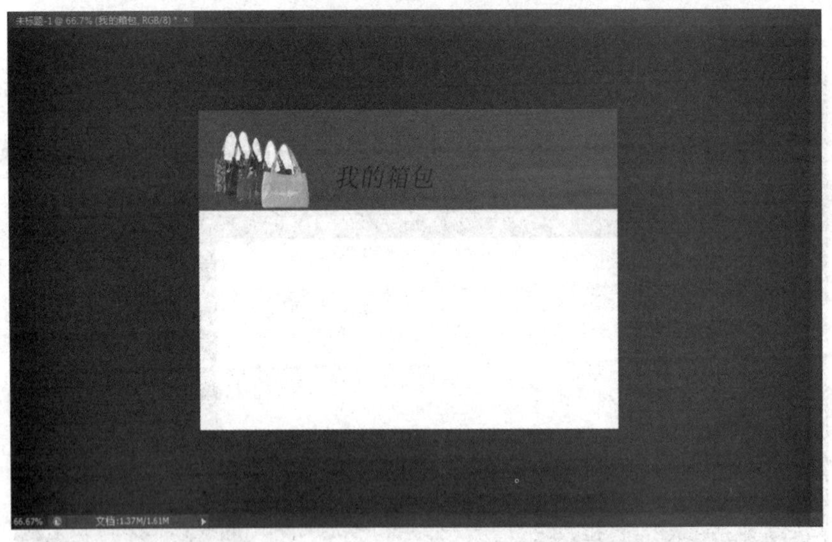

图 10-43 输入文字

6）选中文字，执行“图层”→“图层样式”→“描边”命令，在“图层样式”对话框设置描边的样式，如图 10-44 所示。

7）设置完成后，单击“确定”按钮，如图 10-45 所示。

8）选择工具栏中“圆角矩形工具”，绘制一个圆角矩形，如图 10-46 所示。

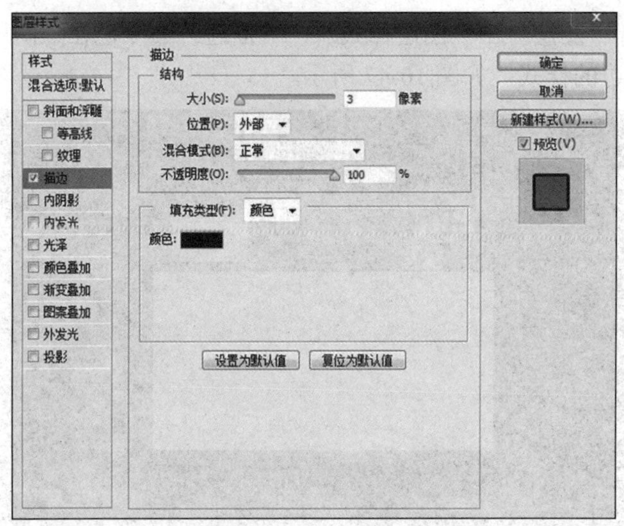

图 10-44　图层样式对话框

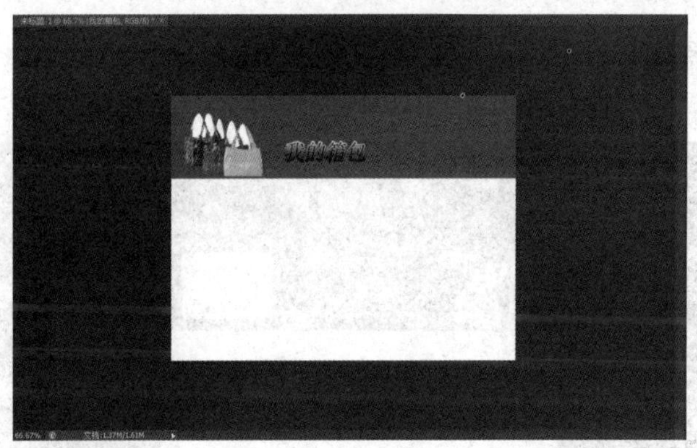

图 10-45　文字描边效果

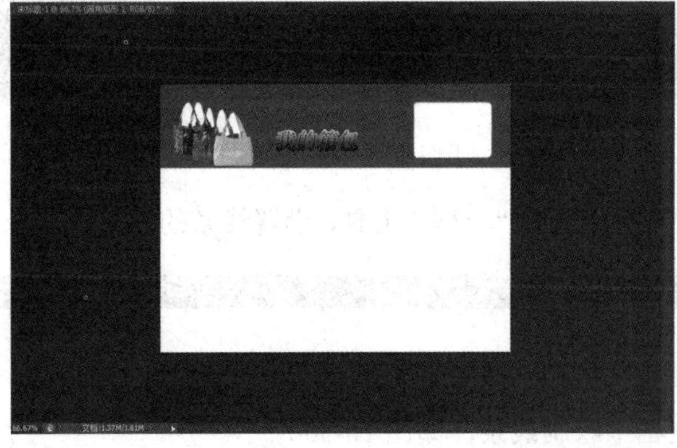

图 10-46　绘制圆角矩形

9）执行“图层”→“图层样式”→“描边”命令，在“图层样式”对话框设置描边的样式，如图 10-47 所示。

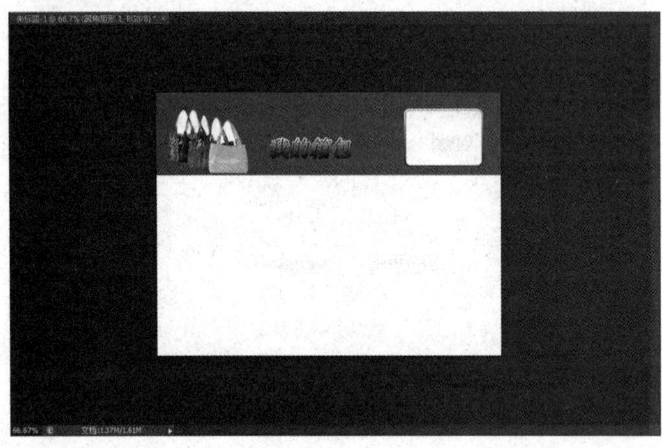

图 10-47　描边效果

10）选择工具栏中“文本工具”，在圆角矩形内输入文字，如图 10-48 所示。

图 10-48　输入文字

11）在工具栏中选择“直线”工具，设置线条的规格，如图 10-49 所示。

图 10-49　设置线条规格

12）在文档中绘制线条，如图 10-50 所示。

图 10-50 绘制线条

13）使用工具栏中的“椭圆”工具，在图像上绘制圆形，按 Delete 键，删除选中区域的内容，如图 10-51 所示。

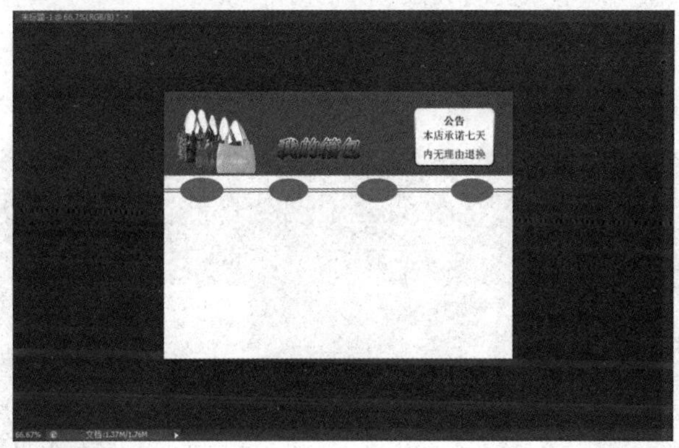

图 10-51 绘制圆形

14）在圆形内输入文字，如图 10-52 所示。

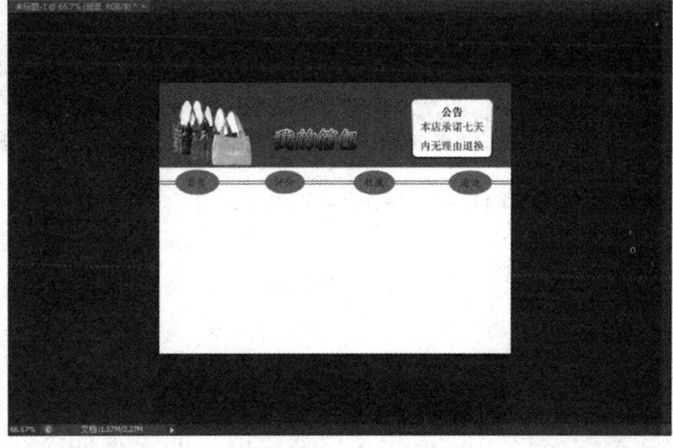

图 10-52 输入文字

15）使用工具箱中的“圆角矩形”工具在图像中绘制一个大的圆角矩形，再绘制几个小的圆角矩形，效果如图 10-53 所示。

图 10-53　绘制圆角矩形

16）使用工具栏中形状工具，在圆角矩形中绘制图形并添加文字，如图 10-54 所示。

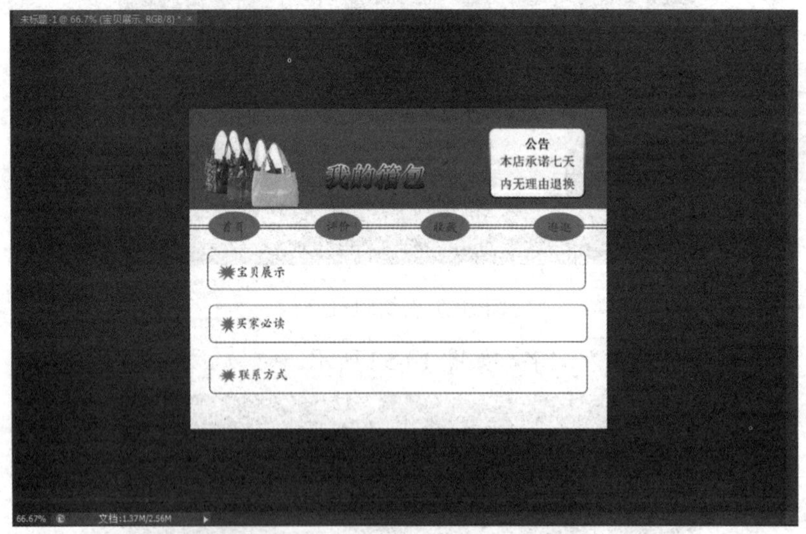

图 10-54　绘制图形并添加文字

思　考

（1）在电子商务模拟实习软件上为自己的店铺设计制作公告栏和店标。

（2）每名同学根据自己的喜好设计制作自己的宝贝描述模板。

练习与实践

一、简答题

参考答案

1．如何给图片加水印？

2．制作公告栏时有哪些注意事项？

3．快速抠取图像需要哪些步骤？

4．拍摄宝贝靓照的技巧有哪些？

二、实践活动

（1）活动内容

通过探究电子商务训练活动，使学生进一步正确认识网上店铺装修技巧。

（2）活动要求

1）教师将学生分成若干组，每组 4～6 人，并选出组长。

2）要求每名学生熟悉宝贝拍照、照片美化与处理、店铺设计与装修的步骤。

3）学生要端正态度，严肃认真，积极参与。讨论发言要从容、自信，口齿清晰，声音洪亮。

（3）活动评价

根据考核标准对探究电子商务训练活动考核评价，填写评价表（见下表）。

考核标准及分数 / 评价方式	遵守纪律（2 分）	态度端正、严肃认真（2 分）	积极参与、大胆发言（2 分）	分析透彻、观点正确（4 分）	分数汇总（10 分）
自我评价					
小组评价					
教师评价					

拓展提升

在教师指导下，学生通过学校的网上购物平台以小组为单位开设网店，完成网店装修，完成宝贝从图片拍摄、处理到上架的过程，进一步熟悉网上商店装修的技巧。

项目小结

网上商店是建立在 Internet 上的商场。

网店主要形式有两种，一种是二级域名网店，一种是独立域名网店。两种形式的网店主要有以下三个方面的不同：①在宣传推广方面；②在技术支持方面；③在网络交易安全方面。

网上商店的主要包含综合商城、百货商店、垂直商店、复合品牌店、轻型品牌店、服务型网店、导购引擎型等种类。

网上开店需要具备的软件和硬件条件。

网上开店的基本流程：①确定卖什么；②选择开店的平台或者网站；③向网站申请开设店铺；④进货；⑤登录产品；⑥营销推广；⑦售中服务；⑧交易；⑨评价或投诉；⑩售后服务。

网上店铺拍摄图片的基本器材和常用的图片处理软件；拍摄宝贝靓照的技巧；图片美化和抠取的技巧。

网上店铺设计制作店铺公告栏、店标、宝贝描述模板的方法。

参考文献

陈孟建，陈孟达，李华．2010．电子商务基础．北京：电子工业出版社．

董志良．2014．电子商务概论．北京：清华大学出版社．

蓝仁昌．2005．物流技术与实务．北京：高等教育出版社．

雷玲．2013．电子商务案例分析．大连：大连理工大学出版社．

刘冬美，王红蕾．2013．网络营销．北京：机械工业出版社．

刘珂．2015．网上开店一本通．北京：时代出版传媒股份有限公司．

尚建成，师静昆．2010．电子商务基础．2 版．北京：高等教育出版社．

沈根荣．2000．国际电子商务立法的发展进程及特点．国际商务研究（2）．

万守付．2010．电子商务基础．北京：人民邮电出版社．

王丽萍．2010．电子商务法律法规．北京：电子工业出版社．

魏亚萍．2013．电子商务基础．2 版．北京：机械工业出版社．

夏名首．2009．电子商务基础．海口：南海出版社．

徐丽娟．2007．电子商务概论．北京：机械工业出版社．